Beck'sche Reihe
BsR 499

Dieses Lesebuch schildert die Welt der Indianer, wie sie wirklich war und ist. Es führt mit einer Fülle von ausgewählten Texten und Zeugnissen in ihre Geschichte ein, schildert ihre Kultur und Lebensweise und die Grundlinien ihrer Religion. So spannt sich der historische Bogen von den präkolumbianischen Kulturen der Inka, Maya und Azteken über das Zeitalter der Entdeckungen und Eroberungen bis hin zur aktuellen Situation der indianischen Minderheiten in Süd- und Nordamerika. Die kulturgeschichtlichen Beiträge eröffnen Einblicke in Leben und Alltag, Sitten und Gebräuche der Indianer und erläutern die Rolle von Familie, Gesellschaft und Staat in der indianischen Welt. Schließlich kommen auch die faszinierende Religion der Indianer und die zweifelhaften Segnungen der christlichen Missionierung zur Sprache. Auf diese Weise ist ein höchst spannendes und lehrreiches Lesebuch entstanden, das den Laien wie den Liebhabern gleichermaßen etwas zu bieten hat.

Werner Arens, Dr. phil. habil., geb. 1934, studierte Philosophie und Theologie und anschließend Lateinische und Englische Philologie an den Universitäten Bonn, Cambridge und Göttingen. Er veröffentlichte Arbeiten zur mittelenglischen, neuenglischen und australischen Literatur. Er lehrt Anglistik an der Universität Regensburg. – *Hans-Martin Braun*, Dr. phil., geb. 1939, studierte Theologie, Pädagogik und Anglistik an den Universitäten Mainz, Göttingen und Regensburg. Er veröffentlichte Arbeiten zur englischen und amerikanischen Literatur. Er lehrt Anglistik an der Universität Paderborn. – Beide sind Herausgeber der zweisprachigen Anthologie „Der Gesang des Schwarzen Bären. Lieder und Gedichte der Indianer", die 1992 im Verlag C. H. Beck erschienen ist.

Die Indianer

Ein Lesebuch

Herausgegeben von
Werner Arens und Hans-Martin Braun

VERLAG C.H. BECK MÜNCHEN

Mit 19 Abbildungen und 2 Karten

Die Deutsche Bibliothek – CIP-Einheitsaufnahme

Die Indianer : ein Lesebuch / hrsg. von Werner Arens und
Hans-Martin Braun. – Orig.-Ausg. – München : Beck, 1993
   (Beck'sche Reihe : 499)
   ISBN 3 406 34091 1
NE: Arens, Werner [Hrsg.]; GT

Originalausgabe
ISBN 3 406 34091 1

Einbandentwurf von Uwe Göbel, München
Umschlagabbildung: Karl Bodmer, Hidatsa Scalp Dance (Detail),
Joseyn Art Museum, Omaha, NE
© C. H. Beck'sche Verlagsbuchhandlung (Oscar Beck), München 1993
Satz: Fotosatz Otto Gutfreund GmbH, Darmstadt
Druck und Bindung: C. H. Beck'sche Buchdruckerei, Nördlingen
Gedruckt auf säurefreiem, aus chlorfrei gebleichtem
Zellstoff hergestelltem Papier
Printed in Germany

Inhalt

Die Indianer heute

II. Kultur

Sitten, Gebräuche und Lebensweise

Kulturelle Werte

III. Religion

Das religiöse Denken der Indianer

Die Indianer und das Christentum

IV. Das Bild des Indianers in den Köpfen der Weißen

Editorischer Hinweis: Anmerkungen und Quellenhinweise der
Originaltexte wurden für diesen Band gestrichen; Textkürzungen
und Erklärungen der Herausgeber sind durch eckige Klammern
kenntlich gemacht.

Vorwort

Wie lebten die Indianer vor der Ankunft der Weißen? Welche Wunden haben 500 Jahre weißer Herrschaft und Unterdrükkung ihnen zugefügt? Und was heißt es, in der heutigen Zeit als Indianer zu leben?

Film, Fernsehen und Unterhaltungsliteratur haben unser Bild vom Indianer geprägt. Allerdings, mit der indianischen Wirklichkeit hat dieses Bild nur wenig zu tun. So erklärt es sich auch, daß uns die faszinierende Welt indianischer Geschichte, Kultur und Religion fast gänzlich verschlossen geblieben ist – ein Mangel, dem dieses Lesebuch abhelfen will.

Seit wenigstens 20 000 Jahren sind Nord-, Mittel- und Südamerika von weit mehr als 2000 Stämmen und Völkern bewohnt gewesen, von denen viele heute nicht mehr existieren. Sie gehörten zahlreichen Sprachfamilien an, weit mehr als Europa je gekannt hat. Bei diesen Völkern handelte es sich um sehr einfache Sammler- und Jägerkulturen sowie um Hochkulturen, die – wie etwa diejenigen der Inka, Maya und Azteken – sich durchaus mit den europäischen Kulturen zur Zeit der Entdeckung Amerikas vergleichen konnten.

Obwohl über die Zeit vor Kolumbus nur wenig bekannt ist, haben die Ethnologen inzwischen eine erstaunliche Zahl von Mosaiksteinen zusammengetragen. Weit mehr weiß man natürlich über die Zeit der Entdeckung und Erkundung, der Eroberung und Ausbeutung des Kontinents. Für die Indianer war dies freilich die Zeit des Niedergangs ihrer Kulturen, die Zeit der Versklavung und Vernichtung ganzer Völker und die Zeit, in der sie all ihres Landes beraubt wurden. So ist die Urbevölkerung der karibischen Inseln bereits 60 Jahre nach deren Entdeckung ausgerottet. Die Gastfreundschaft, mit der die Europäer zunächst aufgenommen wurden und auf die sie angewiesen waren, schlug innerhalb kürzester Zeit in Haß und Ablehnung um. Und jene Indianer, die Ausbeutung, Krankheit und Massaker überlebt hatten, wurden nun zu Opfern weißer Kulturbringer; man nahm ihnen durch Schule und Mission die eigene Identität und Lebensweise, weil man hoffte, sie so leichter in die weiße Gesellschaft eingliedern zu können. Auch heute noch müssen die meisten Indianer um ihre Identität, ja um ihr Überleben kämpfen. Zudem sind sie zunehmend von ökologischer Zerstörung der Umwelt – oder besser: der Mitwelt – bedroht.

Das folgende Kapitel über die Kultur der Indianer gewährt einen Einblick in Sitten, Gebräuche und Lebensweise der Sammler- und Jägerkulturen vor allem Nordamerikas sowie der späteren Hochkulturen Mittel- und Südamerikas. Zu den heute allseits geschätzten kulturellen Werten, die von indianischen Völkern geschaffen wurden, gehören die monumentale Architektur und die so ganz anders geartete Kunst der Maya, Inka und Azteken. Grundwerte wie Erziehung und Arbeit haben bei den indianischen Völkern eine durchaus unterschiedliche Ausprägung erfahren. Faszinierend ist für den kulturell desorientierten modernen Menschen immer wieder die Vorstellung einer Lebenssicht, die Welt, Natur und Individuum ganzheitlich umschließt.

Religion war für den Indianer so sehr Grundbestandteil seines gesamten Lebens, daß er dieses Begriffes nicht eigens bedurfte. Seine Welt war von Mythos und Magie bestimmt. Der Sitz des Stammes z. B. war immer auch Mittelpunkt des Universums. Diese umfassende Religiosität gestattete eine Offenheit religiöser Vorstellungen, die uns Europäern mitunter widersprüchlich erscheint. Deshalb verwundert es auch nicht, daß die Indianer eine große religiöse Toleranz besaßen. Der ihnen aufgezwungene Kontakt mit dem Christentum und seinem Missionierungsanspruch ließ solcher Toleranz allerdings keinen Raum mehr. Für sie war die christliche Religion ein Instrument, das von den Eroberern ganz bewußt zu Unterdrückung und wirtschaftlicher Ausbeutung eingesetzt wurde. Viele Missionare, wie etwa Las Casas und Montesino, teilten diese Einsicht und gerieten so in Widerspruch zu den Kolonisatoren und deren wirtschaftlichen Interessen.

In einem Schlußkapitel kommt das Bild des Indianers, wie

es in den Köpfen der Weißen existiert(e), zur Sprache. Je nach Interessenlage war der Indianer der ‚unzivilisierte Wilde‘, dem das volle Menschsein abgesprochen wurde; oder er war der ‚edle Wilde‘, der sich in einem harmonischen Naturzustand befand, nach welchem der Europäer sich zurücksehnte. Und heute schließlich ist er nicht selten die romantisch-edle Klischee-Gestalt der Romane Coopers und Karl Mays oder – wie im Western-Film und Western-Roman – mythische Verkörperung des Bösen.

Regensburg/Paderborn,   *Werner Arens*
den 12. Oktober 1992   *Hans-Martin Braun*

I. Geschichte

Amerika vor Kolumbus

‹Delaware›

Der Schöpfungsmythos des *Walum Olum*

Am Anfang, an jenem Ort, zu allen Zeiten, über der Erde
Und auf der Erde lag ein Nebel, und der große Manitou
    war dort.
Am Anfang, auf ewig, im All verloren, überall war
    der große Manitou.
Er schuf das weite Land und den Himmel,
Er schuf die Sonne, den Mond, die Sterne,
Im Gleichmaß ließ er sie alle ziehen.

Dann blies heftig der Wind, und es klarte auf, und das
    Wasser floß davon, weit und mit Macht.
Und Gruppen von Inseln wuchsen neu und blieben bestehen.
Und wieder sprach der große Manitou,
    ein Manitou der Manitous,
Zu den Lebewesen, den Sterblichen, den Seelen,
    zu einem jeden,
Und seit jener Zeit war er Manitou für die Menschen
    und ihr Großvater ...

Er gab die Fische, er gab die Schildkröten,
Er gab die Tiere, er gab die Vögel ...
Alle Lebewesen waren damals befreundet ...
Doch ganz heimlich kam ein böses Wesen, ein mächtiger
    Zauberer, auf die Erde
Und brachte mit sich das Laster, den Streit, das Elend,
Brachte schlechtes Wetter, brachte Krankheit, brachte Tod.
All dies geschah vor Zeiten auf der Erde,

Jenseits des großen Flutwassers, ganz am Anfang...

Alle waren friedlich, vor langer Zeit, nach dem großen
    Wasser, dort in unserem Land.

Brian M. Fagan
Die Entdeckung Beringias

Als der Archäologe Samuel Haven 1856 über die Beringstraße
schrieb, wußte er nicht, daß sie einst Festland war. Wie José
de Acosta nahm er an, daß „kurze Strecken übers Meer" jeder
Landüberquerung von Asien aus im Wege standen. Dennoch
wies im Jahre 1887 ein Geologe mit Namen Angelo Heilprin
darauf hin, daß im Gegensatz zur Fauna der Tropen der Alten
Welt, die wenig mit der Tropenfauna der Neuen Welt gemein
hat, die Tiere aus den gemäßigteren Breiten einander näher
stehen. Darüber hinaus waren Fauna und Flora beiderseits
der Beringstraße so gut wie identisch. Aus diesem Grund, so
sein Argument, mußten die beiden Hemisphären einstmals in
den nördlichen Breiten vereint gewesen sein, und dies in
relativ jüngerer Zeit, falls Menschen zu Fuß herübergekom-
men sein sollten.

Sieben Jahre später nahm ein anderer Geologe, George
Dawson, in der Beringstraße Lotungen vor, fand Untiefen
und war überzeugt, daß einst „eine weite Festlandsebene"
Asien und Alaska miteinander verbunden habe. Als dann
Mammutknochen auf den Unalaska- und Pribilof-Inseln zum
Vorschein kamen, gab es keinen Zweifel mehr. Die Bering-
straße war in der Eiszeit zeitweilig Festland.

Die frühen Geologen gründeten ihre Argumente auf Vergleiche zwischen Tierfossilien von beiden Seiten der Straße
und auf Lotungen und landgestützte geomorphologische Daten. Sie waren der Ansicht, daß Erdbewegungen oder konti-

nentale Hebungen die beiden Kontinente voneinander getrennt hätten.

Das war der Stand der Dinge bis 1934, als der renommierte Geologe R. A. Daly die Vorstellung verbreitete, daß während des Pleistozäns der Spiegel der Weltmeere stark schwankte. Diese Fluktuationen seien auf die jeweilige Wassermenge zurückzuführen, die als Eis in den die Erdoberfläche während der Eiszeiten bedeckenden Gletschermassen gebunden war. Diese sogenannten *eustatischen* Schwankungen sind von den *isostatischen* Veränderungen zu unterscheiden, die durch Verschiebungen der Erdkruste entstanden, mit denen die Kontinentalmassen auf das große Gewicht der Eisdecken reagierten. Die Theorien glazialer Eustatik und Isostatik ergaben das hypothetische Grundgerüst, das die Geologen für die Beringstraße benötigten. Drei Jahre später verwendete der schwedische Wissenschaftler Eric Hulten das russische Wort „Beringia" zur Beschreibung einer großen arktischen Ebene, eines abgelegenen Landstriches, wo viele arktische und subarktisch-boreale Pflanzen in den bitterkalten Glazialphasen der Eiszeit Zuflucht fanden. Seiner Ansicht nach war Beringland die Straße, über die die frühen Jäger und Sammler in die Neue Welt gelangt waren.

Ende der 30er Jahre steckte die Ozeanographie noch in den Anfängen, so daß die Fachleute fast ausschließlich mit einer Handvoll wenig aussagekräftiger Bohrkerne aus der Tiefsee und landgestützten geologischen Beobachtungen arbeiten mußten. Heute haben amerikanische und russische Schiffe die Gewässer der Beringstraße mit Greifern und Tiefenbohrern abgesucht. Mit ausgefeilten Sonartechniken dringen sie in weiche Meeresbodensedimente und in das darunterliegende Gestein ein. Diese neuen Messungen ergaben eine sehr flache Ebene aus weichem Sedimentgestein von im allgemeinen unter 3 Metern Dicke. Der gesamte Boden der Tschuktschensee und der nordöstlichen Beringsee war bis vor etwa 14 000 Jahren eine freiliegende Küstenebene, die nach und nach von vielen Strömen zergliedert und abgeschwemmt wurde.

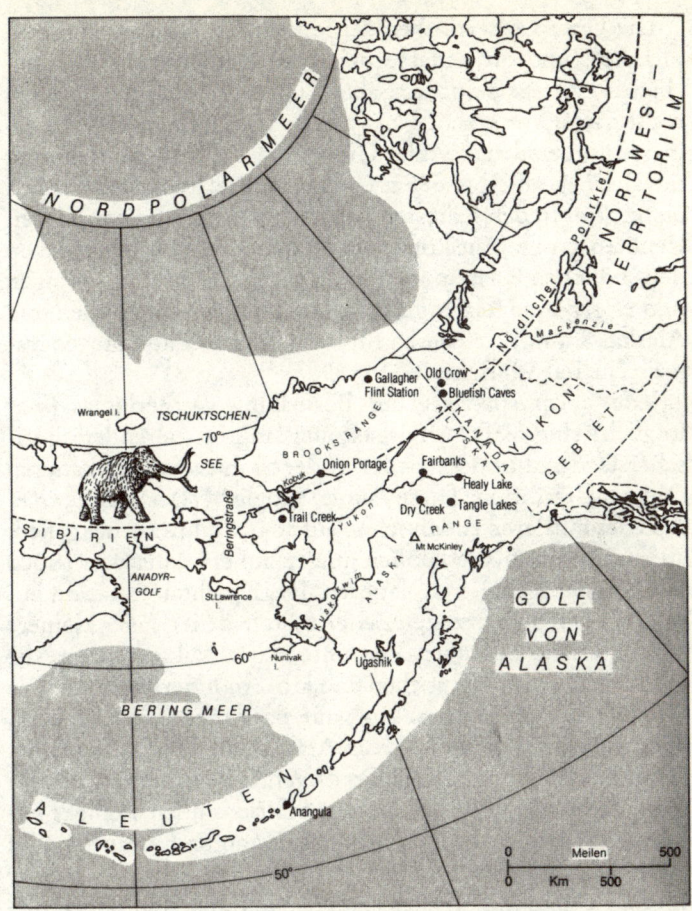

Beringia (nicht getönter Bereich) wie es vor etwa 20 000 Jahren in seiner
größten Ausdehnung ausgesehen haben könnte.

Die Unterwasserproben der letzten Jahre haben ein kompliziertes und oft widersprüchliches Datenpuzzle über Beringland zutage gefördert, aber sie zeigten, daß Eric Hulten recht hatte. Vor etwa 18 000 Jahren war Beringia eine Landmasse von eindrucksvoller Größe, die sich von Sibirien über die Beringstraße bis tief nach Alaska und Nordwestkanada erstreckte. In den kältesten Jahrtausenden der letzten Eiszeit trennten große transkontinentale Eisschilde Beringland von den südlichen Breiten. In Sibirien war die Vereisung geringer, und es gab eine relativ gute Verbindung zwischen Asien und Alaska. Somit war Alaska für viele Jahrtausende biogeografisch ein Teil Sibiriens. [...]

Jede Form spätzeitlicher Besiedlung Ostberingias [war folglich] eine östliche Fortsetzung lang existierender sibirischer Jagdtraditionen, vielleicht der so gut wie unbekannten Djuchtai-Tradition. Diese *könnte* möglicherweise in der Region des mittleren Aldan schon auf 30 000 Jahre zurückgehen, aber ist vermutlich erheblich jünger, auf ein Alter von 18 000 Jahren oder weniger zu datieren. Die Djuchtai-Tradition bestand in den postglazialen Zeiten fort, in denen Jäger kleinere Steinartefakte benutzten, darunter viele Mikroklingen, die auf Pfeilschäfte aus Knochen und Holz montiert wurden. Die gleiche Verkleinerung ist auch auf alaskischer Seite bezeugt, aber wir wissen nicht, ob sie in Alaska und dem Yukongebiet entstand oder vom Westen her eingeführt wurde. Oft vergißt man, daß über die Vorgeschichte Sibiriens noch weniger bekannt ist als über die Ostberingias. Wann und wie genau die erste Besiedlung auch immer stattgefunden haben mag – wir sind an einem historischen Augenblick der Menschheitsgeschichte angelangt. Für diejenigen, die die Beringstraße zum erstenmal überquerten, dürfte der Zug nach Ostberingia kaum mehr bedeutet haben als die Erschließung eines neuen Jagdterritoriums. Wir aber wissen heute, daß dies ein Wendepunkt in der Entwicklung des Menschen war, und wir sollten einen Augenblick innehalten und uns der erstaunlichen Fähigkeit des Menschen bewußt werden, sich extremen Lebensbedingungen auf dem Planeten Erde anzupassen. Menschliche Wesen entwickelten sich zuerst in tropischen Gegenden Afrikas, die relativ geringe Anforderungen stellten, anschließend bewältigten sie in den nun folgenden Hunderttausenden von Jahren nach und nach immer härtere Klimaverhältnisse in Europa, dem Nahen Osten und Asien. Vor knapp 35 000 Jahren breitete sich der *Homo sapiens sapiens* rapide in noch rauheren arktischen Landschaften und offenen Steppen-Tundra-Regionen aus, wo die Winter drei Viertel des Jahres ausmachten, und die Menschen monatelang in totaler mitwinterlicher Dunkelheit in verräucherten Behausungen kauerten. Schließlich gelangten sie an die Grenzen eines riesigen Kontinents. Bald sollten sie ins Herz Amerikas vorstoßen und ein neues Kapitel der Menschheitsgeschichte aufschlagen.

Roger Lewin

Mitochondrien erzählen die Geschichte der Besiedlung Amerikas

Der Streit darüber, ob wir alle von einer afrikanischen Eva abstammen – eine Hypothese, die sich auf die in den Mitochondrien eingeschlossenen DNS-Informationen stützt –, hat die Aussagekraft dieser Methode[1] bei der Lösung wissen-

---

[1] Sie analysiert genetische Veränderungen der Desoxyribonukleinsäure (DNS) der Mitochondrien, zellähnlicher Strukturen innerhalb der Zellen und deren Energielieferanten. Das Besondere der mitochondriellen DNS besteht in zweierlei: Sie wird zum einen nur von der Mutter auf die Kinder weitervererbt. Zum anderen ist die Mutationsrate dieser vom übrigen Erbgut unabhängigen DNS ziemlich genau bekannt, so daß sie als relativ exakter Zeitmaßstab dienen kann. Diese Eigenschaften der mitochondriellen DNS haben sich Forscher zunutze gemacht, um die Herkunft der verschiedenen

schaftlicher Probleme aus anderen Bereichen etwas in den Hintergrund treten lassen. Auf einem [...] in Chicago veranstalteten Treffen der Amerikanischen Gesellschaft zur Förderung der Wissenschaften haben zwei Forscher demonstriert, welch ein phantastisches Werkzeug die DNS-Daten der Mitochondrien bei der Erforschung der Wanderungsgeschichte der Völker sind.

Douglas Wallace von der Emory-Universität in Atlanta legte Ergebnisse vor, die ein neues Licht auf die Besiedlung des amerikanischen Großkontinents werfen. Einige Wissenschaftler haben immer schon behauptet, daß die ersten Siedler in vielen verschiedenen Gruppen über die während der Eiszeit freiliegende Beringia-Landbrücke nach Amerika eingewandert sind. Die große Anzahl und Vielfalt der amerikanischen indianischen Sprachen diente ihnen dabei als Beleg solcher Mehrfachwanderungen.

Kürzlich jedoch hat Joseph Greenberg, ein bedeutender Linguist an der kalifornischen Stanford-Universität, die Ansicht geäußert, es habe nur drei Migrationen gegeben: zwei seien neueren Datums, nämlich die der Eskimo-Aleuten und die der Nadene, die beide vornehmlich am nördlichen Rande des Kontinents lebten; und nur eine sei alt. Aus ihr sei die indianische Urbevölkerung hervorgegangen, die den größten Teil Nord-, Mittel- und Südamerikas bewohne. Für ihn stammen die tausend Sprachen, welche die kulturell sehr verschiedenen indianischen Völker sprechen, alle von einer gemeinsamen indianischen Ursprache ab.

Die von Wallace erstellten Mitochondrien-Daten weisen nun darauf hin, daß die Geschichte ein wenig komplizierter verlief. Die Bevölkerungsgruppen der Eskimo-Aleuten und Nadene entstanden während einzelner, neuerer Wanderungen vor etwa 7500 Jahren, wie auch Greenberg vorgeschlagen hatte. Die weiter verbreitete urindianische Bevölkerungs-

menschlichen Rassen und deren Wanderbewegungen zu ergründen. *Der Übers.*

gruppe jedoch scheint aus den Nachfahren zweier zeitlich weit auseinanderliegender Wanderungsbewegungen hervorgegangen zu sein. Durch Analyse der für diese Gruppe typischen mitochondriellen DNS-Ausprägungen entdeckte Wallace, daß ein Großteil auf eine Bevölkerung zurückgeht, die vor 30 000 Jahren von ihren asiatischen Wurzeln isoliert wurde und mit der Besiedelung des amerikanischen Großkontinents begann. Eine dieser mitochondriellen DNS-Ausprägungen ist jedoch mit einem Alter von ungefähr 10 000 Jahren weit jünger.

Es spricht – nach Meinung von Wallace – alles dafür, dies als Ergebnis einer jüngeren, zweiten Wanderungswelle zu deuten, deren Nachfahren sich über den ganzen Kontinent ausbreiteten. Wenn dem so ist, dann hat die von Greenberg vorgeschlagene urindianische Sprachfamilie zumindest zwei und nicht nur eine linguistische Wurzel. Diese Entdeckung wird jenen Archäologen gefallen, die Belege dafür zu haben meinen, daß die menschliche Besiedelung Amerikas schon früh, nämlich vor 33 000 Jahren begann. Falls diese Belege für eine frühe Besiedelung stichhaltig sein sollten, dann bleibt immer noch das Rätsel zu lösen, warum sie so selten sind. Erst vor etwa 11 500 Jahren beginnen die Anzeichen menschlicher Besiedlung wirklich zahlreich zu werden. Wallace vermutet daher, diese zweite indianische Wanderungsbewegung habe eine kulturelle Revolution ausgelöst, aufgrund derer diese spätere indianische Bevölkerung mehr Spuren ihrer Anwesenheit hinterlassen habe.

Ignacio Bernal y García Pimentel
Die frühen Altamerikaner

Herodot nennt die große ägyptische Kultur ein Geschenk des Nils. Ebenso haben Euphrat und Tigris, Indus und noch andere Flüsse jeweils die Grundlage für bestimmte Kulturen der Alten Welt geschaffen. Auf Amerika trifft jedoch dieses Konzept von den großen kulturstiftenden Strömen nicht zu; weder am Mississippi noch am Amazonas, den beiden bedeutendsten Flüssen, hat sich eine Hochkultur herausgebildet.

Ich erwähne diesen merkwürdigen Unterschied als nur eins der zahlreichen Beispiele dafür, wie verschiedenartig und gegensätzlich sich die Verhältnisse auf beiden Seiten des Atlantiks gestaltet haben. Gleichwohl lebten hier wie dort Menschen mit den gleichen Wünschen und Bedürfnissen. [...] Den deutlichsten Gegensatz zur Einstellung in der Alten Welt bildet wohl das auffallende Desinteresse der Altamerikaner an der Technik; so machten sie sich nicht einmal die natürlichen Verkehrsadern der Flüsse zunutze, genauso wie sie das Rad erfanden, ohne es jedoch für praktische Zwecke einzusetzen.

In Amerika lassen sich einige fortgeschrittene Kulturen, allerdings ohne wesentliche technische Errungenschaften (so im Mississippi-Tal und im Gebiet zwischen der Südgrenze Mesoamerikas und der Andenregion), von anderen niedrigeren, aber keineswegs einheitlichen Kulturen unterscheiden, von denen einige, wie zum Beispiel jene im brasilianischen Urwald, nicht einmal die Stufe des Ackerbaus erreichten, während im Norden von Mexiko, im Westen und Innern der Vereinigten Staaten, in Kanada und so weiter Halbnomaden siedelten. Eine Reihe von Faktoren hat zu den enormen Unterschieden zwischen den einzelnen Gruppen beigetragen. [...]

Ohne Frage sind sowohl die niedrigen wie die Hochkulturen Amerikas das Ergebnis einer eigenständigen Entwicklung auf dem Kontinent. Aus der Alten Welt, das wissen wir genau, kam vor mindestens dreißig- bis fünfunddreißigtausend Jahren der Mensch, der sich langsam über die ganze Länge des Erdteils bis nach Patagonien ausbreitete. In diesem Sinne trifft der Begriff Neue Welt tatsächlich zu. Viel später kamen vielleicht noch, doch das ist ungewiß, weitere kleine Siedlergruppen nach, aber insgesamt gehören die amerikanischen Ureinwohner einer einzigen Rasse an, die heute stark mit Europäern und Afrikanern durchsetzt ist. Weitere kulturelle Einflüsse jüngeren Datums sind dagegen wohl eher Phantasieprodukte mit geringer wissenschaftlicher Basis, abgesehen von einigen zweifelhaften Ausnahmen wie den transpazifischen Kontakten, die, wenn sie überhaupt historisch sind, nur von geringer Bedeutung waren. Es ist wohl besser, die alten Legenden von Phönikern, Juden, Chinesen und vielen anderen Völkern zu vergessen, die nach der Entdeckung Amerikas durch Kolumbus in den Köpfen einiger Autoren herumspukten.

Die ersten Menschen, die die Bering-Straße überquerten, etwa zu der Zeit, als die berühmten Höhlenmalereien der Cro-Magnon-Zeit entstanden, brachten ein eher dürftig entwickeltes kulturelles Rüstzeug mit. Die ursprünglich sehr kleinen Gruppen vermehrten sich im Laufe der Jahrtausende und besiedelten die ganze Weite des Erdteils. Sie waren Nomaden, sammelten Pflanzen und Früchte und betrieben Fischfang an den Meeresküsten wie an den Seen.

Zu verschiedenen, wenn auch noch nicht genau bekannten Zeitpunkten, etwa seit 7000 v. Chr., begannen die Menschen sowohl auf der Hochebene von Mexiko als auch in den Andenregionen mit dem langwierigen und fundamentalen Prozeß, einige Wildpflanzen zu domestizieren: Tabak, Kakao, Mais in mehr als hundert Varianten, Kartoffeln, Wal- und Erdnüsse, Kokain und verschiedenes mehr bildeten von nun an die Grundlage der Genuß- und Nahrungsmittel, da die Jagd von Tag zu Tag abnahm.

Der Mais, die wichtigste all dieser Pflanzen, tauchte zweifellos vor 4000 v. Chr. auf. Wahrscheinlich wurde er zuerst in Mesoamerika angebaut, aber da es so viele Arten gibt, könnten sich diese in verschiedenen Gebieten entwickelt haben. Seit damals ist die Züchtung des Maises weit fortgeschritten. So hat sich die Größe der Pflanze und damit die Zahl der Körner stark verändert, mit dem Ergebnis, daß sich der Mais heute nicht mehr allein fortpflanzen kann. Der größte Teil der domestizierten Nutzpflanzen [...] scheint aus Mesoamerika zu stammen, obwohl alle in einem langwierigen interamerikanischen Diffusionsprozeß nach und nach auch in verschiedene Gebiete außerhalb der hier behandelten Kulturen gelangten, ähnlich wie es später mit den Metallen geschah.

Schon in sehr früher Zeit gelang es dem Menschen, den Hund zu domestizieren, oder umgekehrt gesagt, vielmehr hat dieses bewundernswerte Tier den Menschen gezähmt. In Peru wurden vor allem das Lama und das Alpaka domestiziert, in Mexiko, aber nicht in Mesoamerika, der Truthahn, ohne den heute vielerorts das Weihnachtsfest nicht mehr zu denken ist. Später gewannen der Fischfang und das Sammeln von Muscheln große Bedeutung.

Damit kam das Ende des Nomadentums: die Menschen ließen sich an festen Orten nieder, die sich allmählich zu Dorfgesellschaften entwickelten. Es versteht sich von selbst, daß diese Vorgänge Jahrtausende beanspruchten.

Hans Helfritz
Die Besiedlung Mittel- und Südamerikas

Daß die Einwanderung des Menschen in Südamerika wahrscheinlich schon früh erfolgte, dafür sprechen auffallende ethnographische Unterschiede zwischen den alten Kulturvölkern; auch daß es in den beiden Doppelkontinenten so viele verschiedene Sprachen gibt und daß keine südamerikanische

Sprache mit einer nordamerikanischen verwandt ist, läßt auf eine sehr frühe Einwanderung schließen. Demnach nehmen heute die führenden Amerikanisten allgemein an, daß eine große Anzahl von Völkern schon eine eigenständige Sprache besaß, als sie in mehr oder weniger großen Schüben und Zeitabständen, aus dem nördlichsten Asien kommend, ihre Wanderung über die Beringstraße antraten; vorausgesetzt, daß wir dieser Theorie über die Besiedlung Amerikas zustimmen, wie es bei den meisten Gelehrten heute der Fall ist.

Diese Einwanderung ist nicht in großen Völkerwanderungen erfolgt, sondern kleine Jägergruppen, vielleicht nur Sippschaften, schweiften ohne bestimmtes Ziel umher, stets den Jagdtieren, wie dem Mammut und dem Mastodon, folgend. Sehr viel später wird dann die Einwanderung nach Südamerika begonnen haben, obwohl eine einzige Generation die Strecke von Alaska bis Feuerland theoretisch gesehen in 35 Jahren bewältigen könnte, wenn wir eine wöchentliche Marschleistung von nur neun Kilometer zugrunde legen, wie H. D. Disselhoff meint. Aber die Einwanderung erfolgte ja nicht in gerader Linie. Immer wieder wurden günstigere Jagdgründe aufgesucht. In den Wäldern wurden Nüsse, Wurzeln und wilde Früchte gesammelt. An den Ufern der Flüsse und Seen machte man halt, wenn deren Fischreichtum genügend Nahrung bot. An den Meeresküsten fanden die Ankömmlinge Muscheln und Meerschnecken, dort gingen sie dann auf Fischfang aus. Aber später kamen andere, zahlenmäßig stärkere Volksgruppen. Feindliche Horden vertrieben friedliche Gemeinschaften, die vielleicht gerade seßhaft geworden waren, und drängten sie immer weiter nach Süden. Die Athapasken, die der großen sogenannten athapaskischen Sprachfamilie angehörten, waren wohl die letzten asiatischen Einwanderer. Sie machten in den heutigen Landschaften Arizonas und Neumexikos halt; ihre Nachkommen sind die Indianerstämme der Apachen und Navajos. [...]

Von Nordamerika aus, wo wir uns auf die Fundstätten Sandia, Clovis, Folsom und Yuma beziehen, haben sich die

Stämme in dem Zeitraum zwischen 20 000 und 5000 v. Chr. über Südamerika ausgebreitet. Nach dieser ersten Einwanderungswelle erschienen auf dem ganzen amerikanischen Kontinent Gruppen von Völkern, die zwar auch noch der Jagd nachgingen, sich aber mehr und mehr mit dem Sammeln von Früchten und Muscheln beschäftigten. Ihre Vertreter könnte man mit den mesolithischen Gruppen der Alten Welt vergleichen. [...]

Von 5000 bis 3000 v. Chr. erschien eine dritte asiatische Einwanderungswelle in Nordamerika. Sie gehörte einer Zivilisation an, die man die zirkumpolare genannt hat. Man glaubt in diesen Stämmen die ursprünglichen Träger der sogenannten Eskimo-Aleuten-Kultur zu erkennen und stellt sie auf die Stufe des frühen Neolithikums. Am Ende dieser Periode können wir bei dieser Gruppe den Gebrauch des Kupfers, die Herstellung von Keramik, von Geweben und Lederarbeiten und das Halten von Hunden feststellen, die den Polarhunden verwandt sind. [...]

In der Nähe der Hauptstadt Mexikos hatte der Geologe H. de Terra in einem Talbecken, das in vorgeschichtlicher Zeit, ja bis in die Tage der spanischen Eroberung hinein, von einem großen See ausgefüllt war, in den Ablagerungen des Sees mit Erfolg Grabungen vorgenommen. Im Dezember 1945 setzte er seine Forschungen fort und bediente sich hierbei eines neuartigen, von dem kanadischen Geophysiker H. Lundberg erfundenen Suchgerätes. Mit diesem Gerät gelang es de Terra, eine Stelle ausfindig zu machen, in deren Nähe der „elektrische Bluthund", wie amerikanische Forscher das Gerät nannten, in auffallender Weise ausschlug. Und tatsächlich, das Instrument hatte recht. Nicht nur ein fast vollständiges menschliches Skelett kam zutage, sondern auch Steinwerkzeuge urzeitlicher Menschen und Knochen fossiler amerikanischer Elefanten, des riesengroßen Mastodons, das in Europa schon seit Hunderttausenden von Jahren ausgestorben war, während es in Amerika bis zum Ende der Eiszeit überleben konnte. Da in Mexiko alle diese Reste in der gleichen

Schicht gefunden wurden, ist anzunehmen, daß der Mensch und die inzwischen ausgestorbenen Tierarten zur gleichen Zeit gelebt haben. Das Alter der Schicht konnte man errechnen. Erstaunlich war jedoch, daß es genau mit dem Datum, das die Untersuchung der Knochen nach der Radiokarbonmethode (C 14) ergab, übereinstimmte. Das Alter des ältesten Menschen, dessen Reste man in den Subtropen der Neuen Welt gefunden hat, des „Menschen von Tepexpan", läge demnach zwischen 9850 und 8850 v. Chr.

Eleonore von Oertzen

Peru bis zu den Inka

Das archäologische Peru

Unser Wissen über die frühen peruanischen Kulturen nimmt ständig zu, denn immer wieder werden neue Überreste ihrer Siedlungen oder Tempelanlagen entdeckt und erforscht. Während es über die Inka-Gesellschaft schriftliche Zeugnisse gibt – von Spaniern nach eigenen Beobachtungen oder Befragungen einheimischer Würdenträger niedergeschrieben –, muß sich die Beschäftigung mit den vor-inkaischen Epochen ausschließlich auf die Informationen stützen, die die Archäologie zutage fördert. Damit kann der Forscher Aussagen über das materielle Leben der Menschen machen. Er kann aus ihren Küchenabfällen ablesen, wovon sie sich ernährten; Überreste von Waffen und Werkzeugen sagen ihm, welche Techniken der Stein- oder Metallbearbeitung bekannt waren; Ruinen von Gebäuden lassen nicht nur Rückschlüsse auf die Fähigkeiten der alten Baumeister zu, sondern durch ihre Größe und Anordnung können sie auch etwas über die soziale Organisation der Menschen verraten, die sie einmal bewohnt haben; Keramikfunde und Stoffreste geben Hinweise auf handwerkliches Können, und bildliche Darstellungen schließlich erzählen nicht nur vom Schönheitssinn ihrer Hersteller, sondern können auch Aufschluß über deren Kleidung, ihr soziales Leben oder ihre religiösen Vorstellungen geben. Das scheint sehr viel zu sein. Dennoch bleiben große Bereiche des Lebens dieser frühen Gesellschaften ausgespart. Wir kennen weder die politische Geschichte dieser Völker noch ihre Beziehungen zu ihren Nachbarn. Vor allem aber gibt es keine Hinweise auf die Sprachen. Nicht einmal, wie sie sich selber nannten, ist uns bekannt. Die Bezeichnungen für die verschiedenen Kulturen auf peruanischem Boden leiten sich in ihrer Mehrheit von den heutigen Namen der jeweiligen archäologischen Fundstätten her. [...]

Die frühesten Zeugnisse menschlicher Gegenwart auf peruanischem Boden reichen etwa 12 000 Jahre zurück. Es handelt sich vor allem um Höhlen, die als Behausungen gedient haben. Die Jagd hatte allem Anschein nach für diese Höhlenbewohner eine größere Bedeutung gewonnen, und sie hatten die Fähigkeit erworben, Speerspitzen aus Stein herzustellen. [...] In den Höhlen von Lauricocha bei Huànuco und von Toquepala (Tacna) hat man Zeichnungen von Männern gefunden, die mittelgroße Vierbeiner mit langen Hälsen und Ohren jagen. Dabei handelt es sich offenbar um Guanacos, die wilden Vorfahren der heutigen Lamas und Alpacas. Die Guanaco-Jäger, wie die Menschen dieser Epoche von den Archäologen daher auch genannt werden, verbrachten die feuchte Jahreszeit in den *lomas*, den wintergrünen Westabhängen der Kordillere, und zogen sich während der Trockenzeit in höhere Lagen zurück. Die Überreste mehrerer „Wintersiedlungen" an der Küste ebenso wie die Funde in den erwähnten Höhlen erlauben es, die im Laufe der Zeit immer ausgefeilteren Techniken der Herstellung und Benutzung von Werkzeugen und Waffen aus Stein zu verfolgen.

Vor ca. 7000 Jahren traten zwei wesentliche Veränderungen im Leben dieser frühen Jäger ein: Sie begannen, Tiere zu zähmen und planvoll eßbare Pflanzen anzubauen. Während in anderen Teilen der Welt das Halten von Haustieren den Anfängen der Landwirtschaft vorausging, nimmt man an, daß diese Prozesse in Südamerika ungefähr gleichzeitig stattfanden. An der Küste wurden als erste Nutzpflanzen Kürbisse und Bohnen angebaut, etwa um die gleiche Zeit begann im Hochland der Anbau der Quinua (Andenhirse). Mit dem Auftauchen von Baumwolle um 3000 v. Chr. und Mais eineinhalb Jahrtausende später gewann die Landwirtschaft immer größere Bedeutung nicht nur für die Nahrungsmittelproduktion, sondern auch für die Gewinnung von Material zur Herstellung von Schnüren und Fischernetzen. Im Gegensatz zu den früher domestizierten Pflanzen stammen die beiden letzten nicht aus Peru. Der Mais kam aus Mittelamerika; bei der Baumwolle handelte es sich um eine Kreuzung aus einer einheimischen mit einer aus Ostasien stammenden Sorte. Dies ist nur eines von vielen Beispielen dafür, daß der Kontakt zwischen den Bewohnern Asiens und Amerikas keineswegs abgebrochen war, nachdem die Landverbindung zwischen den Kontinenten nach dem Ende der letzten Eiszeit unter den Wassermassen des Nordpazifik verschwunden war. Dieser Austausch fand offenbar in beide Richtungen statt: in Polynesien trafen europäische Besucher auf eine Süßkartoffel, die ohne Zweifel aus Peru kommt; sie wurde von den Inselbewohnern sogar mit dem gleichen Namen bezeichnet, den sie auch bei den Andenindianern hat. Ein weiteres Beispiel ist die Keramik, die man Anfang der 60er Jahre dieses Jahrhunderts in Valdivia, an der Küste des südlichen Ecuador ausgegraben hat. Sie weist wenige Beziehungen zu anderen frühen Keramikfunden in Peru oder Ecuador auf, dafür hat sie große Ähnlichkeit mit der japanischen Jomon-Kultur (3000–2000 v. Chr.). [...]

Nicht weit von Huaca Prieta, in der Nähe des kleinen Fischerdorfes Guañape in Nordperu fand man die ersten Keramikscherben. Sie sind von sehr roher Machart, ohne jede Dekoration, und werden auf die Zeit 1200–1000 v. Chr. datiert. Um so größeres Erstaunen verursachten daher die Ausgrabungen japanischer Archäologen am Ostabhang der Anden: in Kotosh, in der Nähe der Stadt Huánuco fanden die Forscher eine Tempelanlage, welche wahrscheinlich zweieinhalb Jahrtausende lang (2000 v. Chr.–500 n. Chr.) genutzt wurde. Die hier entdeckte Keramik (ca. 1850 v. Chr.) war nicht nur viele Jahrhunderte älter als die von Guañape, sondern außerdem auch technisch und künstlerisch von wesentlich höherer Qualität. Hinweise auf Vorformen fehlen dagegen. Dieser Fund legt zwei Schlüsse nahe: einmal ist es wahrscheinlich, daß Kotosh nur wenige oder gar keine Verbindungen zur Pazifikküste hatte, zum anderen muß man die Möglichkeit einräumen, daß hier, zumindest soweit es die Keramik betrifft, Einflüsse aus dem Osten, also aus dem Amazonastiefland, wirksam wurden.

Chavín

Die erste Kultur, die große Teile des heutigen Peru umfaßte, hatte ihr Zentrum in Chavín de Huántar im nördlichen Hochland. Hier fand man eine große zusammenhängende Siedlung aus Steinhäusern, Straßen und Plätzen. Sie wird von einem Gebäudekomplex überragt, der als *castillo* (Burg) bezeichnet wird, aber wahrscheinlich ein riesiger Tempel war. Man nimmt an, daß es sich bei der ganzen Anlage um ein religiöses Zentrum handelte und daß zu bestimmten Festen die Menschen aus einem sehr großen Umkreis zusammenkamen. [...]

Ein raubkatzenähnliches Wesen, das wahrscheinlich als Gottheit verehrt wurde, steht im Mittelpunkt aller bildlichen Darstellungen in Chavín. Dieses Motiv findet sich in verschiedenen Formen an vielen Fundstätten Nordperus. Daher nahmen die peruanischen Archäologen vor einigen Jahrzehnten an, es habe ein Chavín-Reich gegeben, das sich in dieser Zeit (800–300 v. Chr.) über ein großes Gebiet erstreckt habe. Inzwischen ist man dagegen zu der Ansicht gekommen, daß der kulturelle Einfluß mit der Ausdehnung religiöser Vorstel-

La Tolita (Esmeraldas, Ekuador) – ,Raüchergefäß' in Gestalt einer
Raubkatze. La-Tolita-Kultur – Keramik; Höhe 0,40 m.

lungen (Verehrung der Jaguar-Gottheit), nicht aber mit politischer Beherrschung einherging. [...]

Etwa 500 Jahre lang prägte die Katzengottheit von Chavín die bildliche Darstellung im nördlichen Peru. Dann verschwand sie und mit ihr die kulturelle Einheitlichkeit der Region. Statt dessen entwickelten sich lokale Kulturen in vielen Küstenoasen, die zwar alle von demselben technischen Niveau ausgingen, aber durchaus charakteristische Eigenarten entwickelten. Die wichtigsten sind von Norden nach Süden: Moche, Paracas und Nazca. [...]

Tiahuanaco

Zur gleichen Zeit wie die großen und kleinen Regionalkulturen an der Küste (200–600 n. Chr.) entstand im Süden des Titicaca-Sees im heutigen Bolivien ein kulturelles Zentrum, dessen Bedeutung ohne weiteres mit der von Chavín verglichen werden kann. Die Ruinen von Tiahuanaco umfassen eine Reihe von Gebäuden, deren größtes, eine Stufenpyramide, eine Seitenlänge von über 200 m aufweist und 15 m hoch ist. Die Anlage ist aus riesigen, glatt bearbeiteten Steinen gebaut, die ohne Mörtel zusammengefügt sind. An einigen Stellen wurden sie von Kupferkrampen zusammengehalten. Besonders eindrucksvoll ist das 3 m hohe und fast 4 m breite „Sonnentor", das aus einem einzigen Steinblock herausgehauen ist. Ein Relief über dem mannshohen Durchgang zeigt eine große menschenähnliche Gestalt mit einem Strahlenkranz um den Kopf, flankiert von 24 kleinen Figuren auf jeder Seite. Man vermutet, daß es sich bei der zentralen Gestalt um den Schöpfergott *viracocha* handeln könnte, der später in der Religion der Inka den höchsten Rang einnahm. [...]

Zu einem Zeitpunkt, als die Bedeutung von Tiahuanaco bereits abnahm, stießen einige solcher Kolonisationsunternehmen in der Nähe von Ayacucho auf eine politisch und wirtschaftlich aufstrebende Gesellschaft, die Huarpa. Sie beherrschten vor allem die Kunst, durch Bewässerungskanäle und Terrassenfelder die zerklüfteten Berghänge für die Landwirtschaft zu nutzen. Aus der Verbindung des Tiahuanaco-Stils mit der kriegerischen Expansion dieses Volkes entwickelte sich das Wari-Reich, welches der eigentliche Vermittler der Tiahuanaco-Kultur für weite Teile Perus gewesen ist. Im Gegensatz zu Chavín oder der frühen Tiahuanaco-Kultur war nun die Verbreitung religiöser Ideen und kultureller Stilrichtungen eine Folge der Ausdehnung von politischer und wirtschaftlicher Herrschaft. Die Vergrößerung des Wari-Imperiums vollzog sich durch die Gründung einer großen Zahl neuer Städte, die mit befestigten Wegen untereinander verbunden waren. In vieler Hinsicht griffen später die Inka auf die Infrastruktur dieser Epoche zurück.

Das Reich der Inka

Mit dem Zerfall des Wari-Imperiums entstanden auch im Hochland stadtartige Siedlungen mit regionalem Einfluß. Einige wenige dieser politischen und wirtschaftlichen Zentren dehnten ihre Macht auf Kosten ihrer engeren Nachbarn immer weiter aus, bis schließlich innerhalb von weniger als hundert Jahren (1440–1530) die Einwohner des Tales von Cuzco ein Imperium begründeten, das sich von Nord-Chile bis an die heutige Grenze zwischen Ecuador und Kolumbien erstreckte. Seine Herrscher nannten sich Inka, und nach ihnen bezeichnete man die Epoche, das Reich und das Volk, das es begründete. Über die Herkunft der Inka gibt es unterschiedliche Legenden. Eine Version berichtet, daß der erste Inka-Herrscher Manco Capac zusammen mit drei Brüdern und vier Schwestern durch eine Felsöffnung im Tal des Urubamba, ca. 20 km von Cuzco entfernt, der Erde entsprungen sei. Auf dem Weg nach Cuzco entledigte er sich seiner Brüder, unterwarf mit Hilfe seiner Schwestern die Bevölkerung des Hochtales und begründete seine Dynastie, wobei sich die Nachkommen seiner Familie mit denen der ursprünglichen

Bewohner vermischten. Eine andere Lesart läßt Manco Capac und seine Schwester Mama Ocllo im Titicaca-See vom Himmel herniedersteigen. Als klassische Kulturheroen bringen sie den Menschen Sprache, Handwerk, politische Organisation und Religion. Diese Variante bezieht sich möglicherweise auf den prägenden Einfluß, den Jahrhunderte zuvor die Tiahuanaco-Kultur auf das gesamte Hochland ausgeübt hatte.

Etwa 200 Jahre lang widmeten sich acht Inka-Herrscher nacheinander dem Ausbau und der Befestigung der Stadt Cuzco und der Sicherung ihres Einflußbereiches in der unmittelbaren Umgebung. Als der Inka Pachacutec („Weltveränderer") 1438 seine Regierung antrat, erstreckte sich seine Herrschaft auf einen Umkreis von ca. 40 km rund um die Hauptstadt. Pachacutec und seine Nachkommen Tupac Yupanqui und Huayna Capac unterwarfen in einer Serie von fast unablässig aufeinanderfolgenden Kriegszügen zuerst die Gebiete der aymarasprechenden Colla am Ufer des Titicaca-Sees, dann die Chanca und andere nördliche Nachbarn von Cuzco, das Reich der Quito im heutigen Ecuador und schließlich Chan Chan, die Hauptstadt der Chimú-Herrscher sowie eine große Zahl kleinerer Völker im Hochland und an der Küste. Allerdings gelang es den Inka-Armeen nie (wie übrigens auch den spanischen Eroberern nicht), tief in den Urwald des östlichen Tieflandes einzudringen und dort dauerhafte befestigte Plätze einzurichten.

Die Berichte der spanischen Chronisten über die Ordnung des Inka-Reiches beziehen sich fast alle auf die letzten 100 Jahre imperialer Ausdehnung. Wenn man heute diese Beschreibungen nahezu perfekter Organisation und zentralistischer Kontrolle liest, darf man nicht außer acht lassen, daß es sich in Wirklichkeit um ein Staatswesen handelte, das ständigen Veränderungen, Aufständen und anderen Angriffen ausgesetzt war. Die interne politische Ordnung war in der Praxis nicht annähernd so straff und unbeweglich, wie sie oft dargestellt wird. Außerdem hatten die wenigen Jahrzehnte fremder

Herrschaft das tägliche Leben für den überwiegenden Teil der ländlichen Bevölkerung der Anden und der Küste noch kaum verändert.

Hans Helfritz
Die mythische Geschichte der Azteken

Fest steht ganz eindeutig, daß die Azteken zu jenen „echten" Chichimeken gehört haben, die ins Hochtal von Mexiko einsickerten und dort zunächst als Jägervölker mehrere Menschenalter hindurch ein unstetes Wanderleben führten. Ähnlich den israelitischen Stämmen litten sie Hunger, gewannen und verloren Schlachten und strebten immer weiter voran, im Vertrauen auf das Versprechen ihres Gottes Huitzilopochtli, sie würden schließlich einmal nach vielen Irrfahrten in das „gelobte Land" kommen. [...]

Über die Wanderungen der Azteken unterrichten uns alte Bilderschriften, wie der „Codex Boturini" und der „Atlas Goupil-Boban". Diese Werke beginnen mit der Erzählung von der Überschwemmung der Erde und enden mit der Niederlassung der Azteken in Tenochtitlán. In einer Handschrift wird ein hoher Berg dargestellt, der aus dem Wasser ragt, man könnte ihn den „Ararat der Azteken" nennen. In einer anderen Schrift bezeichnet ein Altar den Ort, von dem die Azteken in langem, prozessionsartigem Zug ihre Wanderung antraten. Hier und da werden die verschiedenen Stellen, an denen sich die Azteken unterwegs aufhielten, durch Zeichen näher angegeben. Die Fußspuren geben den Reiseweg an. An einer Stelle, in der Höhle eines Berges, gibt Huitzilopochtli dem Stamm Anweisungen über den weiteren Verlauf der Reise. Eine Hieroglyphe verrät uns das Datum: Es war das Jahr 1168.

Immer wieder ist es Huitzilopochtli, der den Mutlosen den

nahen Sieg in Aussicht stellt, sie zum Ausharren mahnt, sofern sie ihn nur achten und lieben – man ist an Jahwe und das Volk Israel erinnert, dessen Zug durch die Wüste auch in Details auf wunderbare Weise dem Zug der Azteken ähnelt.

Viele Jahre lang hatten die Azteken noch mancherlei Beschwerden zu ertragen. Sie wurden in Chapultepec, „am Heuschreckenberg", von den Colhuas, den Nachkommen der Tolteken, besiegt und versklavt. Als Söldner dienten sie den Herren von Colhuacán, und da die Azteken als Krieger große Erfahrung besaßen und Mut zeigten, gab man ihnen die Freiheit zurück. Hierauf nahmen die Azteken die Wanderung zum Hochland wieder auf. Sie erreichten die Inseln der Seenplatte und machten sich mit der Bodenbeschaffenheit vertraut, was ihnen später bei ihren militärischen Unternehmungen nützlich war. Unermüdlich und mit unerschütterlichem Vertrauen hielten sie nach dem Zeichen Ausschau, das ihnen, wie es das Orakel vorausgesagt hatte, den Platz zeigen würde, an dem sie sich endgültig niederlassen sollten.

Auf einer unwirtlichen Insel im Texcocosee geschah das Wunder. Hier gewahrten sie einen Adler von außergewöhnlicher Größe und Schönheit, der auf einem Feigenkaktus saß. Seine Flügel waren gegen die aufgehende Sonne hin entfaltet, und in seinen Krallen hielt er eine Schlange. In dieser Erscheinung glaubten die Azteken das Zeichen des Himmels zu erblicken und legten daher dort den Grundstein zu ihrer künftigen Hauptstadt Tenochtitlán. Es ist derselbe Platz, den heute das Zentrum der Stadt Mexiko einnimmt. Der auf einem Kaktus sitzende Adler mit der Schlange im Schnabel ziert das Wappen dieser modernen, aufstrebenden Stadt. Nach dem Volksstamm der Mexica (Azteken) wurden später das ganze Land und seine Hauptstadt Mexiko genannt.

In einer anderen Gründungslegende heißt es, daß zwei aztekische Priester den Adler an dem „Ort, wo der Nopal-

Wanderung der Azteken von Aztlán, der Urheimat, nach Culhuacán, dem
„Land des gebrochenen Baumes", und die acht Aztekenstämme
(Codex Boturini).

kaktus auf dem Stein wächst", neben einer Quelle hätten
sitzen sehen. Krickeberg meint, daß das Symbol Adler –
Schlange – Kaktus erst in zweiter Linie mit der Gründungslegende verbunden wurde und ursprünglich den Gedanken
ausgedrückt habe, daß sich das gesamte Weltgeschehen aus
dem Kampf polarer Gegensätze ergebe, denn der Adler bezeichnet die Sonne und den Tageshimmel, die Schlange aber
den Sternengürtel des mexikanischen Tierkreises und den
Nachthimmel. [...]

Unverzüglich gründeten die Azteken an diesem verlassenen Ort im Jahr 1325 oder 1370, wie andere Chronisten
behaupten, einen bescheidenen Altar aus Binsen und Blät-
tern, den sie Momoztli nannten, und schmückten ihn mit den
heiligen Insignien ihres Schutzgottes Huitzilopochtli, des
Gottes der Sonne und des Krieges. Mit unermüdlicher Geduld erweiterten sie die kleine Insel. Sie errichteten ihre *chi-
nampas* auf die gleiche Weise, wie sie heute noch in Xochi-
milco hergestellt werden, und verbanden diese mit der Insel.

41

Das war der Beginn der großen Stadt Tenochtitlán, die später einmal 750 000 Einwohner gehabt haben soll, als die Azteken auf dem Höhepunkt ihrer Macht standen und ihr Reich über das ganze mittlere und südliche Mexiko ausgedehnt hatten.

Unglaublich schnell entwickelte sich übrigens nicht nur die Stadt Tenochtitlán, sondern auch der Staat und die Macht der Azteken. Es ist erstaunlich, wie dieses Volk, dessen Vorfahren vor gar nicht so langer Zeit primitive Jäger gewesen waren, so große Fähigkeiten in der Staatsführung, in der Wissenschaft und in der Kunst entwickelte, so daß sein Reich in seiner Glanzzeit zu den auf höchster Kulturstufe stehenden Reichen Mesoamerikas zählte. Es kann jedoch kein Zweifel bestehen, daß die Azteken schon Jahrhunderte vor der Gründung ihres Reiches viel von den Nachkommen früherer alter Kulturvölker, wie der Teotihuakaner und der Tolteken, gelernt hatten. Wir wissen, daß die Azteken alles, was mit den Tolteken zusammenhing, sehr verehrten. Als die Azteken zur Macht kamen, vernichteten sie alles, um sich mit ihnen zu identifizieren. Möglicherweise ist die Zerstörung der eigenen alten Staatsarchive durch den Aztekenkönig Itzcoatl deshalb geschehen, weil man die eigene Geschichte mit der der Tolteken vermischen wollte. Derselbe Tlacatecuhtli Itzcoatl, der inzwischen seinen politischen Einfluß über weite Gebiete hin ausgedehnt hatte, fühlte sich im Jahr 1428 stark genug, um seine früheren Verbündeten von Azcapotzalco zu vernichten. Von diesem Augenblick an beherrschten die Azteken praktisch das ganze Hochtal von Mexiko.

<Nahua/Azteken>

Im Jahr 12-Haus künden acht unheilvolle Vorzeichen Niedergang an

Zehn Jahre vor Ankunft der Spanier erschien erstmals ein unheilvolles Vorzeichen am Himmel: wie ein Feuerschweif, wie eine Feuerflamme, wie eine Morgenröte. Es trat in Erscheinung, als ob es züngeln, als ob es in den Himmel stechen würde. Es war unten breit und oben schmal. Bis zur Mitte des Himmelsgewölbes kam es, bis ins Zentrum des Himmels reichte es. So sah man es: Drüben im Osten tauchte es auf, und so kam es gegen Mitternacht zum Vorschein. Es wurde hell, und bei Tagesanbruch ließ die Sonne es verschwinden. Zu der Zeit, da es sich zeigte, begann das Jahr 12-Haus [1517]. Ein Jahr lang trat es immer wieder in Erscheinung. Wenn es auftauchte, entstand allgemein eine große Unruhe. Die Leute schlugen sich mit den Händen an die Lippen. Es herrschte großer Schrecken, und man redete ohne Ende darüber.

Ein zweites unheilvolles Vorzeichen ereignete sich hier in México: Von selbst ging in Flammen auf, fing Feuer der Tempel des Dämonen Huitzilopochtli. Wohl niemand legte Feuer, sondern aus eigenem Antrieb begann er zu brennen. Sein göttlicher Ort hieß Tlacateccan. So war es: Schon brennen die Säulen. Von drinnen breiteten sich die Feuerflammen bis hierher aus, die Feuerzungen, die Flackerfeuer. Ganz schnell verschlang das Feuer das Gebälk des Hauses. Sogleich erhob sich ein fürchterliches Geschrei. Man ruft: „Mexikaner, eilt schnell herbei, es wird gelöscht. Eure Henkelkrüge!" Doch als die Wasser spritzten, als sie zu löschen versuchten, entzündete es sich noch mehr und sprühte Flammen. Es konnte nicht gelöscht werden. Alles brannte ab.

Drittes unheilvolles Vorzeichen: Ein Blitz schlug in einem Tempel ein. Er war nur aus Stroh, weshalb er Tzummulco heißt. Es war der Tempel des Xiuhtecuhtli. Es regnete nicht heftig, es nieselte nur leicht. Deshalb sah man dies als Omen an und sprach derart: „Es war nur ein Sonnenschlag." Man hörte nämlich keinen Donner.

Viertes unheilvolles Vorzeichen: Als die Sonne noch schien, da fiel ein Feuerschweif zur Erde. In drei Teile gespalten kam er hervor, wo die Sonne untergeht, und zog nach rechts, wo die Sonne aufgeht. Als ob es Glut wäre, stürzte er in einem Funkenregen hernieder. Sein Schweif zog sich in die Länge. Weit entfernt kam das Ende an. Als dies gesehen ward, erhob sich großer Lärm: als ob man Schellen ertönen ließe.

Fünftes unheilvolles Vorzeichen: Das Wasser geriet in Wallung. Nicht der Wind ließ es überschäumend anschwellen. Es war, als ob es aus Wut aufwallte, als ob es in Stücke zerbräche, wenn es aufschäumte. Weit entfernt setzte es sich in Bewegung und stieg sehr in die Höhe. Es reichte bis zu den Fundamenten der Häuser. In den Grundfesten unterspült, versanken sie im Wasser. Dies ereignete sich in der Lagune bei México.

Sechstes unheilvolles Vorzeichen: Oftmals hörte man eine Frau weinen. Sie lief klagend durch die Nacht und stieß laute Schreie aus: „Meine lieben Kinder, wir müssen nun weit fortgehen!" Manchmal klagte sie: „Meine lieben Kinder, wohin werde ich euch bringen?"

Siebtes unheilvolles Vorzeichen: Oftmals verfing sich etwas, blieb etwas in den Netzen hängen. Die Wasservogeljäger erhaschten einen aschgrauen Vogel von der Art eines Kranichs. Sie brachten ihn in den Tlillan-Palast und zeigten ihn Motecuhzoma. Die Sonne war an ihrem erdfernsten Punkt angelangt. Es war Mittag. Wie ein Spiegel war etwas im Kopf des Vogels: rund wie ein Spindelrad, spiralförmig und in Bewegung und in der Mitte wie durchbohrt. Drinnen sah man den Himmel: die Sterne, die Sternbilder. Motecuhzoma hielt es für ein sehr schlimmes Vorzeichen, als er die Sterne und die Sternbilder sah. Als er abermals den Kopf des Vogels anschaute, sah er da erneut etwas – weit weg in der Ferne: Es war, als ob Menschen herbeieilten. Ziemlich imposant waren sie und gaben sich Stöße. Streit trugen sie untereinander aus. Sie wurden von hirschähnlichen Wesen auf dem Rücken mitgebracht. Sofort rief Motecuhzoma seine Zauberer und seine Weisen und fragte sie: „Wißt ihr vielleicht, was ich gesehen habe? Wie Menschen stehen sie auf Füßen und bewegen sich hin und her!" Als diese jedoch Antwort geben und nachsehen wollten, war alles verschwunden. Sie sahen nichts.

Achtes unheilvolles Vorzeichen: Oftmals erschienen den Leuten mißgestaltete Menschen, scheußliche Wesen mit zwei Köpfen und nur einem Rumpf. Man brachte sie in den Tlillan-Palast und zeigte sie Motecuhzoma. Kaum hatte er sie gesehen, verschwanden sie.

Die Zeit der Entdeckung, Erkundung und Eroberung

Urs Bitterli

Die Ankunft der weißen Götter

Will man sich eine Vorstellung von Verlauf und Bedeutung des europäischen Einbruchs in die transatlantische Welt machen, wird man sich mit Vorteil auf den Modellfall der Insel Hispaniola besinnen, welche heute die Staatengebilde Haitis und der Dominikanischen Republik umfaßt. Hispaniola ist, wie Pierre Chaunu gesagt hat, der „Mikrokosmos" transatlantischer Kolonisationsgeschichte: hier hat sich zuerst abgespielt, was sich später in Mexiko, Peru und Chile wiederholen sollte. [...]

Auch Hispaniola war zu jener Zeit [6. Dez. 1492] von einem Stamm der Aruak-Indianer, von den Tainos, besiedelt. Es handelte sich dabei um eine ethnische Gruppe, die auf der Stufe einer frühen Pflanzer- und Jägerkultur seßhaft lebte und höchstens in Ansätzen die Hochkulturen des mexikanischen Festlandes vorausahnen ließ. Diese Indianer – die ursprünglich spanische Bezeichnung hat den Irrtum des Kolumbus bekanntlich verewigt – hatten die Nordküste des südamerikanischen Festlandes, möglicherweise durch die ihnen militärisch überlegenen Kariben verdrängt, einige Jahrhunderte vor Kolumbus' Eintreffen verlassen. Sie ernährten sich zur Hauptsache von Maniok, Süßkartoffeln und Mais, gingen mit Netzen, Angeln und Speeren auf Fischfang und, in bescheidenerem Umfang, auf die Jagd; über Haustiere verfügten sie, von einer Hundeart abgesehen, nicht. Eine eigentliche Bekleidung war den Inselbewohnern unbekannt; lediglich die Frauen trugen nach der Pubertät eine Art von Lendenschurz.

Beide Geschlechter liebten es, ihren Körper zu bemalen; ebenso waren in Gold gearbeitete Nasen- und Ohrgehänge sowie Halsbänder üblich. Obwohl in handwerklicher Hinsicht, so etwa in der Holzschnitzerei, sehr geschickt und künstlerisch begabt, verfügten die Tainos nur über eine bescheidene Bewaffnung, die sich auf den mit einer Feuersteinspitze versehenen Speer stützte. Zum Transport auf dem Wasser benutzte man aus Baumstämmen gearbeitete Kanus, die – in Ermangelung des Segels – mit Rudern vorangetrieben wurden. Die Tainos wohnten in Dörfern unterschiedlicher Größe inmitten wohlbebauter Felder. Die Bevölkerung der Insel zerfiel wahrscheinlich in fünf Provinzen, von denen jede ihren eigenen Häuptling, den „Kaziken", besaß, dessen Machtbefugnis, auch in Fragen von Leben und Tod, fast unbegrenzt war. Den „Kaziken" unterstanden die Vorsteher kleinerer Bezirke und Dörfer, denen wiederum Berater zur Seite standen. Inselbewohner, die keiner der regierenden Familien angehörten, verrichteten die Arbeiten auf dem Feld und waren in den Dörfern als Handwerker tätig. Es gab auch Sklaven. Die Tainos waren ein friedliches und gastfreundliches Volk. Fremde Besucher, die ihre unkriegerischen Absichten zu erkennen gaben, wurden als persönliche Gäste der „Kaziken" und Dorfvorsteher empfangen und im Kreis der Mitbürger bewirtet; dem Gast standen einheimische Frauen zum Geschlechtsverkehr zur Verfügung, und zu seinen Ehren wurden Feste veranstaltet. Gefürchtet waren freilich die Überfälle der kriegerischen Kariben von den benachbarten Inseln, die vornehmlich nachts erfolgten und zuweilen mit der Zerstörung ganzer Siedlungen, der Massakrierung der männlichen Bewohner und kannibalischen Orgien endeten.

Die frühen Begegnungen zwischen den Spaniern und den Tainos hatten im allgemeinen betont friedlichen Charakter. Gewiß gab es Unterschiede im Verhalten der Inselbewohner: bei einzelnen Stammesgruppen überwog zu Beginn des Kulturkontakts die ängstliche Scheu, bei andern die kecke Neugier; junge Leute zeigten sich in der Regel entgegenkommend, ältere zurückhaltend oder abweisend. Auch die Europäer waren zuerst an der Auslösung von Konflikten keineswegs interessiert. Obwohl Kolumbus sich offensichtlich keinerlei Gedanken über eine konsequente „Eingeborenenpolitik" machte und später in solchen Fragen oft unsicher und unangemessen reagierte, riet er im Frühstadium der gegenseitigen Begegnung durchwegs zur Rücksichtnahme. Bewaffnete Matrosen, die gleich nach der Ankunft auf Hispaniola ins Landesinnere entsandt wurden, erhielten die Anweisung, sich durch Verteilung von Glasperlen, Glöckchen und buntgefärbten Käppchen die Sympathie der Bewohner zu sichern; eine junge Frau, die man entführt und an Bord geholt hatte, wurde beschenkt und wieder zurückgeschickt. Die Kunde von derart freundlichem Verhalten sprach sich herum und schuf Vertrauen. Bereits wenige Tage nach Kolumbus' Eintreffen strömten die Tainos in Scharen zu seinen Schiffen, und der zuständige Häuptling ließ durch einen Boten anfragen, wann er die Seefahrer empfangen dürfe.

Es läßt sich leider nur lückenhaft rekonstruieren, was in den Bewohnern Hispaniolas vor sich ging, als sie zum ersten Mal, einer Himmelserscheinung gleich, die Segel der spanischen Schiffe am Horizont auftauchen sahen. Keine schriftliche Kunde hat dieses Ereignis bewahrt, und die mündliche Überlieferung der Tainos ist, ohne von jemandem festgehalten worden zu sein, mit deren Aussterben ein halbes Jahrhundert später erloschen. Lediglich die Aufzeichnungen der Spanier, insbesondere das Bordjournal von Kolumbus selbst, lassen gewisse Rückschlüsse zu. Daraus geht hervor, daß die Tainos ihre Besucher als wesensmäßig anders empfunden haben müssen und daß diese Erfahrung sie im tiefsten aufwühlte. Das Entscheidende war wohl, daß die Spanier sich mit Menschen der gewohnten Art nicht vergleichen ließen, und auch nicht mit den Kariben, deren existentieller Habitus einem vertraut war, auch wenn sie einige Sitten und Fertigkeiten verschieden entwickelt hatten. Daß die Fremdlinge Bärte trugen, weißhäutig waren, ihren Körper bekleideten, sich mit gänzlich unverständlichen Lauten verständigten – dies war für die Tainos mit keiner geschichtlichen Erfahrung in sinnstiftenden Zusammenhang zu bringen. Und ähnlich verhielt es sich mit den Instrumenten, deren sich die Ankömmlinge bedienten. Das Segelschiff war nicht als eine Weiterentwicklung des Kanus zu begreifen, und es mußte lange unerfindlich bleiben, woher ihm die Kraft zur Fortbewegung zuströmte. Das Schießgewehr und die Bordkanone, deren lauter Knall, wie es schien, Baumkronen in großer Entfernung zerfetzte und, wie sich bald genug zeigen sollte, Menschen tot umfallen ließ, mußten noch unerklärlicher, ja geradezu unheimlich wirken. Und was sollten die Indianer von jenen würdevollen spanischen Notaren halten, die zum Zeugnis der Besitzergreifung mit spitzem Federkiel seltsame schwarze Zeichen auf ein Stück Pergament malten?

Was lag näher, als Geschöpfe, deren Erscheinung, Handlungsweise und Handlungsmöglichkeit so sehr von allem Gewohnten abwichen, als überirdische Wesen zu betrachten? Göttern begegnet man mit allen Zeichen der Ehrfurcht, mit Hilfsbereitschaft und freundlichem Entgegenkommen. In der Tat überboten sich die Tainos während Kolumbus' Aufenthalt mit Gefälligkeiten aller Art. Man gab auf alle Erkundigungen, insbesondere auf die andauernd wiederholte Frage nach dem Vorhandensein von Gold, bereitwillig Auskunft; man schleppte alles, wonach den Gästen gelüstete, Trinkwasser, Früchte, Edelmetall, Frauen, eilfertig herbei; Lokalfürsten baten sehnlichst darum, von den Spaniern empfangen zu werden oder diese zu empfangen; und als das Flaggschiff des Kolumbus, die „Santa Maria", auf Grund lief, zeigten sich die Indianer tief bekümmert und halfen beim Löschen der Ladung. „Schließlich sagte der Admiral", heißt es im Bordbuch, „er könne nicht glauben, daß es jemanden gebe, der schon derart gutherzige Menschen gesehen habe, freigebig und so ängstlich, daß sie alles taten, um den Christen zu geben, was sie hatten, und wenn die Christen dann ankamen, liefen sie, um alles herbeizutragen."

Christopher Kolumbus, nach Bartolomé de Las Casas
Die Entdeckung einer neuen Welt

Donnerstag, 11. Oktober [1492]
Er segelte in Richtung Westsüdwest. Sie hatten hohen Seegang, der stärker war, als sie ihn auf der ganzen Fahrt hatten. Sie sahen Sturmvögel und eine grüne Binse, die nahe am Schiff vorübertrieb. Die Besatzung der Karavelle Pinta sah ein Schilfrohr und einen Holzstamm; sie fischten außerdem einen kleinen Stock auf, der mit einem Eisenwerkzeug bearbeitet zu sein schien, sowie ein weiteres Stück Schilfrohr und ein Kraut, das an Land wächst, und ein kleines Brett. [...]
Nach Sonnenuntergang segelte er wieder auf seinem ursprünglichen Kurs nach Westen: Sie fuhren etwa zwölf Seemeilen pro Stunde; bis zwei Uhr morgens legten sie neunzig Seemeilen *(millas)* zurück, was zweiundzwanzigeinhalb Meilen entspricht. Und da die Karavelle Pinta schneller segelte und vor dem Admiral fuhr, bekam sie Land in Sicht und gab die Signale, die der Admiral angeordnet hatte. Als erster sah dieses Land ein Matrose namens Rodrigo de Triana. Allerdings hatte auch der Admiral, als er um zehn Uhr nachts auf dem Hinterkastell stand, einen Lichtschein gesehen; doch war es so dunkel, daß er nicht sagen konnte, ob es sich tatsächlich um Land handelte. [...] Zwei Stunden nach Mitternacht tauchte das Land vor ihnen auf; von dem sie etwa zwei Meilen entfernt sein mochten. Sie holten alle Segel ein und behielten nur die Brefock am Mast, das ist das Großsegel ohne Beisegel, und drehten bei; so verbrachten sie die Zeit bis zum Freitag, an dem sie dann eine kleine Insel der Bahamas erreichten, die in der Sprache der Indios Guanahaní [Eintrag Las Casas'; Kolumbus selber nannte die Insel San Salvador] heißt. Schon bald sahen sie nackte Leute am Strand. Der Admiral ging mit dem bewaffneten Boot an Land; zusammen mit Martín Alonso Pinzón und Vicente Yáñez, dessen Bruder, der Kapitän der Niña war. Der Admiral nahm das königliche

Der König von Spanien beobachtet die Landung des Kolumbus
auf den „Indischen Inseln" (Holzschnitt, 1493).

Banner mit und die beiden Kapitäne zwei Fahnen mit einem
grünen Kreuz, die der Admiral als Kennzeichen auf allen
seinen Schiffen führte und die die Buchstaben F und Y trugen
[Ferdinando; Ysabel]; über jedem der beiden Buchstaben war
eine Krone: der eine stand links, der andere rechts vom
waagerechten Balken des Kreuzes. An Land angekommen,
sahen sie Bäume von sehr kräftigem Grün und viele Wasser-
läufe und allerlei Früchte. Der Admiral rief die beiden Kapitäne und die anderen, die an Land gegangen waren, zu sich;
ebenso Rodrigo Descovedo, den Notar der Flotte, und Rodrigo Sánchez aus Segovia, und sagte, sie sollten bestätigen und
rechtlich bezeugen, daß er vor aller Augen von der Insel
Besitz ergriff, wie er es dann auch im Namen des Königs und

der Königin, seiner Herren, tat. Er gab die dazu erforderlichen Erklärungen ab, wie sie ausführlicher in den Dokumenten enthalten sind, die dort bei dieser Gelegenheit schriftlich ausgefertigt wurden. Schon versammelten sich um sie
herum zahlreiche Bewohner der Insel. Das Folgende sind
wörtliche Äußerungen des Admirals in seinem Buch über die
erste Fahrt und die Entdeckung dieser Indien:

„Da ich (sagte er) ihre Freundschaft gewinnen wollte, und
bemerkte, daß es Leute waren, die sich eher durch Liebe für
unseren heiligen Glauben gewinnen und zu ihm bekehren
ließen, gab ich einigen von ihnen ein paar bunte Mützen und
einige Ketten aus Glasperlen, die sie sich um den Hals häng-
ten, und allerhand andere Dinge von geringem Wert, an denen sie großes Vergnügen fanden, und uns derart zugetan
waren, daß es ein wahres Wunder war. Hernach kamen sie zu
den Booten geschwommen, in denen wir uns befanden, und
brachten uns Papageien und Knäuel von Baumwollfäden,
Wurfspieße und viele andere Dinge und tauschten sie gegen
Dinge ein, die wir ihnen gaben, wie kleine Glasperlen und
Glöckchen. Kurz gesagt, sie nahmen einfach alles und gaben
bereitwillig von allem, was sie besaßen. Aber mir schien es,
als seien sie in jeder Hinsicht außerordentlich arme Leute. Sie
gehen allesamt nackt herum, wie sie ihre Mutter zur Welt
gebracht hat, auch die Frauen. Ich habe allerdings nur eine
gesehen, und die war noch sehr jung. Alle Männer, die ich
sah, waren ebenfalls jung; ich sah keinen, der älter als dreißig
Jahr gewesen wäre: sie waren sehr gut gebaut, von sehr
schöner Gestalt und sehr angenehmen Gesichtszügen; ihre
Haare waren fast so dick wie die von Pferdeschwänzen und
recht kurz. Sie tragen sie vorn bis zu den Augenbrauen,
hinten lassen sie einige Strähnen wachsen, die sie niemals
abschneiden. Manche von ihnen malen sich dunkel an (sie
haben die gleiche Hautfarbe wie die Kanarier, d. h. weder
schwarz noch weiß), andere wieder malen sich weiß an, andere rot und wieder andere mit der Farbe, die sie gerade
finden. Einige bemalen sich die Gesichter, andere den ganzen

Körper, andere nur die Gegend um die Augen und wieder andere nur die Nase. Sie tragen keine Waffen und kennen sie auch nicht, denn ich zeigte ihnen Schwerter, und sie faßten sie an der Schneide und schnitten sich aus Unwissenheit. Sie haben überhaupt kein Eisen: ihre Wurfspieße sind Stäbe ohne Eisenspitze, und an manchen von ihnen ist vorne ein Fischzahn befestigt oder etwas anderes. Sie sind durchweg von großer Statur und gut gebaut, ihre Bewegungen sind anmutig; ich sah einige, deren Körper Spuren von Wunden aufwiesen; durch Gebärden fragte ich, was es damit auf sich habe, und sie bedeuteten mir, von anderen nahe gelegenen Inseln kämen Leute, die sie mitnähmen und gegen die sie sich zur Wehr setzten; ich aber war der Ansicht und bin es auch noch heute, daß diese Leute vom Festland dorthin kommen, um sie als Gefangene mitzunehmen. Sie sind sicher hervorragende Arbeitskräfte; sie haben einen aufgeweckten Verstand, denn ich sehe, daß sie sehr schnell alles nachsagen können, was man ihnen vorspricht. Außerdem glaube ich, daß man sie leicht zum Christentum bekehren könnte, denn es scheint mir, daß sie noch keine Religion haben. Ich werde, so es Gott gefällt, bei meiner Abfahrt von hier sechs Leute für Eure Hoheit mitnehmen, damit sie spanisch sprechen lernen. Auf dieser Insel sah ich keinerlei Tiere, außer den Papageien."

All das sind Worte des Admirals.

Ferdinand und Isabella von Spanien

„Von allem erhalten Wir den vierten Teil"

Der König und die Königin:
Auf Unser Geheiß hin wurde mit Euch, Rodrigo Bastidas, Bürger der Stadt Sevilla, folgendes Abkommen getroffen, gemäß dem Ihr mit zwei Schiffen auf Entdeckungsreise über das Ozeanische Meer fahren könnt:

Erstens: Wir erlauben Euch, besagtem Rodrigo Bastidas, mit zwei eigenen Schiffen auf Eure Kosten und Gefahr über das besagte Ozeanische Meer zur Entdeckung von Inseln und Festland in die Gegenden Indiens [d. h. Amerikas] zu fahren. [...]

Weiterhin: Von allem Gold und Silber, Kupfer und Blei, Zinn und Quecksilber und jeglichem anderen Metall, sowie von allen Perlen, Edelsteinen und Juwelen, von allen Sklaven, Schwarzen und dunkelhäutigen Menschen, soweit sie in diesen Unseren Königreichen als Sklaven gehalten und betrachtet werden, und von allen Monstern und Schlangen und jeglichen anderen Tieren, Fischen und Vögeln, von allen Gewürzen und Arzneien und jeglichen anderen Dingen, gleich [...] welcher Güte, erhalten wir nach Abzug der Ausgaben für Ausrüstung, Fracht und sonstige Kosten, die auf besagter Reise entstehen, den vierten Teil des verbleibenden Restes; die anderen drei Viertel seien für Euch, Rodrigo de Bastidas, auf daß Ihr nach Eurem Willen und Gutdünken ungehindert über sie verfügt als über Eure eigene, freie Sache.

Item: Auf jedem der Schiffe lassen Wir eine oder zwei Personen mitfahren, die in Unserem Namen oder auf Unser Geheiß zugegen seien bei allem, was auf den besagten Schiffen von den obengenannten Sachen empfangen und eingetauscht werde, und sie mögen es aufschreiben und darüber Buch führen; dergestalt, daß keinerlei Betrug oder Täuschung möglich sind und daß weder Ihr, besagter Rodrigo de Bastidas, noch eine andere Person noch sonstige Personen der erwähnten Karavellen und ihrer Besatzung irgend etwas der obengenannten Sachen tauschen oder kaufen oder empfangen könnt, ohne daß die besagte Person oder die besagten Personen, die auf Unser Geheiß auf jedem der genannten Schiffe sind, dabei zugegen wären; jeder Zuwiderhandelnde soll dadurch bestraft werden, daß er alles, was er in dieser Weise eingetauscht und empfangen hat, und jeglichen Gewinn, der ihm aus der besagten Reise erwachsen mag, verliert, und seine Person Unserer Gnade ausgeliefert ist.

Item: Alles Obengenannte, das wie auch immer empfangen und eingetauscht wird, ist ohne Verringerung oder Fehlmenge in die Stadt und den Hafen von Cádiz zu bringen und Unserem Beamten, der in besagter Stadt Cádiz wohnhaft ist, vorzuführen, damit dort der Uns zustehende vierte Teil für Uns genommen werde; und damit Ihr, Rodrigo de Bastidas, es so haltet und wahrt und erfüllt, hinterlegt Ihr beim Bischof von Córdoba, Mitglied Unseres Rates, oder bei seinem Stellvertreter eine sichere Bürgschaft. [...]

Zu diesem Behufe ernennen wir Euch, Rodrigo de Bastidas, zu Unserem Capitán über die besagten Schiffe und ihre Besatzung und erteilen Euch Unsere Vollmacht und die zivil- und strafrechtliche Gerichtsbarkeit einschließlich aller damit verbundenen Umstände, Zwischenfälle und Ereignisse und den dazugehörigen Vorfällen und Zusammenhängen.

Wir versprechen Euch, alles Gesagte und jegliche Einzelheit und jeglichen Teil anzuordnen, zu überwachen und zu erfüllen, und Euch weder insgesamt noch teilweise in irgendeiner Weise zu behindern. Daher befehlen wir, Euch das vorliegende von Uns unterzeichnete Schriftstück zu übergeben.

Ausgestellt in der Stadt Sevilla, am 5. Juni des Jahres fünfzehnhundert nach der Geburt unseres Erlösers Jesus Christus. – Ich, der König. – Ich, die Königin. – Auf Geheiß des Königs und der Königin. – Gaspar de Gricio.

Giovanni da Verrazzano
Eine ungewöhnliche Begegnung

Wir brachen [im Jahre 1524] von dieser Stelle auf und folgten immer der Küste, die, wie wir feststellten, nach Osten abbog. Wir sahen an ihr entlang riesige Feuer, denn es leben viele Menschen dort. Als wir keinen Hafen fanden, ankerten wir am Ufer. Da wir Wasser brauchten, sandten wir das Boot mit 25 Mann an Land. Aber das Meer stürzte sich mit ungeheuren Wellen auf die Küste, weil das Ufer offen dalag, und so war es ohne Gefahr, das Boot zu verlieren, nicht möglich, an Land zu gehen. Wir sahen viele Menschen am Strand, die verschiedene Zeichen der Freundschaft machten und winkten, damit wir an Land kämen. Dabei erlebte ich eine großartige Tat, von der Eure Majestät erfahren soll. Wir schickten einen unserer jungen Matrosen schwimmend an Land, der allerlei Flitterkram *(fantasie)* wie Glöckchen, Spiegel und andere Geschenke mitbrachte, und als er 4 Faden *(braccia)* von ihnen entfernt war, ihnen die Sachen zuwarf; und als er umkehren wollte, wurde er derartig von den Wellen zurückgestoßen, daß er wie halbtot auf den Uferstrand geschleudert wurde. Als die Leute dieses Landes das sahen, liefen sie sofort herbei: sie faßten ihn am Kopf, an den Beinen und Armen und trugen ihn etwas weiter fort. Sobald der Bursche sah, daß er auf solche Weise weggetragen wurde, packten ihn Schrecken und Entsetzen, und er stieß die lautesten Schreie aus. Darauf taten sie dasselbe in ihrer eigenen Sprache, um ihm damit zu erklären, er brauche sich nicht zu fürchten. Als sie ihn am Fuß eines Hügelchens auf die Erde in die Sonne gelegt hatten, bekundeten sie lebhaft ihr Erstaunen, betrachteten die weiße Farbe seiner Haut und untersuchten ihn überall. Sie zogen ihm Hemd und Hose aus, beließen ihn nackt, entzündeten ein großes Feuer und legten ihn recht nahe an die Wärme. Wie die Seeleute, die im Boot geblieben waren, dies sahen, waren sie ganz entsetzt, wie in jedem Fall, der ihren Gewohnheiten neu ist, und glaubten, die Leute wollten ihn rösten, um ihn zu verspeisen. Sobald ihm die Kräfte wieder gekommen waren und nachdem er ein Weilchen bei ihnen verbracht hatte, machte er ihnen durch Zeichen verständlich, er wolle auf das Schiff zurückkehren. Sie hielten ihn mit größter Liebe immer fest und begleiteten ihn mit mehrmaligen Umarmungen zum Meer und entfernten sich, um ihn zu beruhigen, auf einen hohen Hügel, blieben dort stehen und schauten ihm zu, bis er im Boot war. Dieser Bursche lernte von diesen Leuten, daß sie so sind: von schwarzer Farbe wie die übrigen, ihre Haut stark glänzend, von mittlerer Größe, das Gesicht schärfer geschnitten, von sehr viel feinerem Körper und Gliedern, von viel geringerer Kraft und rascherem Verstand. Sonst sah er nichts. Nach unserem Aufbruch von dort folgten wir immer der Küste, die sich ein wenig nach Norden wandte, und gelangten nach einer Strecke von fünfzig Leguas zu einem anderen Land, das sehr viel schöner und voll von endlosen Wäldern zu sein schien.

Jacques Cartier
Besitznahme am St. Lorenz

Am XXIII. Tag dieses besagten Monats [Juli 1534] ließen wir ein Kreuz von dreißig Fuß Höhe machen, das in Gegenwart von mehreren von ihnen [d. h. in Gegenwart einer Gruppe von Irokesen, die zum jährlichen Fischfang an den St.-Lorenz-Golf gekommen waren] zusammengefügt wurde, und zwar auf der Spitze an der Einfahrt zu besagtem Hafen [Gaspé]. Unter dem Querbalken brachten wir ein Schild mit drei Lilien im Relief an und darüber ein Holzbrett, auf das in großen gotischen Lettern geschnitzt war: ES LEBE DER KÖNIG VON FRANKREICH. Und dieses Kreuz errichteten wir in ihrer Gegenwart auf besagter Spitze, und sie sahen zu, wie es zusammengefügt und aufgerichtet wurde. Und als es hoch in die Luft ragte, ließen wir uns mit gefalteten Händen auf die Knie nieder und beteten es in ihrer Gegenwart an und machten ihnen Zeichen, indem wir den Himmel anschauten und vor ihnen zu ihm hoch wiesen, daß wir durch es [das Kreuz] unsere Erlösung bekämen, woraufhin sie mehrfach ihre Verehrung bezeugten, indem sie sich besagtem Kreuz zuwandten und es anschauten.

Als wir auf unsere Schiffe zurückgekehrt waren, kam der Häuptling *(cappitaine)*, in ein altes, schwarzes Bärenfell gekleidet, in einer Barke, und mit ihm kamen drei seiner Söhne und sein Bruder. Sie kamen nicht so nahe an die Schiffe heran wie sonst. Er [der Häuptling] hielt eine große Rede, indem er auf das besagte Kreuz wies und mit zwei Fingern das Kreuzzeichen machte. Und dann zeigte er auf das Land rings um uns herum, als wolle er sagen, daß das ganze Land ihm gehöre und daß wir das Kreuz nicht ohne seine Erlaubnis hätten aufrichten dürfen. Und als er seine besagte Ansprache beendet hatte, hielten wir ihm eine Axt hin, wobei wir vorgaben, sie gegen sein [Bären-]Fell tauschen zu wollen. Er ging darauf ein und näherte sich nach und nach der Wand unseres Schiffes in der Meinung, sie zu bekommen. Und einer von unseren Männern, der in unserem Beiboot saß, packte seine besagte Barke und ließ unverzüglich zwei oder drei [unserer] Leute hineinsteigen. Diese veranlaßten sie [die Indianer], auf unser Schiff zu kommen, was sie mit großem Erstaunen taten. Als sie an Bord waren, versicherte ihnen der Kapitän, daß ihnen kein Leid zugefügt würde, während er ihnen viele Zeichen seiner Zuneigung zuteil werden ließ. Er ließ ihnen zu essen und zu trinken vorsetzen und bei der Bewirtung allerhand springen. Und dann erklärten wir ihnen durch Zeichen, daß besagtes Kreuz aufgerichtet worden sei, um als Landmarke und als Wegweiser bei der Einfahrt in den Hafen zu dienen; und daß wir bald dorthin zurückkommen würden, um ihnen Eisenwaren und andere Dinge zu bringen; und daß wir zwei von seinen [des Häuptlings] Söhnen mit uns nehmen und nachher zu diesem Hafen zurückbringen wollten [was im folgenden Jahre auch geschah]. Und wir zogen seinen besagten zwei Söhnen Hemden, Dienerkleidung und rote Kappen an und legten jedem eine Messingkette um den Hals. Darüber waren sie sehr vergnügt, und sie warfen ihre alten Fetzen denen zu, die [ans Land] zurückkehrten. Und jedem von den dreien, die wir zurückschickten, schenkten wir sein eigenes Beil und zwei Messer, was große Freude bei ihnen auslöste.

Und nachdem sie ans Land zurückgefahren waren, teilten sie die Neuigkeiten den anderen mit. Ungefähr zur Mittagszeit desselben Tages kamen sechs Barken ans Schiff zurück, in jeder saßen fünf bis sechs Mann, die den beiden, die wir bei uns hatten, Lebewohl sagen wollten; und sie brachten ihnen Fisch. Und sie gaben uns durch Zeichen zu verstehen, daß sie das besagte Kreuz nicht niederreißen würden, wobei sie mehrere Ansprachen an uns hielten, die wir nicht verstanden.

Urs Bitterli
Cartiers zweite Reise

Die zweite Reise von Jacques Cartier, die gleich nach seiner Rückkehr ins Auge gefaßt wurde, war ein ehrgeizigeres und aufwendigeres Unternehmen, bestimmt, wie es in den Instruktionen heißt, „die Seefahrt in den Gebieten jenseits von Neufundland zu vollenden, die Ihr bereits in Angriff genommen habt". Ausgerüstet wurden drei Schiffe, zwei davon wesentlich größer als jene der ersten Reise; die Finanzierung wurde durch Kaufleute aus Saint-Malo und – zum kleineren Teil – durch die Krone sichergestellt. [...]

Am 19. Mai 1535 verließ die Flotte Saint-Malo und landete Ende Juli nach stürmischer Überfahrt in der Bucht von Blanc Sablon an der Küste Labradors, die man zum Treffpunkt bestimmt hatte. Von hier aus setzte Cartier seine Fahrt der Küste entlang fort, erreichte die Anticosti-Insel, die er im Westen umsegelte, und gelangte an die Nordküste der Gaspé-halbinsel. Die riesige Bucht, die sich im Westen öffnete, nannte der Seefahrer die Bucht von Sankt Lorenz, ein Name, der seither auch auf den Fluß, der zum Ontariosee führt, übertragen worden ist. Erstmals tauchte nun auch der Name Kanada auf, wahrscheinlich zurückgehend auf das indianische Wort „ka-na-ta", das „Dorf", „Siedlung" bedeutet. Cartier folgte der Küste [bis er zu der Siedlung gelangte, die er auf seiner ersten Reise besucht hatte; . . .]. Hier fand sich, begleitet von zahlreicher Gefolgschaft, Häuptling Donnacona ein, um seine beiden Söhne in die Arme zu schließen, und man feierte das Wiedersehen mit Speis und Trank. [. . .]

Die Nachricht vom Nahen der fremden Männer hatte sich inzwischen im Land herumgesprochen, und Cartier wurde von über tausend Indianern empfangen, die große Mengen von Fischen und Fladenbroten aus Mais herbeitrugen und ihrer Freude durch Tanz und Gesang Ausdruck gaben. Festlich gekleidet und von Edelleuten und schwer bewaffneten Soldaten begleitet, machte sich Cartier zur Siedlung auf, die am Fuße eines Hügels lag, dem er den Namen „Mont Royal" – daher das heutige Montreal – gab. Hochelaga war ein Dorf von kreisförmigem Umriß mit etwa fünfzig indianischen Langhäusern, vom umgebenden Ackerland durch eine dreifache Reihe von Palisaden getrennt. Der Empfang war auch hier äußerst zuvorkommend, und sein Ablauf folgte einem bestimmten Begrüßungszeremoniell. Kinder und Kranke wurden herbeigeholt, damit der „fremde Häuptling" ihnen die Hand auflege – dies ein deutlicher Hinweis auf die Gottesnatur und die damit verbundene Wunderkraft, die man den Ankömmlingen zuschrieb. Cartier spielte die Rolle, in die er sich überraschend geschoben sah, bereitwillig mit, wohl weniger in missionarischer als in taktischer Absicht: „Dann nahm der genannte Kapitän", heißt es im Bericht über die zweite Reise, „ein Brevier und las, Wort für Wort, die Leidensgeschichte Unseres Herrn, dergestalt, daß alle Anwesenden ihn hören konnten, und diese armen Leute wurden ganz still und lauschten aufmerksam, schauten gen Himmel und taten das, was sie uns tun sahen."

Von Hochelaga und der Subsistenzwirtschaft seiner Bewohner hat Cartier eine hervorragende Schilderung verfaßt. Darin ist die Rede von den wichtigsten Nahrungsmitteln und ihrer Zubereitung sowie von den als Schmuck und Zahlungsmittel verwendeten Wampumschnüren, die man ähnlich einem Rosenkranz mit sich trug und die, wie der Autor gutgläubig vermerkt, auch vortrefflich dazu geeignet seien, das Nasenbluten zu stillen. [...] Allerdings stellt er fest, daß ein weiteres Vordringen stromaufwärts wegen mächtiger Katarakte unmöglich sei; es handelt sich um die Lachine Rapids, so genannt, weil hier ein anderer französischer Entdeckungsreisender, la Salle, noch im Jahre 1669 vermutet hatte, ganz nahe bei China [la Chine] zu sein. Doch glaubte Cartier daran, daß nach Umgehung dieser Wasserfälle auf dem Landweg ein weiteres Vordringen aussichtsreich sei, und er wurde in diesem Glauben von den Indianern bestärkt, deren Bemerkungen und Zeichensprache anzudeuten schienen, daß im Hinterland, im „Reich von Saguenay", mit Edelmetallvorkommen zu rechnen war. Nach kurzem Aufenthalt in Hochelaga kehrte Cartier in die Gegend des heutigen Quebec zurück, wo ihn die beiden großen Schiffe und die übrigen Mannschaften erwarteten.

Die Franzosen hatten hier in der Zwischenzeit ein Fort aufgeführt, das während des Winters, den man hier zu verbringen gedachte, Schutz vor indianischen Überfällen bieten sollte. Zwar blieben die gegenseitigen Beziehungen einigermaßen freundlich, und man stattete dem benachbarten Dorf Stadaconé, dem Wohnsitz des Häuptlings Donnacona, einen Höflichkeitsbesuch ab; aber unterschwellig verbreitete sich Mißtrauen, und die Furcht vor einem heimtückischen Überfall verfolgte die französische Garnison während des ganzen Winters. Auch hatte man die Härte der Jahreszeit, die dem zauberhaften kanadischen Spätherbst, dem „Indian summer", zu folgen pflegt, weit unterschätzt. Von Mitte Dezember bis Mitte April saßen die Schiffe im Eis des Sankt Lorenzstroms fest, der Schnee lag über einen Meter hoch, und Wasser und Wein gefroren in den Fässern. Im Weihnachtsmonat brach unter Indianern wie Europäern eine Epidemie aus, im ersten Falle wahrscheinlich eine der eingeschleppten Infektionskrankheiten, die später große Teile der indianischen Bevölkerung dahinraffen sollten; im zweiten Falle der Skorbut. In kurzer Zeit erkrankten fast alle Franzosen schwer, und über die Hälfte starb oder war nicht mehr einsatzfähig. [...] So groß war der Ausfall eigener Leute und die Angst vor einem indianischen Überraschungsangriff, daß Cartier jene Matrosen, die sich noch aufrecht halten konnten, anwies, im Innern der Schiffe gegen die Planken zu schlagen, um den Eindruck emsiger Tätigkeit zu erwecken.

Bei Frühlingsbeginn 1536 mehrten sich in den Augen der Franzosen die Anzeichen dafür, daß die Indianer nichts Gutes im Schilde führten; man nimmt heute an, daß sich unter ihnen tatsächlich zwei widerstreitende Fraktionen gebildet hatten, eine, die das Kriegsbeil auszugraben vorschlug, und eine andere, welche die friedlichen Beziehungen zu den Kolonisten fortzusetzen gedachte. Dem befürchteten Angriff kam Cartier indessen zuvor, indem er Donnacona und einige der angesehensten Stammesführer ins Fort lockte und gefangennahm – offenbar ohne jeden Skrupel; denn im Reisebericht ist lediglich davon die Rede, man habe sich der Person des Häuptlings versichert, damit er in Frankreich persönlich erzählen könne, was er in „diesen westlichen Ländern an Wundern der Welt gesehen habe". Keiner der entführten Huronen sollte seine Heimat je wiedersehen.

Anfang Mai 1536 verließ Jacques Cartier [...] seinen Standort beim heutigen Quebec und segelte, begleitet von zehn gefangenen Indianern, nach Hause.

Michael Harbsmeier

Wilde Völkerkunde

Nicolaus Federmanns Bericht über seine Teilnahme an einer von den Welsern organisierten Expedition ins Innere Venezuelas 1529 bis 1532 bewegt sich ganz in der spanischen Tradition. [...] Federmann war Soldat höheren Ranges und verantwortlich für den Verlauf der Expedition, deren Mannschaft aus einer Truppe von 110 Spaniern zu Fuß, 16 zu Pferde und 100 „Indios naturales" als Träger bestand. Obwohl Federmann verspricht, „sitten, weiß und gebräuch" der verschiedenen „Nationen" zu beschreiben, zu denen er Kontakt aufnimmt, ist sein Bericht grundlegend von strategischen Rücksichten geprägt. In erster Linie geht es ihm darum, sich mit möglichst vielen der untereinander verfeindeten Nationen zu verbünden, denn ohne lokale Unterstützung wäre das gesamte Unternehmen unmöglich gewesen.

Seine Vorgehensweise, die er selbst erstaunlich offen dargestellt hat, bestand darin, die Indianer „unter seiner Kayserlichen Majestät Gehorsam und Succession" zu bringen, indem er, meist aus dem Hinterhalt, von jeder neuentdeckten Nation eine Anzahl Männer, Frauen und Kinder notfalls mit Gewalt entführte, die eine Hälfte als Geisel zurückhielt, während er die anderen, reich mit Billig-Geschenken beladen, zu ihrem *Cacique* mit dem Auftrag zurückschickte, er solle kommen, um noch mehr Geschenke und die übrigen Gefangenen zu holen.

Der Erfolg rechtfertigte diese Strategie. Federmann mußte nur Sorge tragen, daß die untereinander befeindeten Indianerstämme seine Truppen nicht jeweils nur als Verbündete ihrer Feinde ansahen und dementsprechend behandelten. Er mußte mit anderen Worten versuchen, sich auf die lokalen Verhältnisse einzulassen, ohne von ihnen vereinnahmt zu werden.

Mit der allergrößten Selbstverständlichkeit konnte der Soldat davon ausgehen, daß auch seine Leser sich nicht daran stoßen würden, daß er Geschenke und „Freundschaft" allein zur Unterwerfung und Unterjochung einsetzte. Es bedurfte noch keiner Beschreibung von exotischen Gestalten oder schlimmen Gebräuchen der indianischen Nationen, um seine Vorgehensweise zu rechtfertigen. Dementsprechend gibt es auch kaum ausführlichere ethnographische Schilderungen; nur manchmal ist kurz von Kannibalismus und einmal von

Die Entdeckungsreise führte zu neuen Mythen, wie es die exotischen Darstellungen der Menschen im neuen Erdteil Südamerika erkennen lassen. Holzschnitt, 2. Hälfte 17. Jh. Aus: Konrad Gessner, Allgemeines Thierbuch, Frankfurt/M. 1669.

ganz besonders häßlichen und widerspenstigen Zwergen die Rede.

Ganz anders bei Hans Staden, der zwischen 1548 und 1555 insgesamt mehr als vier Jahre als Soldat in Brasilien und davon mehr als neun Monate als Kriegsgefangener der Tupinamba zugebracht hat. Sein Reisebericht, ebenfalls im Jahre 1557 erstmals veröffentlicht und allein im 16. und 17. Jahrhundert über 37mal nachgedruckt und übersetzt, ist mehr als ein dramatischer Bericht seiner Reise, Gefangennahme und Befreiung. In einem zweiten Teil wird in nicht weniger als 39 Kapiteln ausführlich die Lebensweise der Indianer beschrieben. Unter Überschriften wie: „an was sie glauben", „wie sie ihre Wohnungen bauen", „wie sie Feuer machen", „was für eine Regierung und Obrigkeit sie haben", liefert Hans Staden eine enzyklopädisch anmutende Darstellung aller Aspekte des Alltagslebens der Tupinamba. [...]

Ein Grund für diese Ausführlichkeit, mit der sich kaum einer der frühen deutschen Reiseberichte im entferntesten messen kann, ist wohl in der Tatsache zu suchen, daß Johann Dryander, Professor der Medizin in Marburg, Verfasser zahlreicher medizinischer und anatomischer Schriften, nicht unwesentlich am Entstehen des Buches beteiligt war. Schon die Kapitelüberschriften deuten an, daß vermutlich er es war, der Staden systematisch die vielen Fragen gestellt hat, die der Soldat und spätere Pulvergießer nach besten Kräften zu beantworten suchte.

Entscheidend für den erstaunlichen Erfolg des Buches war allerdings die Tatsache, daß die Tupinamba angeblich Menschenfresser waren, wie der Autor schon auf dem Titel vermerkt: ‚Wahrhaftig Historia und beschreibung eyner Landtschafft der Wilden / Nacketen / Grimmigen Menschfresser Leutehn in der Newenwelt America gelegen [...]‘ Und das bei weitem ausführlichste und gründlichst illustrierte Kapitel des zweiten Teils trägt die Überschrift: „Die feierlichen Gebräuche der Wilden beim Töten und Essen ihrer Feinde. Womit sie die Feinde totschlagen und wie sie mit ihnen umgehen."

Es ist hier nicht der Ort, ausführlicher auf Stadens Beschreibung oder die komplizierten Fragen des Kannibalismus in der Neuen Welt einzugehen. Uns interessiert nur der Zusammenhang, der zwischen Kannibalismus einerseits und ethnographischer Ausführlichkeit andererseits zu bestehen scheint. Staden, der Gefangene der Tupinamba, mußte sich ganz anders als etwa Federmann auf die Indianer einlassen: Federmann hat sich der Versuchung, fremde Lebensformen zu erfahren, gar nicht erst stellen müssen. Staden konnte nur vermeiden, ihnen zu erliegen, indem er sich mit allen Kräften in dem einen, alles überschattenden Punkt von ihnen distanziert: Indem er den Kannibalismus zur Hauptsache erklärt.

Peter Martyr von Anghiera
Muteczuma und Cortés

Cortés zog nun dem Großkönig entgegen. Dieser schritt in der Mitte des Dammweges, hinter ihm auf beiden Seiten das Volk in strenger Ordnung, gruppenweise hintereinander in regelmäßigen Abständen, alle barfuß. Zwei Fürsten stützten Muteczuma, indem sie ihn unter den Armen festhielten; einer von ihnen war sein Bruder, der Herr von Ixtapalapán, auch der andere gehörte dem Adel an. Sie taten das, nicht weil der König solcher Hilfe bedurft hätte; sondern es ist bei ihnen Sitte, die Könige in der Weise zu ehren, daß sie von der Macht der Großen gestützt erscheinen.

Als Muteczuma nahte, sprang Cortés vom Pferd, auf dem er bis dahin ritt. Er schritt auf den König zu, um ihn zu umarmen. Daran hinderten ihn aber die beiden Fürsten an dessen Seite. Denn es ist bei ihnen verboten, den König zu berühren. Die Menschen, die an den zwei Seiten der Straße in bestimmter Reihenfolge schritten, verließen nun ihre angewiesenen Plätze, um einzeln Cortés nach der Sitte des Landes willkommen zu heißen. Danach trat jeder wieder in seine Reihe zurück, damit die Ordnung nicht gestört wurde. Nach diesem zuvorkommenden Empfang wandte sich Cortés dem König zu, nahm die Kette ab, die er selbst um den Hals trug, und legte sie dem König um. Sie war zwar von geringem Wert; denn sie bestand zum Teil aus bunten Steinen, zum Teil aus Metall und aus Perlen von Goldbronze und Glas. Dennoch gefiel das Geschenk Muteczuma, und er überreichte als Gegengabe zwei Halsketten aus Edelsteinen mit goldenen Muscheln und Krebsen als Anhängern.

Nachdem die Spanier die Huldigung aller, die zur Begrüßung erschienen waren, in Empfang genommen hatten, richteten sie ihren Blick auf jene gewaltige Stadt, die man als ein Wunder bezeichnen muß. In derselben Ordnung, wie sie gekommen waren, zogen die Einheimischen auf den beiden

Seitenstreifen dieser einzigartigen Brücke zurück. Die Mittel-
bahn blieb allein dem König Muteczuma und den Fremden
vorbehalten. Doch dann bot sich den Spaniern ein furcht-
barer Anblick, über den ich nur mit Schaudern berichte! Zu
beiden Seiten des Brückendamms, aber außerhalb davon,
standen im See zahlreiche prächtige Türme, die als Tempel
dienten. Auf diesen Türmen wurden jetzt allenthalben dazu
gekaufte Sklaven oder Söhne von Untertanen, die anstelle
eines Tributs für diesen Zweck bestimmt worden waren, als
Opfer geschlachtet. So etwas Schreckliches kann man nicht
begreifen. Die meisten Spanier, die es bemerkten, bekannten
später, ihnen hätten sich beim Vorübergehen die Eingeweide
im Leibe umgedreht.

Schließlich gelangte man zu einem gewaltigen Palast, der
mit königlicher Pracht geschmückt war. Es war dies die alte
Residenz der Ahnen Muteczumas. Hierherein führte der
Herrscher seinen spanischen Gast und ließ ihn in der Königs-
halle auf einem goldenen Thron Platz nehmen. Dann kehrte
er zu seiner Residenz zurück. Er hatte veranlaßt, daß alle
Begleiter des Cortés mit wohlschmeckenden Speisen reich-
lich bewirtet und als Gäste mit allen Bequemlichkeiten unter-
gebracht würden. Einige Stunden später, nachdem auch er
gegessen hatte, stellte sich Muteczuma wieder bei Cortés ein.
Er brachte seine Kammerdiener und seine nächsten Vertrauten mit; sie trugen Lasten von Baumwollgewändern herbei,
die mit Gold besetzt waren und in den lebhaftesten Farben
glänzten. Die eben genannte Menge klingt übertrieben, aber
wir werden weiter unten erzählen, weshalb sie doch glaublich
ist. Die, welche dabei waren, berichten, es seien 6000 Gewän-
der gewesen. Dasselbe schreibt auch Cortés. Gleichzeitig
brachten die Höflinge noch viele andere Geschenke aus Gold
und Silber. Neben dem erhöhten Sessel des Cortés wurde ein
zweiter aufgestellt, der in gleicher Weise geschmückt war wie
der andere. Auf diesen setzte sich Muteczuma. Nachdem er
alle Großen seiner Reiche um sich berufen hatte, hielt er
folgende Rede. Die Spanier begriffen sie mit Hilfe der Dol-

metscher, die seinerseits Jeronimo von Aguilar wieder verstand:

„Ihr Männer, die ihr ungewöhnlichen Mut im Kampf und Milde gegenüber den Demütigen gezeigt habt, ich wünsche und hoffe, daß unser Zusammentreffen einen glücklichen Ausgang nimmt. Möge eure Ankunft diesem Lande Segen bringen." Darauf sich zu den Großen des Landes wendend, fuhr er fort: „Aus den Berichten unserer Ahnen wissen wir, daß auch wir hier Einwanderer sind. Vor aller Menschen Gedenken führte ein großer Fürst unsere Ahnen zu Schiff an die Küste dieses Landes. Wir wissen nicht mehr, ob er freiwillig oder vom Sturm verschlagen hierherkam. Später verließ er seine Begleiter und fuhr allein wieder in seine Heimat, wenn er auch gern gesehen hätte, daß die anderen mit ihm Gelandeten ebenfalls zurückgekehrt wären. Aber sie hatten sich schon Hütten erbaut, hatten Frauen des Landes geheiratet, Kinder gezeugt und besaßen feste Wohnsitze in einer friedlichen Welt. Deshalb lehnten unsere Ahnen die Rückkehr ab und hörten nicht mehr auf seinen Befehl. Sie hatten sich schon einen Rat gewählt und Vertreter des Volkes, deren Anweisungen sie sich fügen wollten. So soll jener Fürst unter Drohungen von ihnen geschieden sein. Nirgends ist bis jetzt jemand aufgetreten, der die Rechte jenes Herrschers für sich in Anspruch nahm. Euch, die Großen meiner Reiche, bitte ich dringend, diesem Führer hier, der von einem mächtigen König kommt, mit demselben Gehorsam wie mir zu dienen und ihm nach seinen Anweisungen die Abgaben zu leisten, die ihr mir schuldet."

Dann sich wieder Cortés zuwendend, fügte er hinzu: „Nach dem, was ich gesagt habe, stammt also der König, der euch geschickt hat, von jenem Fürsten ab, wie ich glaube. Möge das Glück mit euch sein! Ruhet euch von den Anstrengungen aus, die – wie ich weiß – groß waren, seitdem ihr dieses Land betreten habt! Pflegt eure müden Glieder! Alle Reiche, die wir besitzen, gehören euch. Wer du auch immer sein magst, der du als Führer hierhergeschickt worden bist, du sollst als Fürst über all die Reiche gebieten, die bislang mir untertan waren. Was aber die Berichte der Leute von Cempoala, Tascalteca und Guazuzingo über meine Person betrifft, so müssen sie mit vollem Recht als Erfindungen bezeichnet werden, die nur aus feindlicher Gesinnung heraus entstehen konnten. Die Erfahrung wird dir zeigen, daß diese Leute gelogen haben. Sie schwätzen dir vor, meine Häuser seien aus Gold, meine Matten aus Gold, mein Hausrat aus Gold und ich sei ein Gott und kein Mensch. Du siehst selbst, daß meine Häuser aus Stein, meine Matten aus Binsen, meine Wohnungsausstattung aus Baumwolle ist. Ich gebe zu, meine Schatzhäuser bergen goldenen Schmuck. Der gehört dir; gebrauche ihn im Namen jenes unseres großen Königs nach Belieben. Wenn sie aber gesagt haben, ich sei kein Mensch, sondern ein Unsterblicher, so sieh her, ob meine Arme und Beine nicht aus Fleisch und Knochen bestehen!" Bei diesen Worten entblößte er, fast weinend, seine Arme und Beine. Als er geendet hatte, tröstete Cortés ihn und machte ihm Hoffnung auf einen guten Ausgang.

Hiernach verließ Muteczuma mit ziemlich heiterem Antlitz den Palast. Ob er auch in seinem Inneren beruhigt war, darüber kann nur der urteilen, der schon einmal Macht gekostet hat, ohne einen Nebenbuhler zu dulden. Und ob man gewaltsam aufgedrängte Gäste gerne aufnimmt, dazu mögen die etwas sagen, die darin Erfahrung haben. Wie „angenehm" den zusammengerufenen Vasallen aber jene Sitzung war, konnte man von ihren Gesichtern ablesen. Denn nur mit gesenkten Blicken hatten sie der Rede gelauscht. Unter Tränen, mit Schluchzen und Seufzen hatten sie den Vorgang hingenommen und verharrten noch lange in Schweigen. Schließlich versprachen sie, die Befehle Muteczumas zu befolgen. Aber, so wandten sie doch ein, über die gewaltige und plötzliche Veränderung aller Verhältnisse seien sie aufs tiefste bestürzt.

[A. D. 1519]

Egon Friedell
Quetzalcoatl und die Ankunft der Europäer

Eine der merkwürdigsten Eigentümlichkeiten der mexikani-
schen Religion war der Glaube an die Rückkehr des [...]
Gottes Quetzalcoatl, von dem man annahm, daß er vor langer
Zeit geherrscht und das Volk in allen möglichen nützlichen
Künsten unterrichtet, auch alle bestehenden gesellschaftlichen Einrichtungen gestiftet habe und schließlich in seiner
Zauberbarke davongefahren sei, mit dem Versprechen, eines
Tages zurückzukehren. Nun hatten gerade um jene Zeit die
Priester erklärt, daß die Zeit der Wiederkunft des Gottes nahe
sei. Er wurde aus dem Osten erwartet, und es hieß, daß er sich
von den Azteken durch weiße Hautfarbe, blaue Augen und
blonden Bart unterscheiden werde. Alle diese Prophezeiungen sollten sich erfüllen, und dieser rührende Glaube, von
den Spaniern in der niederträchtigsten Weise ausgenützt, war
einer der Gründe für die wunderbare Tatsache, daß es einer
hergelaufenen Rotte von analphabetischen Banditen gelungen ist, diese Kulturwelt nicht nur zu unterjochen, sondern
völlig zu zertrampeln. Dazu kamen noch andere Ursachen:
die geringere physische Energie der Eingeborenen, deren
Existenz durch das erschlaffende Tropenklima und das jahrhundertelange Leben in Ruhe und Überfluß allmählich etwas
Vegetatives, Blumenhaftes angenommen zu haben scheint;
die Ausrüstung der Europäer mit Feuergewehren, Pulverge-
schützen, Stahlpanzern und Pferden, lauter Dingen, die den
Mexikanern völlig unbekannt waren und auf sie neben der
physischen Wirkung auch einen ungeheuren moralischen
Eindruck machen mußten; die höhere Entwicklungsstufe der
spanischen Taktik, die der aztekischen etwa ebenso überlegen
war wie die makedonische der persischen; die innere Uneinigkeit des Reichs und der Abfall mächtiger Stämme. Der
Hauptgrund dürfte aber darin bestanden haben, daß die
ganze Mayakultur sich bereits im Stadium der Agonie befand

und es ihr irgendwie bestimmt gewesen sein muß, unterzuge-
hen. In der ganzen uns bekannten Geschichte können wir ja
das Schauspiel verfolgen, daß ältere Kulturen durch jüngere
unterworfen werden: die sumerische durch die babylonische,
die babylonische durch die assyrische, die assyrische durch
die persische, die persische durch die griechische, die griechische durch die römische, die römische durch die germani-
sche. Aber immer bemerken wir auch, daß die niedrigeren
Kulturen die höheren assimilieren: So übernahmen die Baby-
lonier die sumerische Keilschrift, die Perser die chaldäische
Sternkunde, die Römer die griechische Kunst und Philosophie, die Germanen die römische Kirche. Aber in Amerika
hat sich nichts dergleichen ereignet: die indianische Kultur ist
spurlos verschwunden. Dieser in der Weltgeschichte einzig
dastehende Fall erklärt sich aber eben durch die ebenfalls
einzigartige Tatsache, daß ein ganzes Volk nicht von einem
andern Volk, das zwar barbarischer, aber doch auch ein Volk
war, unterjocht, sondern von einer ruchlosen Räuberbande
ausgeplündert und ausgemordet wurde; und während längst
versunkene Kulturen wie die ägyptische oder die vorder-
asiatische, von der griechischen und römischen gar nicht zu
reden, noch heute auf geheimnisvolle Weise ihre befruchten-
den Wirkungen ausüben, ist durch das schändliche Verbrechen der Conquista die Menschheit um eine hohe und ein-
malige Art, die Welt zu sehen, und damit gewissermaßen um
einen Sinn ärmer geworden.

‹Nahua/Azteken›

„Wie hungrige Schweine waren sie gierig nach Gold"

Sie schenkten den Spaniern Goldfahnen, Fahnen aus Quet-
zalfedern und goldene Halsketten.
Nachdem sie ihnen das Geschenk überreicht hatten, wurde

ihr [der Spanier] Gesicht heiter, sie freuten sich sehr und waren vergnügt. Wie Affen hoben sie das Gold auf. Es war, als ob sie zufriedengestellt worden seien, als ob ihr Herz neu und erleuchtet würde. Wirklich! sie dürsten mächtig nach Gold, ihr Körper streckt sich, sie werden wie wild vor Hunger danach. Wie hungrige Schweine waren sie gierig nach Gold.

Sie entreißen die goldenen Fahnen, schwenken sie hin und her, betrachten sie auf der einen Seite und auf der anderen. Sie sind wie jemand, der eine wilde Sprache spricht. Alles, was sie sagen, ist ein Kauderwelsch.

Hernán Cortés

Die Rückeroberung Tenochtitláns und das Ende des Azteken-Reiches

Als ich [...] erkannte, daß man mich zum besten hatte, daß meine freundlichen Angebote nutzlos waren und daß sich die Feinde zum weiteren Kampfe rüsteten, da faßte ich den Entschluß, die Not der Feinde auf das ärgste zu steigern. Peter von Alvarado bekam den Befehl, von der einen Seite in ein Stadtviertel zu rücken, in dem mehr denn 1000 Häuser standen, die im Besitze der Feinde verblieben waren. Von der anderen Seite zog ich mit all meinem Volk hinein, und zwar auch zu Fuß, denn zu Roß konnten wir hier nichts schaffen. Es kam so heftig zur Schlacht, daß wir die ganze Gasse eroberten und daß an diesem einen Tag mehr denn 12 000 [wie Cortés die Bewohner Tenochtitláns nannte] Temixtitaner totgeschlagen und gefangen worden sind. Mit den Gefangenen verfuhren die uns verbündeten Indianer auf das grausamste. Sie ließen keinen am Leben, der ihnen in die Hände fiel, wiewohl wir sie eifrig vorwarnten und sie davon abzuhalten versuchten.

Am Tag darnach, als ich wiederum gegen die Stadt zog, befahl ich meinen Leuten, nicht zu fechten und den Feinden keinerlei Schaden zuzufügen. [...] Als ich nun sah, daß man mich zum Narren hatte und daß weder der Herr noch sonst jemand erschien [um mir die Stadt zu übergeben], da ließ ich unsere indianischen Verbünde vorrücken. [...]

An diesem Tage wurden durch uns und unsere Indianer über 40 000 Temixtitaner niedergemacht oder gefangengenommen. Das Heulen, Weinen, Schreien und Wehklagen der Weiber und Kinder hätte selbst ein Herz von Stein erweichen und rühren müssen. Es war schwer für uns, unsere Indianer in ihrer Wut und ihrem Grimm davon zurückzuhalten, daß sie nicht alles niedermetzelten, was ihnen vor die Augen kam. Es gibt aber in der ganzen Welt kein Volk, das grausamer und unmenschlicher wäre als die Indianer gegen ihre Feinde.

Wir Hispanier waren unserer nur an die 900; die Indianer aber waren mehr als 15 000. Nichts half, sie vom Plündern abzuhalten, und so machten sie an diesem Tage viel Beute. Dies hatte ich vorausgesehen, und das war es auch gewesen, warum ich den letzten Sturm von der Stadt hatte abwenden wollen. Vieles ist von den Temixtitanern in das Wasser geworfen und versenkt worden; von dem, was übriggeblieben, raubten unsere Indianer das meiste und beste. Für Eure Kaiserliche Majestät und für uns ist derhalben die Beute nicht gar groß gewesen. [...]

Am anderen Morgen [...] stand mein gesamtes Kriegsvolk bereit, dazu unsere schweren Geschütze. Peter von Alvarado hatte schon am Abend zuvor von mir den Befehl erhalten, auf dem großen Markte meiner zu warten und keinen Angriff zu machen, bis ich ankäme. Nachdem wir [...] versammelt waren und auch die Rennschiffe hinter den Häusern klar zum Gefecht standen, gab ich den Befehl, auf das Zeichen eines Büchsenschusses habe der allgemeine Angriff auf den Teil der Stadt zu beginnen, der noch zu erobern war, wobei der Feind in der Richtung auf die Rennschiffe ins Wasser getrieben werden solle. Besonders zu achten sei auf Herrn Guatemozin

[den letzten Kaiser der Azteken], damit man ihn gefangen-
nehme und mir lebendig überantworte, denn damit wäre der
Krieg mit einem Schlage zu Ende. [...]

Die Temixtitaner standen über Leichen oder im Wasser.
Wer sich durch Fortschwimmen retten wollte, ertrank im
weiten See. Der Jammer und das Elend war ungeheuerlich. Es
ist mir unmöglich zu ermessen, wie das Volk die Belagerung
hat erleiden können. Eine große Menge von Weibern und
Kindern lief auf uns zu, und damit ein jedes das erste wäre,
eilten sie dabei so, daß sie sich einander in das Wasser stießen
und zwischen den ungezählten Toten darin umkamen. Fast
alle waren sie todkrank vor Hunger und durch das Salzwas-
ser, das sie aus Angst zu verdursten in den letzten Tagen
getrunken hatten. Der Gestank um alle diese Menschen war
unerträglich. Mehr denn 50 000 waren in der Stadt gestorben.
Etliche der Leichen hatte man in den See geworfen, die meisten aber in den Häusern verborgen oder auf den Gassen
liegenlassen, damit wir die Not der Belagerten nicht gewahr
werden sollten. Als wir später durch die Gassen gingen,
fanden wir so viele Tote, daß wir den Fuß nicht auf den
Erdboden zu setzen vermochten.

Als das Volk aus der Stadt zu uns herausströmte, um Zuflucht bei uns zu suchen, da habe ich den Befehl gegeben, daß
die Hispanier achtgeben sollten, daß unsere indianischen
Bundesgenossen die Ärmsten nicht niedermetzelten. Die indianischen Hauptleute ermahnte ich, es keineswegs zu dulden, daß man die bei uns Hilfe und Rettung Suchenden
vernichte. Es half nicht viel. Die Masse unserer Freunde vom
Morden abzuhalten, dazu waren unserer zu wenige. An diesem Tage sind über 15 000 Temixtitaner erwürgt oder geopfert
worden. [...]

Bald war der letzte kleine Teil der Stadt erstürmt. Die noch
darinnen waren, wurden in den See gejagt. Etliche ergaben
sich uns. Zu gleicher Zeit drangen unsere Rennschiffe von der
Seeseite vor und griffen die mexikanischen Zillen und Kähne
an, deren Besatzung kaum mehr zu kämpfen wagte.

Gott der Allmächtige fügte es, daß der Hauptmann eines der Rennschiffe, Garcia von Holguin, eine ansehnliche feindliche Zille verfolgte, die sich mit zwei anderen durchgeschlagen hatte. Es kam ihm vor, als wären besonders vornehme Leute darauf. Als er ihr näher kam und die Armbruster ihre Bolzen auflegten, da winkten die Leute des feindlichen Schiffes, man möge nicht schießen: der König sei an Bord. Alsbald sprangen die Hispanier auf die Zille und nahmen Herrn Guatemozin sowie den Fürsten von Tezkuko und etliche Edelleute und Großwürdenträger gefangen.

Der Hauptmann Holguin brachte sie mir unverzüglich nach dem Tempel, auf dem ich mich aufhielt, der nahe am Hafen lag. Ich hieß Herrn Guatemozin sich setzen und war freundlich und gütig mit ihm. Er sprach mich in der Sprache seines Landes an und sagte: Ich habe alles getan, was ich vermochte, um mich und mein Volk zu retten. Es war umsonst. Macht nun mit mir, was Euch beliebt. – Dabei griff er nach dem Dolche, den ich in meinem Gürtel trug, und rief aus: Am liebsten wäre es mir, Ihr stecht mich damit tot! – Ich tröstete ihn und sagte: Fürchtet nicht! Ihr sollt mit allen Ehren behandelt werden. Ihr habt Eure Stadt tapfer verteidigt. Ein Hispanier achtet den Mut auch an seinen Feinden.

Mit der Gefangennahme des Königs war der Kampf um die Hauptstadt und zugleich der ganze Krieg zu Ende. Es war am 13. August des Jahres 1521, am Tage des heiligen Hippolyt.

Urs Bitterli

Pizarro auf dem Weg zur Eroberung Perus

Francisco Pizarro dominiert die Geschichte der südamerikanischen Entdeckungsreisen in ähnlicher Weise wie Cortés die der mexikanischen, obwohl die beiden Konquistadoren, bei ähnlichem Erfahrungshintergrund, sehr unterschiedliche

Charaktere waren. Wie Cortés stammte auch Pizarro aus der Provinz Estremadura und war als unehelicher Sohn eines königlichen Offiziers ebenfalls dem Landadel verbunden. Im Jahre 1502 gelangte er mit Kolumbus nach Hispaniola, fuhr 1509 unter Alonso de Ojeda zum Golf von Darién und war an der Verhaftung von Balboa maßgeblich beteiligt. In der Folge erwarb und bewirtschaftete er Ländereien in Panama, amtete als Stadtrat und kam rasch zu einem Vermögen, das ihm die Finanzierung seiner Unternehmungen gestattete. Der Umstand, daß er sich in Spanien persönlich die königlichen Vollmachten beschafft hatte, machte ihn unabhängig von Gouverneur Dávila und unbestritten im Kreis seiner Untergebenen – ein Kampf um die Sicherung seiner Autorität, wie Cortés ihn führen mußte, blieb ihm erspart. Durch seine Entschlossenheit, seine Zielstrebigkeit und Zähigkeit gewann sich Pizarro rasch den Respekt seiner Leute; aber er war zu argwöhnisch und nachtragend, um beliebt zu sein. Die gesellige Umgänglichkeit und gewandte Lebensart des Cortés ging ihm ab, und seine Loyalität reichte kaum über einen engen Zirkel von Verwandten und Vertrauten hinaus. Pizarro konnte weder lesen noch schreiben und machte sich wenig Gedanken über die moralischen Implikationen seines Auftrags: Die Leiden der Indianer ließen ihn gleichgültig, und ihre Bekehrung interessierte ihn nicht. Die eigentliche Lust an der Grausamkeit, die Cortés doch wohl fehlte, war Pizarro nicht fremd.

Anfang Januar 1531 verließ der Entdecker mit etwa zweihundert Mann und gegen vierzig Pferden Panama zu Schiff, in der Absicht, bei Tumbes eine dauernde Siedlung zu gründen, die, ähnlich wie Vera Cruz in Mexiko, als Ausgangspunkt für die nachfolgende Inlanderkundung dienen sollte. [...] Da man Tumbes zerstört und verlassen vorfand, rückte man weiter nach Süden vor und gründete nahe der heutigen Stadt Piura die erste spanische Siedlung in Peru mit Namen San Miguel.

Von Piura brach Pizarro im September 1532 mit hundert-

Die Feldzüge von
Francisco und
Hernando Pizarro
1532 - 1533

- - - Hernando Pizarro
——— Francisco Pizarro

0   50 100 150 200 250 km

siebzig Mann, darunter sechzig Reitern, ins Inkareich auf, dessen Hauptstadt Cuzco er ein Jahr später erobern sollte. Dieser Feldzug steht, was die Leistung des Eroberers betrifft, nicht hinter der Eroberung Mexikos zurück [...].

Zu dem Zeitpunkt, da Francisco Pizarro von Piura aufbrach, befand sich das Inkareich in einem Zustand innerer Unruhe, der das Vordringen der Spanier in ähnlicher Weise begünstigte wie seinerzeit die Auflehnung tributpflichtiger Völkerschaften den Marsch Cortés nach Tenochtitlán. Um das Jahr 1525 war der Inkaherrscher Huayna-Capac, der das Andenhochland zwischen dem südlichen Kolumbien und Santiago de Chile mit unangezweifelter Autorität regiert hatte, überraschend einer Epidemie zum Opfer gefallen. Um Huayna-Capacs Nachfolge stritten sich dessen Söhne Huascar und Atahualpa, der erste designierte Nachfolger mit Sitz in Cuzco, der zweite Militärkommandeur der Region von Quito. Der Bruderzwist weitete sich zum Bürgerkrieg aus, und die Truppen Atahualpas stießen siegreich gegen Cuzco vor. Auf seinem Marsch nach Süden hatte Atahualpa sein Lager bei Cajamarca aufgeschlagen, einer heute noch reizvollen Stadt auf einer Höhe von zweitausendsiebenhundertfünfzig Metern, achthundertfünfzig Kilometer von Lima und über tausendzweihundert Kilometer von Cuzco entfernt.

Pizarro erfuhr von diesem Bürgerkrieg auf dem Marsch landeinwärts und erkannte sogleich den Vorteil, der sich daraus ziehen ließ. Nachdem er das wüstenähnliche Küstengebiet durchquert hatte und, wahrscheinlich dem Chancayfluß folgend, zur Puna genannten Hochebene aufgestiegen war, entsandte er seinen Hauptmann de Soto zur Rekognoszierung. De Soto stieß auf einen vom Bürgerkrieg verwüsteten Ort, dessen Kazike auf Huascars Seite gestanden hatte, und verfuhr in der gewohnten Weise. „Der ‚Capitán‘", schreibt ein Chronist, „bot ihnen im Namen der Christen den Frieden an: sie sollten des Kaisers Untertanen werden; dann bräuchten sie Atahualpa nicht mehr zu fürchten." Man traf hier auch auf einen Gesandten Atahualpas, der den Spaniern als Geschenk getrocknete Enten und Keramik überreichte. Der Chronist, Böses ahnend, kommentiert: „Es waren getrocknete Enten, was zu bedeuten hatte, daß sie Gleiches mit den Christen vorhatten. Außerdem brachte er zwei aus Ton hergestellte schwere Festungen und bemerkte dazu, unterwegs gebe es ähnliche."

Miguel de Estete
Die Gefangennahme Atahualpas

Wir wollten aber hinauf ins Hochland in die Provinz Cajamarca, wo der besagte Atahualpa residierte, und so mußten wir die königliche Heerstraße und die schönen Ortschaften hinter uns lassen und [...] eine Nebenstraße nehmen.

Atahualpa war umgeben von sechshundert Vornehmen seines Landes. Hernando Pizarro [Franciscos Bruder] sprach zuerst und berichtete über unsere Ankunft und erklärte, daß wir Vasallen eines Kaisers und großen Herrn seien, der uns ausgesandt hätte, diese Länder zu erkunden und zu entdekken und in ihnen den Glauben an Jesus Christus, unseren Herrn zu predigen und ihn und die Seinigen darin zu unterweisen.

Atahualpa, dessen Absicht es war, von uns zu erfahren, woher wir kamen und was wir hier suchten, und uns und unsere Pferde zu sehen, hörte sich dieses und viele andere Worte von Freundschaft und Frieden mit großer Gelassenheit an. Seine ganze Haltung drückte solche Würde und solchen Ernst aus, daß er selbst kein Wort auf das Gesagte erwidern wollte; statt dessen sagte einer seiner Vornehmsten nur: „Es ist gut."

Als Hernando Pizarro sah, daß der Inka nicht sprach und statt seiner jener Dritte antwortete, ersuchte er ihn von neuem, selbst zu sprechen und ihm nach seinem Belieben zu antworten. Darauf wandte sich der Inka ihm zu und sagte lächelnd: „Sagt diesem eurem Hauptmann, der euch hergeschickt hat, daß ich noch bis morgen früh faste. Dann werde ich, nachdem ich getrunken habe, mich zusammen mit einigen dieser Vornehmen mit ihm treffen. Mittlerweile soll er in diesen Häusern an der Plaza Quartier nehmen, die öffentlicher Besitz sind, und kein anderes Haus betreten, bis ich selbst komme, denn ich werde alles Erforderliche anordnen."

Nach dieser Antwort lud uns der Würdenträger von vorher ein, abzusitzen und zu essen, was wir mit höflicher Entschuldigung ablehnten. Darauf sagte er: „Wenn ihr schon nicht essen wollt, so bleibt dort sitzen, wo ihr seid, und trinkt wenigstens von dem hiesigen Wein." Das konnten wir nicht gut abschlagen, und so kamen einige Frauen mit Goldbechern und gaben den Nächststehenden daraus zu trinken. Danach betrachtete er eingehend unsere Pferde, die ihm offensichtlich gut gefielen. Als wir das bemerkten, führte ein Hauptmann namens Hernando de Soto einen Zuchthengst herein und fragte, ob er ihn in dem Hof vorführen solle. Der Vornehme nickte Zustimmung, und so zeigte de Soto einige Zeit lang seine Reitkünste. Der Hengst war feurig und schäumte, und der Indio war über die Schnelligkeit der Wendungen erstaunt. Noch mehr Verwunderung zeigten die einfachen Krieger, unter denen sich großes Gemurmel erhob. Eine Gruppe davon wich zurück, als sie das Pferd auf sich zustürmen sahen; dies bezahlten sie noch in derselben Nacht mit ihrem Leben, denn Atahualpa ließ sie hinrichten, weil sie Furcht gezeigt hatten. Nachdem die Vorführung vorüber war und wir die offenkundige Größe des Heeres und des Zeltlagers begutachtet hatten, kehrten wir dorthin zurück, wo uns der besagte Anführer [Pizarro] erwartete. Wir waren höchst beeindruckt und beunruhigt von dem Gesehenen und beratschlagten ausführlich, was zu tun sei; denn es machte uns große Angst, daß wir so wenige und so weit im Inkaland waren, wo uns niemand zu Hilfe kommen konnte, denn bis zur Stadt San Miguel waren es mehr als achthundert Meilen.

Als wir beim Gobernador angekommen waren und Bericht erstattet hatten, versammelten sich alle nachts in seinem Quartier, um zu beraten, was am anderen Tage geschehen sollte. [...]

Früh am Freitagmorgen hörten wir die Messe und befahlen uns in den Schutz unseres Gottes. Danach befahl der Gobernador allen Reitern, sich in ihren rund um den Platz liegenden Quartieren in Bereitschaft zu halten, um mit ihm kämpfen zu können, falls Atahualpa mit seinem Kommen etwas anderes im Schilde führen sollte, als er angekündigt hatte. Das Fußvolk sollte sich in seiner Nähe aufhalten, denn er wollte zu Fuß kämpfen, was er besser beherrschte als den Kampf zu Pferde. Als die Leute so postiert waren, stellte er zwei Wachen auf ein steinernes Gebäude, eine Art Moschee, die mitten auf dem Platz stand, um die Ankommenden zu beobachten. Die Wachen bezogen also ihren Aussichtsposten und spähten von oben aus, was sich im Inkalager tat:

Die ganze Zeit von 6 Uhr früh bis 4 Uhr nachmittags wurde dort damit verbracht, die Abteilungen von Kriegern zu ordnen und in Reih und Glied aufzustellen und all die Ausstattung und den Schmuck für Atahualpa, seine Frauen und seine Günstlinge vorzubereiten. [...]

Um 4 Uhr kamen sie die Straße daher, geradewegs auf unser Quartier zu; um 5 Uhr oder ein wenig später gelangten sie am Stadttor an; das ganze Vorfeld war bedeckt von Menschen; nach und nach füllte sich der Platz mit etwa fünfhundert Menschen – es waren wohl Pagen – mit Bogen und Pfeilen, und sie stimmten einen Gesang an, der ganz und gar nicht angenehm in unseren Ohren klang, schon eher schrecklich, ja er schien uns geradezu höllisch. Sie schritten eine Runde um die Moschee herum und machten mit den Händen Gebärden, als ob sie den Boden reinigen wollten; das schien nicht notwendig, denn die Leute in der Stadt hatten ihn zum Empfang schon gekehrt. Nach der Runde um den Tempel blieben sie stehen, und es kam eine zweite Schwadron von etwa tausend Männern mit Speeren ohne Eisen, deren Spitzen angekohlt waren, alle in farbigen Livreen: die ersten waren weiß und rot gemustert wie die Felder eines Schachbretts. Nach der zweiten eine dritte in anderer Livree, alle mit Hämmern aus Kupfer und Silber – das ist auch eine ihrer Waffen. Mitten unter ihnen viele Herren von Adel und schließlich Atahualpa selbst in einer prachtvollen offenen Sänfte, deren Tragegriffe mit Silber beschlagen waren und die von achtzig Adelsherren auf den Schultern getragen wurde. Diese gingen in kostbarer blauer Livree; er selbst saß, besonders reich gekleidet, mit einer Krone auf dem Haupt und um den Hals ein Gehänge großer Smaragde, in seiner Sänfte auf einem [...] mit einem prachtvollen Kissen bedeckten Sitz. Mitten auf dem Platz angekommen, hielt er, stand in der Sänfte auf, so daß man seinen Körper halb sah, und alles hereinströmende Volk scharte sich um ihn, so daß er von 600 oder 700 Männern umgeben war. Als er sah, daß niemand sich blicken ließ oder herauskam, ihn zu begrüßen, glaubte er – wie er nach seiner Gefangennahme aussagte –, wir hätten uns aus Angst vor seiner Macht versteckt, und rief laut: „Wo sind sie?"

Daraufhin trat aus dem Quartier des Gobernadors Pizarro der Mönch Fray Vicente de Valverde vom Predigerorden, der später Bischof dieses Landes wurde, mit der Bibel in der Hand und begleitet von dem Dolmetscher Martín. Zusammen gingen sie in die Menge, um mit Atahualpa zu reden und ihm von der Heiligen Schrift zu erzählen und zu predigen, Jesus habe befohlen, zwischen den Seinen dürfe kein Krieg und keine Zwietracht herrschen, sondern nur vollkommener Friede; er erbitte und erflehe diesen Frieden in seinem Namen; außerdem sei man ja am vorigen Tage dabei verblieben, daß der Inka friedlich und allein ohne Kriegsvolk komme. Auf diese und viele andere Worte, die der Mönch sprach, verharrte der Inka in Schweigen und gab keine Antwort; erst als der andere nicht aufhörte zu mahnen, Gottes Gebot zu gehorchen, welches in jenem Buch, das er in der Hand halte, geschrieben stehe, stutzte der Inka, nach meinem Gefühl wohl mehr wegen des Schriftbildes als wegen des Inhalts, verlangte danach, öffnete es und blätterte darin, besah sich Form und Anordnung, warf es sodann unter das Volk und rief mit zorngerötetem Antlitz: „Sagt es ihnen, sie sollen herkommen! Ich weiche nicht von der Stelle, bis sie mir Rechenschaft geben und für alles zahlen, was sie im Lande angerichtet haben." Als der Mönch das sah und wie wenig seine Worte verfingen, hob er sein Buch auf und rannte mehr als er ging mit gesenktem Kopf zurück zu Pizarro und rief ihm zu: „Seht ihr nicht, was da los ist? Wie könnt ihr euch noch aufhalten mit höflichem Getue und *requerimientos* [das Wort ‚requerimiento‘ verwendet Estete doppelsinnig, einmal als jenen bekannten juristischen Ausdruck für Huldigungsforderung, zum anderen als ‚Bittgang‘] mit jenem Hund, der vor Hochmut birst und ringsum alles voller Indios? Greift ihn an! Ich gebe euch die Absolution!" Kaum hatte er das gerufen, als die Trompeten schmetterten, und mit dem Ruf „Santiago, auf sie los!" stürzte er [Pizarro] mit dem ganzen Fußvolk, das bei ihm war, aus seinem Quartier, und wir übrigen folgten diesem Ruf. Alle stürmten zugleich auf die Plaza, denn die Häuser um die Plaza hatten viele Türme und schienen zu diesem Zweck eingerichtet. Wie ein Mann griffen die Reiter an und fielen über die Indios her. Auf unserer Seite kam niemand ums Leben, nur ein Neger; die Indios aber wurden alle geschlagen und Atahualpa gefangengenommen. Die übrigen versuchten zu fliehen, doch das Tor, durch welches sie hereingekommen waren, war zu klein, und in der allgemeinen Panik verstopften sie den Ausgang, so daß nur einzelne durchkamen. Als nun die Zurückgebliebenen sahen, wie wenig an Flucht und Rettung zu denken war, warfen sich zweitausend oder dreitausend von ihnen an einer Stelle, wo keine Häuser standen, gegen ein großes Stück Mauer und stürzten mit ihr zur Erde; so entstand eine breite Bresche, durch die sie in das freie Feld hinaus flüchten konnten. Als die Abteilungen, die außerhalb der Stadt auf dem Feld geblieben waren, sie unter großem Geschrei fliehen sahen, lösten sie sich ebenfalls auf, und fast alle ergriffen die Flucht. Es war beeindruckend: Das ganze Tal, vier bis fünf Meilen lang, war gedrängt voll Menschen! Darüber brach schnell die Nacht herein; unsere Leute sammelten sich, und Atahualpa wurde in einem steinernen Haus, dem Sonnentempel, gefangengesetzt. So verging die Nacht mit großer Begeisterung und Freude über den Sieg, den Unser Herr uns gegeben hatte. Dabei wurde besonders auf die Bewachung Atahualpas geachtet, damit sie ihn uns nicht wieder entführten.

Es war gewiß der Wille Gottes, und bei diesem großen Erfolg waren wir von Seiner Hand geleitet, denn wenn wir den Inka mit seinem ganzen Hochmut nicht an diesem Tag gefangengenommen hätten, wären wir in dieser Nacht sicher niedergemacht worden; sie waren uns ja in der Zahl dermaßen überlegen.

Thomas Jefferson
„Ziel Eurer Expedition ist die Durchquerung des Kontinents"

Herrn Meriwether Lewis, Hauptmann im Ersten Infanterieregiment der Vereinigten Staaten von Amerika.

Durch Eure Stellung als Sekretär des Präsidenten der Vereinigten Staaten seid Ihr vertraut mit dem Anliegen meiner geheimen Botschaft an die Legislative vom 18. Januar 1803; Ihr kennt den Beschluß, der dort gefaßt wurde, der – zwar allgemein gehalten – dieses Anliegen gutheißen sollte, und Ihr seid dazu bestimmt worden, es in die Tat umzusetzen.

Instrumente, um durch Himmelsbeobachtungen die Geographie des Landes zu bestimmen, das Ihr durchqueren werdet, sind bereits angeschafft worden. Kleinere Tauschartikel und Geschenke für die Indianer, Waffen für Eure Begleiter – sagen wir für zehn bis zwölf Leute –, Boote, Zelte und andere Reiseutensilien, dazu Munition, Medikamente, ärztliche Instrumente und Verpflegung werdet Ihr zusammenstellen lassen mit der Unterstützung, die Euch der Kriegsminister in seinem Ministerium geben kann; und von ihm werdet Ihr auch die Vollmacht erhalten, unter unseren Truppen in freiwilliger Zustimmung die Zahl von Begleitern zu verpflichten, die oben gewählt wurde; als ihr kommandierender Offizier seid Ihr ihnen gegenüber mit all der Befehlsgewalt ausgestattet, die die Gesetze in einem solchen Fall vorsehen. [...]

Das Ziel Eurer Mission ist die Erforschung des Missouri-Flusses und derjenigen unter seinen größten [Neben-]Flüssen, die durch ihre Richtung und ihre Verbindung mit den Wassern des Pazifischen Ozeans – sei es nun der Columbia, Oregon, Colorado oder irgendein anderer Strom – die direkteste und brauchbarste Flußverbindung quer durch den Kontinent zum Zwecke des Handelsverkehrs bieten. [...]

Der Handelsverkehr, der mit den Leuten aufgenommen werden mag, die an der von Euch eingeschlagenen Route leben, macht es erforderlich, Informationen über diese Leute zu haben. Ihr werdet Euch deshalb bemühen – soweit es der zügige Fortgang Eurer Reise erlaubt –, Euch vertraut zu machen mit den Namen der zahlenmäßigen Stärke der Völkerschaften, der Ausdehnung und Grenzen ihrer Herrschaftsgebiete, ihren Beziehungen zu anderen Stämmen und Völkerschaften, ihrer Sprache, ihren Überlieferungen und Denkmälern, ihrer üblichen Beschäftigung in [den Bereichen] Landwirtschaft, Fischerei, Jagd, Krieg und Handwerk und den Gerätschaften dafür, mit ihrer Nahrung, Bekleidung und häuslichen Unterbringung, mit den unter ihnen vorherrschenden Krankheiten und den Heilmitteln, die sie benutzen, den moralischen und materiellen Verhältnissen, die sie von den uns bekannten Stämmen unterscheiden, mit Besonderheiten ihrer Gesetze, Gebräuche und Neigungen und mit der Art und dem Umfang der Handelsartikel, die sie benötigen oder liefern können.

Und wenn man das Interesse in Betracht zieht, das jede Nation an der Ausbreitung und Stärkung der Herrschaft von Vernunft und Gerechtigkeit unter den benachbarten Völkern hat, wird es nützlich sein, jede mögliche Kenntnis zu erlangen vom Stand der Moral, der Religion und des Wissens bei ihnen; dies mag jene, die sich um ihre Zivilisierung und Unterweisung bemühen, eher dazu befähigen, ihre Maßnahmen den bestehenden Vorstellungen und Praktiken jener anzupassen, unter denen sie arbeiten sollen. [...]

Da es für uns unmöglich ist vorauszusehen, auf welche Weise Ihr von jenen Leuten empfangen werdet – mit Gastfreundschaft oder aber mit Feindseligkeit –, sind wir nicht in der Lage, das genaue Ausmaß der Beharrlichkeit vorzuschreiben, mit der Ihr Eure Expedition vorantreiben sollt. Wir schätzen das Leben von Landsleuten zu hoch ein, um sie dem wahrscheinlichen Untergang auszuliefern. Eure Zahl wird ausreichen, um Euch gegen einen nicht autorisierten Widerstand einzelner Personen oder kleiner Gruppen zu schützen; sollte sich jedoch eine überlegene Streitmacht, die von einem Stamm dazu ermächtigt ist oder auch nicht, Eurem weiteren Vormarsch in den Weg stellen und fest dazu entschlossen sein, ihn zu stoppen, so müßt Ihr von einem weiteren Vordringen absehen und umkehren. Sollten wir Euch verlieren, so würden wir auch die Informationen verlieren, die Ihr gesammelt haben mögt. [...]

Solltet Ihr den Pazifischen Ozean erreichen, so zieht Erkundigungen ein über die Umstände und Bedingungen, von denen es abhängen mag, ob die Felle aus jenen Gebieten nicht ebenso gut am Oberlauf des Missouri – der, wie man vermutet, nahe bei den Flußläufen des Colorado und Oregon (oder Columbia) gelegen ist – gesammelt werden können wie in der Region des Nootka Sound oder an irgendeiner anderen Stelle dieser Küste; und ob es folglich nicht vorteilhafter wäre, diesen Handel über den Missouri und die Vereinigten Staaten abzuwickeln als durch die Umschiffung, wie sie im Augenblick praktiziert wird. [...]

Ausgefertigt und mit meiner Unterschrift versehen in der Stadt Washington, an diesem zwanzigsten Tag des Juni 1803.
Thomas Jefferson
Präsident der Vereinigten Staaten von Amerika.

Urs Bitterli

Die Zerstörung der Freundschaft

Nicht immer begegneten sich Europäer und Eingeborene mit [...] Scheu [...]; oft zeigte der Eingeborene sich als überaus entgegenkommender Gastgeber, und auch die Europäer ließen sich vom Charme der ersten Begegnung verführen.

Als Christoph Kolumbus im Jahre 1492 auf einer Insel der Bahama-Gruppe landete, begrüßten ihn die Arawak-Indianer durchwegs freundlich und mit allen Zeichen der Ehrfurcht und Friedensbereitschaft. „Wir bemerkten", schreibt Kolumbus nach einer Rekognoszierungsfahrt rund um die Insel, „zwei oder drei Siedlungen, und das Volk kam an den Strand, rief uns an und dankte Gott. Einige brachten Wasser, andere brachten uns zu essen. Andere, als sie sahen, daß wir nicht Miene machten, an Land zu gehen, warfen sich ins Wasser, schwammen auf uns zu und kamen an Bord, und wir verstanden, daß sie uns fragten, ob wir vom Himmel kämen." Der Anbahnung freundschaftlicher Beziehungen schien nichts im Wege zu stehen, um so weniger, als die Indianer, die das Eisen nicht kannten, über keine nennenswerte Bewaffnung verfügten und die Spanier, obwohl Kolumbus mit diesem Gedanken bereits spielte, auf ihrer ersten transatlantischen Entdeckungsreise unmöglich die Unterwerfung fremder Völker beabsichtigen konnten.

Dennoch kündigte sich bereits jetzt die Problematik einer solchen Begegnung an, die zu lösen es eines ungleich subtileren Verständnisses, als die Europäer es besaßen, bedurft hätte. „Der Admiral", schreibt Kolumbus' Sohn in der Biographie seines Vaters, „rief die beiden Kapitäne und die andern, die mit ihm an Land gegangen waren... Sie alle rief er mit Namen auf und bat sie, folgendes zu bezeugen und zu beurkunden: daß er gekommen sei, um von dieser Insel Besitz zu ergreifen und dies hiermit im Namen seines Königs und seiner Herrin vollzöge, unter Beachtung der für diesen Vorgang notwendigen feierlichen Erklärungen... Viele Indianer liefen zu dieser Feierlichkeit zusammen, und der Admiral, der sah, daß es sich um freundliches und friedliebendes Volk handelte, gab ihnen einige rote Mützchen, Glasperlen... und andere Gegenstände von geringem Wert, welche sie des höchsten Preises für würdig hielten."

Man kann sich die Widersinnigkeit dieser Szene kaum eindringlich genug vor Augen halten. Das ganze Zeremoniell dieser Besitzergreifung, auf dessen formal einwandfreie Abwicklung die Spanier hier wie später peinlich genau achteten, konnte bei den Eingeborenen keine anderen Regungen als solche maßlosen Staunens hervorrufen. Die Umständlichkeit im Gehaben der Fremden, ihre aus diesem Anlaß besonders pompös gewählte Bekleidung, ihre tierähnliche Behaartheit im Gesicht und, grotesk damit kontrastierend, die Glatzköpfigkeit mancher Seeleute – dies und vieles andere versetzte die Arawaks in einen Zustand ungläubiger Verblüffung. Die Begegnung gewann, nachdem die „Besitzergreifung" vollzogen war, den verspielt-burlesken Charakter gegenseitiger Neckerei und kecker Annäherung – daß sich unter solchem Anschein Tragik verbarg, ahnte niemand. „Man wird sich kaum einen Vorgang von solch tragischer Ungleichheit zwischen Menschen vorstellen können", schreibt Salvador de Madariaga, „es war noch ein glücklicher Umstand, daß es die Verschiedenheit der Sprache gab. Denn so konnten die Eingeborenen den feierlichen Akt der Eindringlinge wenigstens als symbolischen oder magischen Akt deuten. Denn eine Besitzergreifung, um die es sich ja hier in Wirklichkeit handelte, wäre diesen Menschen, die überhaupt

Arawak-Indianer bei der Begrüßung der Spanier; im Vordergrund statt den Karavellen eine Galeere. – Bereits 1494 zirkulierten in Europa Flugblätter, auf denen die Entdeckung Amerikas dargestellt wurde. Aus Zeitnot benutzte man Holzschnitte aus längst erschienenen Werken, die ihre Entstehung einem ganz anderen Anlaß verdankten.

keinen Sinn für Eigentum hatten, völlig unbegreiflich erschienen." [...]

Der Grund für das zuvorkommende Verhalten der Eingeborenen lag vielfach in deren Glauben begründet, es handle sich bei den fremdartigen Ankömmlingen um überirdische Wesen. Die rätselhaften schwimmenden Häuser, auf denen die Europäer aus der Unendlichkeit des Ozeans auftauchten, ihre Fähigkeit, aus langen Röhren zu schießen und auf große Distanz zu treffen, die mancherorts völlig unbekannten Pferde, die sie mitbrachten – dies alles, verbunden mit dem bei archaischen Gesellschaften verbreiteten Sinn für das Übernatürliche, bestärkte die Eingeborenen in der Meinung, sie hätten es bei den Europäern mit fremden Gottheiten zu tun. Gewisse heilsgeschichtliche und endzeitliche Vorstellungen deuteten in ähnliche Richtung. [...] Dem Mißverständnis der Konquistadoren, die in ihrer Mehrzahl den Indianer als Tier betrachteten und auch als Tier behandelten, entsprach so paradoxerweise das Mißverständnis der Indianer, im Konquistador einen Gott zu sehen – eine tragische Situation, welche aber für den Eingeborenen insofern weniger peinlich war, als er, wie Claude Lévi-Strauss einmal bemerkt, einem ehrenwerteren Irrtum zum Opfer gefallen war.

Die freundliche Aufnahme durch die Eingeborenen erklärt sich weiterhin durch die traditionelle Gastfreundschaft, die sich in vielen archaischen Stammesverbänden zu einem alle menschlichen Begegnungen weitgehend bestimmenden Kulturwert ausgebildet hatte. So sind, was die Geschichte der Entdeckungsreisen häufig zu wenig beachtet hat, die innerafrikanischen Forschungsexpeditionen eines Mungo Park, Heinrich Barth oder David Livingstone nur durch die selbstlose Hilfsbereitschaft der Inlandbevölkerung überhaupt ermöglicht worden. [...]

Anderseits wird man sich hüten müssen, wie es gewisse Vertreter der modernen Psychologie tun, den Gedanken nahezulegen, die Naturvölker hätten Kriege nicht gekannt oder ihre Aggressivität lediglich zur lebensnotwendigen Da-

seinsbewältigung eingesetzt. Ob es, wie Frobenius ver-
mutete, einen menschlichen Urzustand gegeben hat, dem
Kriege fremd waren, und ob die Eingeborenen insofern dem
Frieden näher waren, als sie sich von jenem Urzustand weniger entfernt hatten, mag dahingestellt bleiben; Tatsache ist,
daß die archaischen Kulturen der Erde während des ersten
europäischen Entdeckungszeitalters den Krieg kannten, auch
wenn es dabei in der Regel nicht um territoriale Eroberungen
wie in Europa, sondern um überfallartige Rache- und Beute-
feldzüge ging. Allerdings gab es zwischen verschiedenen
Eingeborenenvölkern beträchtliche Unterschiede sowohl in
bezug auf ihre Bereitschaft, Konflikte militärisch lösen zu
wollen, wie in bezug auf die Tauglichkeit ihrer militärischen
Ausrüstung. Die europäischen Seefahrer des ersten Entdek-
kungszeitalters differenzierten denn auch recht bald zwischen kriegerischen und friedlichen Völkern, wobei freilich
„friedliebend" oft nur ein Synonymbegriff für „botmäßig"
war. So unterschieden etwa die Portugiesen deutlich zwischen den gutartigen Schwarzafrikanern und den bösartigen
Mauren, ohne daß die Qualifikation allerdings, was die erste-
ren betraf, deren negatives Image sehr vermindert hätte. Als
gutartig galten auch die Arawaks im Gegensatz zu den Kariben und die Bewohner Tahitis im Gegensatz zu den Maoris.
Auch wenn die Europäer in Übersee zumindest in der Phase
der Kulturberührung überall sehr ähnliche Formen des Ver-
haltens gezeigt haben dürften, reagierten die Eingeborenen
also in verschiedenen Teilen der Welt sehr verschiedenartig
auf die unerwartete Herausforderung, häufig vorsichtig ab-
wartend oder entgegenkommend, seltener direkt aggressiv
oder gezielt hinterlistig. Aber zu Mord und Totschlag konnte
es, wenn der europäische Druck politisch, wirtschaftlich oder
psychisch zu stark wurde, im Grunde bei jedem Eingebore-
nenvolk kommen, und die Seefahrer spätestens des zweiten
Entdeckungszeitalters wußten dies, wenn auch bei weitem
nicht alle erkannten, bei wem die Schuld für solche Zwischenfälle lag. [...]

Die Tatsache, daß manche europäischen Führer, die vielleicht aus taktischen Erwägungen oder sogar aus Einsicht bereit gewesen wären, die Beziehung mit den Eingeborenen vorsichtig sich entwickeln zu lassen, ganz unfähig waren, ihren Leuten Zurückhaltung aufzuerlegen, verschlimmerte den Tatbestand. So konnte es geschehen, daß die Kulturberührung, ohne daß sich eine Periode wechselseitiger Kontakte hätte einspielen können, zur Überraschung selbst der Europäer unvermittelt in den Kulturzusammenstoß umschlug: Aus den Entdeckungsfahrten wurden Beutezüge und Strafexpeditionen; die anfängliche Gastfreundschaft der Eingeborenen verwandelte sich in Hinterlist. Das Ende der ersten kolonialen Siedlung jenseits des Atlantiks, „La Navidad", ist für einen solchen Umschlag bezeichnend: Als Kolumbus auf seiner zweiten Reise an der Nordküste Haitis an Land ging, fand er das Fort zerstört, die Besatzung ermordet, die Indianer, welche ein Jahr zuvor hilfsbereit beim Aufbau der Siedlung mitgeholfen hatten, verängstigt; die Informationen, welche man erhielt, ergaben eindeutig, daß die spanische Garnison ihren Untergang durch ihr rücksichtsloses Betragen, insbesondere gegenüber indianischen Frauen, selbst verschuldet hatte.

Die Kolonisierung und ihre Folgen

Simon J. Ortiz

„Sie waren erstaunt ..."

*Das Blut ergoß sich über die Ebenen, dampfte wie Atem
an einem Wintermorgen; der Atem stieg auf in die
Wolken und wurde zu Regen und ersetzte das ihre.*

Sie waren erstaunt
über so viel Blut.
    Pulsende,
     schäumende,
spritzende, sprudelnde, stete
heiße bogenbildende Ströme.
       Rot
und hell und leuchtend
über die grasbedeckten Ebenen.
       Dampfend.

So hell und erstaunlich.
Ehrfurcht ergriff sie.

Wie Magie fast schien es,
daß sie so viel Blut hatten.
Es strömte weiter,
wie Flüsse,
wie endlose Fluten vom Himmel,
Donner, der sich verflüssigt hatte,
und ohne Unterlaß wogte der Donner
in ihre Herzen.
    Fürwahr,
sie müssen das Gefühl gehabt haben,
sie sollten sich auf die Knie niederlassen

und das rote rohe Blut trinken,
es trinken, um ihren eigenen leuchtenden
Verlust zu ersetzen.

Ihre hilflosen Hände
waren wie Siebe.

Bartolomé de Las Casas
„Wie grausame Wölfe kamen die Spanier"

Diese zahllosen Völker verschiedenster Art schuf Gott vor
allen anderen in der Welt einfältig, ohne Bosheit und Falsch,
gehorsam und treu ihren angestammten Herren und den
Christen, denen sie dienen; überaus milde, geduldig, fried-
fertig und ruhig, ohne Hang zu Zank und Unfrieden, weder
streitsüchtig noch neidisch, ohne Tücke und Haß und
Rachsucht. Auch sind diese Völker sehr zart und schwach,
körperlich wenig widerstandsfähig, schwerer Arbeit nicht
gewachsen, Krankheiten erliegen sie leicht, so daß unsere
Fürsten- und Herrensöhne, die in Luxus und Wohlleben
aufwachsen, nicht zarter sind als diejenigen unter den Indianern, die ihrer Herkunft nach zu den Arbeitern gehören. Sie
sind arme Leute, haben nichts und begehren auch nicht nach
zeitlichen Gütern; daher kennen sie keinen Hochmut, keinen
Ehrgeiz und keine Habsucht. Ihre Nahrung ist so, daß die der
heiligen Väter in der Einöde nicht ärmlicher, bescheidener
und dürftiger gewesen sein kann. Ihre Kleidung besteht in der
Regel nur aus einem Hüftschurz, höchstens bedecken sie sich
noch mit einem baumwollenen Überwurf... Sie selbst leben
ohne Glauben an Gott und ohne zu arbeiten, sind aber klug
und verständig, aufnahmebereit und empfänglich für alle gute
Lehre, aufs beste befähigt, unseren heiligen katholischen
Glauben zu empfangen und fromme Sitten anzunehmen; von

allen Völkern, die Gott geschaffen hat, setzt wohl keines so wenig Widerstand entgegen. Ja, wenn sie einmal etwas vom Glauben gehört haben, sind sie so begierig, mehr davon zu wissen und die Sakramente und den Kultus der heiligen Kirche auszuüben, daß die Ordensbrüder wahrhaftig von Gott mit ganz besonderer Geduld begnadet sein müssen, um dem gewachsen zu sein. Ich habe schon vor langer Zeit und oftmals zahlreiche spanische Laien, die der Augenschein von der natürlichen Güte dieser Menschen überzeugt hatte, sagen hören, diese Völker wären die glücklichsten auf der Erde, wenn sie nur den Glauben an Gott hätten!

Über diese sanftmütigen, von ihrem Herrn und Schöpfer mit solcher Wesensart begabten Menschen kamen nun die Spanier, und zwar vom ersten Augenblick an, wo sie sie kennenlernten, wie grausame Wölfe, Tiger und Löwen, die man tagelang hat hungern lassen. Sie haben in diesen vierzig Jahren bis zum heutigen Tage nichts anderes getan und tun auch heutzutage nichts anderes als zerreißen, töten, ängstigen, quälen, foltern und vernichten, auf jede nur denkbare, nie gehörte, nie gesehene, nie erlebte Art äußerster Grausamkeit [...]. Und das alles in solchem Maße, daß auf der Insel Española von drei Millionen Seelen, die zu unserer Zeit dort gelebt haben, heute keine 200 mehr da sind. Die Insel Kuba hat eine Längenausdehnung, die etwa der Entfernung von Valladolid nach Rom entspricht; sie ist heute fast entvölkert. San Juan und Jamaica, zwei große, glückliche und anmutige Inseln, sind verödet. Die Lucayen [Bahamas], nördlich von Haiti und Kuba gelegen, zusammen mit anderen großen und kleinen Inseln über 60 an der Zahl, von denen noch die geringste die königlichen Gärten zu Sevilla an Schönheit und Fruchtbarkeit übertrifft, mit dem gesündesten Klima der Welt, auf denen es mehr als 50 000 Seelen gab, zählen heute nicht einen einzigen Bewohner mehr. Man hat sie alle vernichtet, indem man sie zusammentrieb und nach Española verschleppte, als man sah, wie deren Bewohner ausstarben. Als vor drei Jahren ein Schiff ausfuhr, um nach den Resten der

Bevölkerung zu suchen [...], fanden sich bei der Suche nur elf Menschen; ich habe sie selbst gesehen. Mehr als dreißig Inseln in der Nachbarschaft von San Juan sind aus dem gleichen Grunde entvölkert und verkommen. [...] Das ausgedehnte Festland haben unsere spanischen Landsleute durch ihre Greuel und gottlosen Taten entvölkert und verheert. Mehr als zehn Königreiche, größer als ganz Spanien, Portugal und Aragón eingeschlossen, einst von Menschen mit hoher Kultur bewohnt, sind heute entvölkert [...].

Als ziemlich sicheres und wahrscheinliches Ergebnis kann man annehmen, daß in den genannten vierzig Jahren durch die tyrannischen und teuflischen Taten der Christen mehr als zwölf Millionen Seelen, Männer und Frauen und Kinder, in ungerechter und tyrannischer Weise getötet worden sind. Ich nehme an und glaube, mich darin nicht zu täuschen, daß es in Wahrheit sogar mehr als fünfzehn Millionen gewesen sind...

Königin Isabella
Die Unterwerfung der Indianer durch königliches Recht

Isabella, von Gottes Gnaden Königin von Kastilien und León etc. [1503]: Da der König, Mein Herr, und Ich durch die Instruktion, die Wir dem Don Nicolás de Ovando [dem ersten Gouverneur Hispaniolas] zur Zeit seiner Statthalterschaft auf den Inseln und dem Festland des Ozeans erteilen ließen, befohlen haben, daß die auf der Insel Española ansässigen Indianer freie Menschen und keiner Dienstbarkeit unterworfen sein sollten (wie das näher in der genannten Instruktion enthalten ist), Ich jetzt aber erfahren habe, daß die Indianer infolge der ihnen gegebenen reichlichen Freiheit die Christen fliehen, Gespräch und Umgang mit ihnen meiden, auch gegen Lohn nicht arbeiten wollen und sich müßig herumtreiben, geschweige sich denn dazu gewinnen lassen, belehrt und zu Unserem heiligen katholischen Glauben bekehrt zu werden, daß deshalb die dort auf der Insel wohnenden Christen keine Arbeitskräfte für ihre Farmen und für die Goldgewinnung finden können, wodurch den einen wie den andern Schaden erwächst, und weil Wir wünschen, daß die genannten Indianer sich zu Unserem heiligen katholischen Glauben bekehren und darin unterrichtet werden, dies sich aber besser tun läßt, wenn die Indianer mit den auf der Insel wohnenden Christen in Berührung kommen, mit ihnen umgehen und zu tun haben, beide einander helfen und so die Insel kultiviert, bevölkert und ertragreich gemacht wird, auch Gold und andere Metalle gefördert werden, und Meine Königreiche und deren Bewohner daraus Nutzen ziehen,

so habe Ich diese Verfügung wie folgt ausfertigen lassen und befehle hiermit Euch, Unserem Gouverneur, daß Ihr von dem Tage an, wo Ihr diese Meine Verfügungen erhaltet, künftig die Indianer nötigt und antreibt, mit den Christen der genannten Inseln Umgang zu pflegen, in ihren Häusern zu arbeiten, Gold und andere Metalle zu schürfen und Landarbeit für die auf der Insel ansässigen Christen zu leisten, und daß Ihr jedem für den Arbeitstag Tagelohn und Unterhalt geben laßt, wie sie Euch nach der Beschaffenheit des Bodens, des Arbeiters und der Tätigkeit angemessen erscheinen,

daß Ihr jedem Kaziken [Häuptling] auferlegt, eine bestimmte Anzahl Indianer bereitzuhalten, um sie jeweils da, wo es nötig ist, zur Arbeit einsetzen zu können, und damit sie sich an den Festtagen, und wann es sonst erforderlich scheint, zusammenfinden, um an den dafür bestimmten Orten über die Dinge des Glaubens zu hören und darin unterrichtet zu werden,

daß jeder Kazike die von Euch jeweils vorgeschriebene Zahl von Indianern beibringt und an die von Euch benannten Personen zur Arbeit überläßt, gemäß näherer Anweisung dieser Personen und gegen einen von Euch festzusetzenden Tagelohn. Die genannten Verpflichtungen sollen sie als freie

Personen leisten, die sie ja sind, nicht als Sklaven. Ihr habt dafür zu sorgen, daß diese Indianer gut behandelt werden, und zwar diejenigen unter ihnen, die Christen sind, besser als die andern; Ihr dürft nicht dulden oder Anlaß geben, daß irgend jemand ihnen Leid oder Schaden zufügt oder sie ungebührlich behandelt. [...]

Urs Bitterli

Die zeitgenössische Debatte über die Unterjochung und Vernichtung der Indianer

So unentschuldbar dieses Genozid ist, so wichtig scheint es doch, darauf hinzuweisen, daß die Entrechtung, Ausbeutung, Unterdrückung und schließliche Liquidation der Indianer auf Hispaniola durch die Spanier auf den vehementen Widerspruch und Protest menschlich gesinnter Zeitgenossen stieß. Dieser Protest erfolgte auf zwei Ebenen: unter den Kennern und Augenzeugen der überseeischen Verhältnisse und im Kreis führender Theologen und Juristen des Mutterlandes. Es lohnt sich, diesen frühen Regungen der Kolonialismuskritik nachzugehen und die völkerrechtlichen und theologischen Überlegungen, in deren Umfeld Kolonisation sich damals vollzog, darzustellen.

Die erste Stimme, die sich öffentlich zugunsten einer humanen Behandlung der Bevölkerung Hispaniolas erhob, war jene des Dominikanermönches Antonio de Montesinos, der 1511 in einer Predigt vor dem Gouverneur, vor hochgestellten Beamten und einflußreichen Siedlern einen leidenschaftlichen Appell an das christliche Gewissen all jener richtete, die für die Indianerpolitik mitverantwortlich waren. [...]

Die Leidenschaftlichkeit der Anklage, aber auch die Heftigkeit der Publikumsreaktion läßt vermuten, daß Montesinos ein Thema angesprochen hatte, das an sich längst spruchreif gewesen wäre, jedoch immer wieder verdrängt worden war. Die Dominikaner, die sich Montesinos gegenüber bemerkenswert solidarisch verhielten, entsandten diesen nach Spanien mit dem Auftrag, König Ferdinand Bericht zu erstatten; dieser wiederum, beeindruckt sowohl von den Nachrichten über das Dahinschwinden der Eingeborenenbevölkerung als auch von den Schilderungen Montesinos', berief im Jahre 1512 eine Anzahl führender Theologen und Rechtsgelehrter zu Beratungen nach Burgos. Im Dezember desselben Jahres wurde der erste Versuch einer allgemeinen Indianergesetzgebung, die „Leyes de Burgos", verabschiedet.

Die „Gesetze von Burgos" tasteten weder die Besitzrechte der Krone in Übersee noch das Zwangssystem der „Repartimientos" an. Sie verfügten jedoch eine Reihe von Maßnahmen zur Beseitigung von Mißständen bei der Behandlung der Indianer. Bestimmt wurde, daß die Indianer gut genährt, gut gekleidet und zureichend entlöhnt werden müßten, ferner müsse sichergestellt werden, daß sie in der christlichen Lehre unterrichtet und zum wahren Glauben bekehrt würden. Diese Regelungen sollten nicht nur für die Aruaks auf Hispaniola Gültigkeit haben, sondern auch für den gesamten westindischen Raum. Doch das Gesetzeswerk warf mehr Fragen auf, als es zu lösen vermochte. Das Problem der Legalität spanischer Eroberungen in Übersee war, wie sich später zeigen sollte, damit nicht aus der Welt geschafft. Das missionarische Sendungsbewußtsein, das man vertrat, ging von Voraussetzungen aus, die man zu wenig analysiert hatte. Besaßen die Indianer, so blieb etwa zu fragen, die Bereitschaft und die Befähigung, das Christentum anzunehmen? Und falls sie sich zur Wehr setzen sollten – woher nahm sich der europäische Kolonist das Recht, sie mit Gewalt zu bekehren? Wenn die Missionierung sich nur gewaltsam durchsetzen ließ – handelte es sich dann noch um jene Form apostolischer Missionsarbeit, welche die päpstlichen Bullen von 1493 zur Vorbedingung der Besitzergreifung gemacht hatten? Oder drohte nicht umgekehrt die Gefahr, daß die Gewaltsamkeit der Besitzergreifung im nachhinein mit der Unbelehrbarkeit der Wilden entschuldigt wurde?

Dieser Fragenkomplex sollte zwischen 1512 und 1542 in Spanien mit großer Leidenschaft und bis hinein in die entlegensten kasuistischen Verästelungen diskutiert werden. Der hervorragende Wortführer in dieser Diskussion war Bartolomé de Las Casas. [...]

Alle Menschen der Erde, betont Las Casas [in einem Traktat von 1537], seien Geschöpfe Gottes und als solche von Gott befähigt und aufgerufen, den Glauben als freies Geschenk anzunehmen: Die Indianer dürften weder ihrer Freiheit noch ihres Besitzes beraubt werden, auch dann nicht, wenn sie noch außerhalb des christlichen Glaubens stünden. Die Mission müsse sich, fährt der Autor fort, milder und geduldiger Methoden bedienen und weit mehr durch Überredung und eigene Vorbildlichkeit zu wirken suchen als durch Zwang und Einschüchterung. In seinen Ausführungen beruft sich Las Casas auf eine Bulle Papst Pauls III. aus demselben Jahr, die zwar ausdrücklich auf die Bekehrungsfähigkeit der Überseebewohner hinwies, zugleich aber davon abriet, die Bekehrung unter Zwang, durch einen sogenannten „gerechten Krieg" erreichen zu wollen.

Mit seiner Ablehnung der gewaltsamen Bekehrung setzte sich Las Casas jedoch in Widerspruch zur Auffassung des Hofjuristen Juan Gines de Sepúlveda, eines gebildeten und angesehenen Mannes, der sich in Anlehnung an Aristoteles dessen Gedanken zu eigen gemacht hatte, daß barbarische Völkerstämme als Sklaven von Natur zu betrachten seien. In seiner Schrift über ‚Die gerechten Gründe zum Krieg gegen die Indianer' berief sich Sepúlveda auf die Lehensurkunde von Papst Alexander VI. aus dem Jahre 1493, in welcher die Entdeckung des Kolumbus unter Voraussetzung der Missionspflicht sanktioniert worden war. Die Kirche könne, argumentierte Sepúlveda, den christlichen Auftrag zur Evangeliumsverkündigung nur erfüllen, wenn die Ungläubigen zuvor politisch unterworfen worden seien. „Wie man klar aus der Bulle ersieht", schrieb der Jurist wörtlich, „ist es also der Wille des Papstes Alexander gewesen, daß die Barbaren zunächst den Königen Kastiliens unterworfen würden und daß man ihnen erst dann das Evangelium predige." Daß eine solche Auffassung der Willkür und dem Wüten der spanischen Kolonisten eine Rechtsgrundlage zu liefern drohte, sah Las Casas, mit den Verhältnissen in Übersee gut vertraut, klarer als der Jurist Kaiser Karls V.; eine solche „gottlose und mohammedanische" Bekehrungsmethode, entgegnete er denn auch scharf, müsse rundweg abgelehnt werden, weil sie sich gegen das gesamte Christentum wende.

Diese Debatte für und wider den „gerechten Krieg" wurde erweitert und vertieft durch Überlegungen, die ein Jurist der Universität von Salamanca, Francisco de Vitoria, fast gleichzeitig bezüglich des spanischen Besitzanspruchs in Übersee vertrat. Die Rechtstitel spanischer Koloniegründungen beruhten, wie nochmals festgehalten sei, zur Hauptsache auf drei Pfeilern: dem Entdeckungs- und/oder Finderecht, der päpstlichen Billigung unter dem Vorbehalt der Missionsverpflichtung und auf einem Abkommen, dem sogenannten Vertrag von Tordesillas, der 1494 über die Aufteilung der Welt zwischen Portugal und Spanien ausgehandelt worden war. Vitoria erschütterte die Stichhaltigkeit dieser Rechtstitel, indem er sich auf die naturrechtlichen Ideen Thomas von Aquins stützte und feststellte, die Staatenbildung sei ebenso wie das Recht auf persönliches Eigentum naturgewollt und Teil eines harmonischen Organismus des Schöpfungsganzen. Die Beziehungen zwischen Staaten wie Individuen basierten demzufolge auf der Anerkennung der gegenseitigen Autonomie durch alle beteiligten Instanzen. Der Verkehr zwischen souveränen Staaten und unabhängigen Individuen, fuhr Vitoria fort, erstrecke sich auf Handelsbeziehungen, friedliche politische Kontakte und die Möglichkeit missionarischer Beeinflussung; eine Weltherrschaft einer geistlichen oder weltlichen Macht aber sei, als dem Naturrecht zuwiderlaufend, auszuschließen. [...]

Im Jahre 1542 erreichten Las Casas und seine Mitstreiter, daß Karl V. die sogenannten „Leyes Nuevas" zum Schutze der Indianer erließ; darin wurde die Weiterführung des „Repartimiento-Systems" untersagt, und die lokalen Gerichtshöfe in Übersee, die „Audiencias", wurden angewiesen, die menschenwürdige Behandlung bereits zur Zwangsarbeit verpflichteter Indianer zu sichern. Als die „Neuen Gesetze" jenseits des Atlantiks bekannt wurden, regte sich indessen unter Beamten, Grundbesitzern und selbst beim Klerus derartiger Widerstand, daß Karl V. sich drei Jahre später veranlaßt sah, jene wichtige Bestimmung des Gesetzespaketes, welche sich gegen die Schaffung neuer Repartimientos gewandt hatte, zu widerrufen.

Zu diesem Zeitpunkt war das Schicksal der Tainos auf Hispaniola bereits besiegelt. [...]

Der deutsche Aufklärer Georg Christoph Lichtenberg hat diese traurige Tatsache wohl am prägnantesten formuliert, als er schrieb: „Der Amerikaner, der Kolumbus zuerst entdeckte, machte eine böse Entdeckung."

Antonio de Ayanz

Die Silberminen von Potosí; oder Die Gnade, für Zwangsarbeit zahlen zu dürfen

In der ganzen Welt sind die großen Silberschätze bekannt, die aus diesem Reich Peru, vor allem aus dem Berg und den Silberminen von Potosí kommen. [...]

Aus den übrigen Bezirken oder Provinzen [des Landes] kommen alljährlich insgesamt 13 000 Indios, um in den Bergwerken zu arbeiten. Zwar erfüllen einige Orte ihre Verpflichtung, Arbeiter zu stellen, in voller Höhe, doch die meisten sind nicht in der Lage, die von ihnen geforderte Zahl von Arbeitskräften zu entsenden. [...]

1. Diese Indios nehmen normalerweise ihre Frauen und Kinder mit, so daß sich ihre Gesamtzahl auf über 7000 Seelen beläuft. Jeder Indio nimmt zudem mindestens 8–10 Lamas sowie einige Pacos oder Alpakas als Schlachttiere mit. Andere, die mehr Besitz haben, nehmen 30–40 Lamas mit, auf denen sie Nahrungsmittel, Kochgerät sowie die groben Wolldecken transportieren, mit denen sie sich zudecken und vor der Kälte schützen, denn sie schlafen immer im Freien. [...]

So machen sich diese Indios mit all ihrer beweglichen Habe auf den Weg nach Potosí, und für die Strecke von etwa 100 Meilen brauchen sie normalerweise zwei Monate, denn sie können das Vieh nicht zu größerer Eile antreiben. Auf dem ganzen Hinweg und auch auf dem Rückweg in ihre Dörfer verpflegen sie sich auf eigene Kosten, ohne daß sie für diesen beträchtlichen Aufwand irgendeine Entschädigung erhalten.

2. Sie lassen ihren Heimatort, ihre Herden und Äcker schutzlos zurück. Auch wenn einige das wenige, was sie zurücklassen, ihren Verwandten anvertrauen und tatsächlich zurückkehren, finden sie ihren Besitz so verwahrlost und schlecht geführt vor, daß sie es für besser halten, überhaupt nicht mehr heimzukommen, weil sie aus Erfahrung wissen, daß nur neue Not und Mühsal auf sie zukommen.

3. Bei der Trennung spielen sich zwischen den Dorfbewohnern bewegende und traurige Szenen ab, wie bei Leuten, die gegen ihren Wunsch ihre Heimat verlassen und sich in offenkundige Lebensgefahr begeben [...] und die aus gutem Grund befürchten müssen, darin umzukommen. [...]

4. Wenn alle diese Leute in Potosí angekommen sind, wird ihre Zahl überprüft, und wenn einer fehlt oder wenn von denen, die die Provinz verlassen haben, 100 oder 200 Indios in die Täler geflohen sind, die zu beiden Seiten des Weges liegen, wird ein Justizbeamter auf Tagegeld von Potosí ausgesandt, um Ersatz für die Fehlenden [...] aus ihrer Provinz zu holen. Da aber nie nach denen gesucht wird, die in die Täler geflohen sind, und da so wenige aus Potosí zurückkehren, hat die Bevölkerung immer mehr abgenommen. [...]

5. Wenn die Indios sich in ihren Pfarrgemeinden niedergelassen haben, werden sie zur Arbeit in den Bergwerken gezwungen; diejenigen, die diese Zwangsarbeit verrichten, werden Indios Cédulas genannt. Wenn ein Spanier oder Minero [Grubenverwalter] eine Cédula [meist eine königliche Verfügung, eine bestimmte Anzahl Zwangsarbeiter zu rekrutieren] für 10 oder 20 Indios erhält, geht er zu ihren Unterkünften und holt sie mit roher Gewalt unter Peitschenhieben und Mißhandlungen heraus, wenn sie sich nicht so beeilen, wie er es wünscht. Wenn der zum Anführer ernannte Indio ihm nicht die volle auf der Cédula genannte Anzahl von Indios bereitstellt, wird er oft geohrfeigt und mißhandelt, bis die volle Zahl erreicht ist. Wenn der Minero seine Indios soweit gebracht hat, daß sie in das Bergwerk einfahren und das Metall abbauen, und wenn sie ihm dann nicht genug herausholen, bekommen sie solche Peitschenhiebe und Fußtritte, daß viele behaupten, die Peitschenhiebe auf den Galeeren seien weniger schlimm. Dabei kann der arme Indio oft gar nicht mehr, denn die Mine ist sehr tief, die schweren Lasten erschöpfen seine Kräfte, und er muß befürchten, zu stürzen und zu Tode zu kommen. Da das Metall sehr hart ist und der Arbeiter mit der Brechstange nur sehr wenig fördern kann, fürchten die Indios diese harte und schwere Arbeit sehr, zumal es oft vorgekommen ist und immer noch geschieht, daß die Spanier die Indios mit Tritten und Peitschenhieben zu Tode schinden.

6. Der Lohn, den sie als Entschädigung wöchentlich erhalten, beträgt 2½ Pesos heutiger Währung, was 20 Realen entspricht. Um ermessen zu können, in welch schlimme und elende Lage sie durch einen solchen Hungerlohn versetzt werden, soll hier gesagt werden, wieviel sie bei größter Einschränkung zum Leben ausgeben müssen. [...]
Es ergibt sich so ein Gesamtbetrag von 28½ Pesos; nicht eingerechnet sind dabei die Ausgaben für Kochgeschirr, für die Decken, die bei der Arbeit im Bergwerk schadhaft werden, für Kleidung, für die jährliche Steuer von 30 Pesos

heutiger Währung sowie die Ausgaben für Essen und Kleidung von Frau und Kindern, die mindestens genauso hoch sind wie für den Indio selbst. Zu all diesem kommt noch, daß der Minero ihm oft nicht den vollen Lohn zahlt, weil er angeblich seine Arbeit nicht im vollen Umfang erledigt hat, so daß der arme Indio im Monat nur so viel bekommt, wie er für seine eigene Person ausgibt. Mit Steuern und Ausgaben für Kleidung wären dies mehr als 32 Pesos, wozu dann noch Essen und Kleidung für die Familie kommen, was über 60 Pesos ergibt. Der Lohn dagegen, den er ausbezahlt bekommt, beträgt oft nur 11½ Pesos. [...]

7. Neben den obengenannten Verlusten, der Strenge und den Peitschenhieben der Mineros sowie den anderen bereits geschilderten elenden Lebensumständen fürchten die Indios vor allem die große Lebensgefahr, in die sie sich beim Einfahren in die Gruben begeben. Diese sind nämlich sehr tief und das Ein- und Ausfahren wegen der häufigen Erdrutsche und des Steinschlags äußerst gefährlich; viele sind durch herabfallendes Gestein schon übel zugerichtet oder gar getötet worden. Manche rutschen auch auf den aus Lederriemen gefertigten Leitern aus, und wenn einem Vorausgehenden etwas aus der Hand fällt oder er durch irgendein Mißgeschick ausgleitet, verletzt oder tötet er die hinter ihm Gehenden. So werden jede Woche mindestens sieben oder acht Bergarbeiter verletzt, erleiden Bein-, Arm- oder Schädelbrüche oder Verletzungen am ganzen Körper. Alle zwei Wochen werden ein bis zwei tödliche Unfälle bekannt, ganz abgesehen von jenen Vermißten, die wohl zerschmettert am Grunde des Schachts liegen. Darüber hinaus gibt es oft Unfälle mit 30 oder 40 Toten, wenn ein Teil des Bergwerks einstürzt und die Arbeiter verschüttet. Manche werden bei lebendigem Leib begraben, und von benachbarten Stollen nimmt man ihnen mit lauten Rufen die Beichte ab. All diese Dinge müssen größtes Bedauern und Mitleid erwecken, und diejenigen, die sie erleiden, fürchten sie mehr als den Tod. Und so geschieht es, daß manche dieser unglücklichen Indios – Gott gebe es, es wären

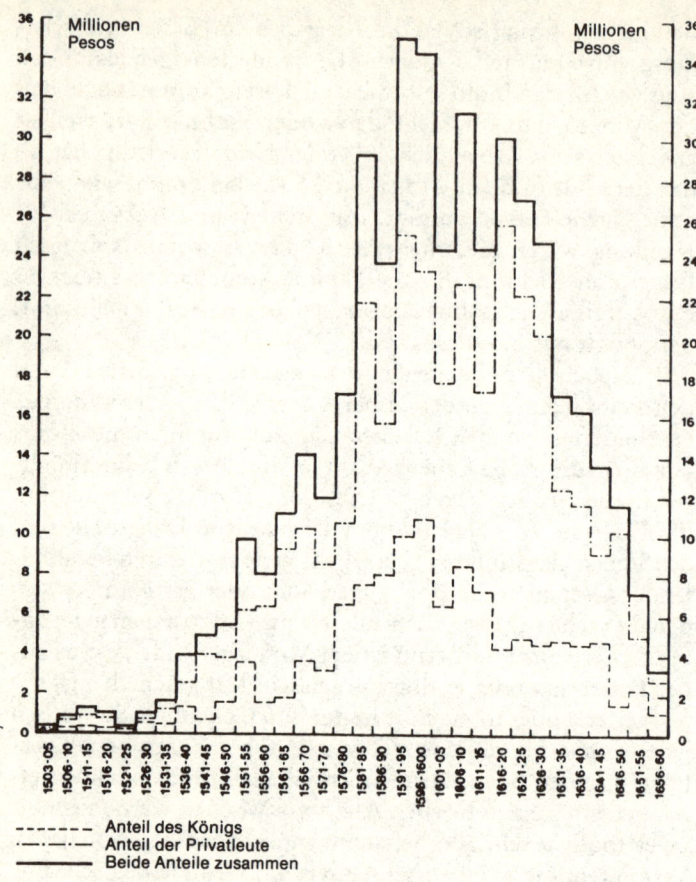

Gesamtedelmetallimporte Spaniens (1503–1660)
in Zeitabschnitten von 5 Jahren (Hamilton)

nicht so viele – unter dem Druck der erfahrenen Mühsale, bei denen sie so viel von ihrer Habe verloren und nur die anderen bereichert haben, aus Furcht vor der Gewalttätigkeit und Härte der ihre Arbeit beaufsichtigenden Mineros, angesichts der beständigen Lebensgefahr und vor Kummer darüber, daß sie ihre Heimat verlassen mußten, sich vom Teufel in falscher Hoffnung täuschen lassen, am Leben verzweifeln und sich erhängen. So hat es allein in einem Dorf dieser Provinz fast jedes Jahr einen Fall von Erhängen gegeben; doch das wird verschwiegen, und man versucht nicht mehr, solche Fälle bei Stellen vorzubringen, von denen man sich Abhilfe erhofft. [...]

Während bisher [der Rückkehr der Indios in ihre Heimatdörfer] keinerlei Beachtung geschenkt wurde, erscheint es zweckmäßig, hier anzugeben, wie viele zurückkehren, was sie von ihrem ursprünglich mitgeführten Besitz wieder zurückbringen und wieviel sie in Potosí verdient haben.

Auf Grund von gesicherten Aussagen und nicht nur von Vermutungen und Annahmen ist bekannt, daß [... weniger als die Hälfte der] Indios zurückkehren, während der Rest mit Frauen und Kindern, zusammen etwa 5000 Seelen, in Potosí bleibt oder in den Tälern abseits des Weges verschwindet. [...]

Von den mehr als 30 000 Stück Vieh, die sie mit sich geführt hatten, kommen weniger als 1000 oder gar 500 zurück, und die Indios kehren so arm und zerlumpt zurück, daß es Mitleid erregt, wie sie von Tür zu Tür und bei den Vorübergehenden um Almosen betteln. [...] Wenn ein Indio etwas Geld mit heimbringt, dann ist es keiner von denen, die gearbeitet haben, sondern einer, der angeschafft hat. Wenn man nun überschlägt, daß jeder dieser 2200 Indios 30 Pesos an Steuern an den König gezahlt hat, welch große Mengen an Silber die Mineros aus den Bergwerken abgebaut haben, wie reich sie durch die Arbeit der Indios geworden sind und wieviel sie davon als Quinto [Fünftel] an seine Majestät entrichtet haben; ferner, daß viele, denen 10 oder 20 Indios de Cédula zugeteilt wurden, pro Jahr an jedem Indio schätzungsweise 100 Pesos verdient haben; [wenn man zudem bedenkt,] daß die bedauernswerten Indios von ihrem Besitz mehr als 320 000 Pesos mitgebracht und völlig verbraucht haben, um sich ernähren, kleiden und die Steuern bezahlen zu können, und ohne einen Real oder Maravedí zurückkehren; daß diejenigen, die in die Täler fliehen oder in Potosí bleiben, ganz ohne Mittel dastehen, so ist aus dieser Rechnung nur der Schluß zu ziehen, daß sich alle anderen an ihnen bereichern und sie allein in der beschriebenen Weise verarmen.

Hartmut Heine

Die Indianer unter spanischer Herrschaft

Es schmälert nicht die herausragende Rolle des spanischen Volkes in der Erschließung und Besiedelung der Neuen Welt, wenn man darauf hinweist, daß die Voraussetzung für diese Leistung [...] keineswegs Folge einer langfristigen und planvollen Politik der spanischen Krone gewesen ist. Die vorbereitenden Entdeckungsreisen im nördlichen Atlantik und entlang der westafrikanischen Küste waren ausschließlich das Werk italienischer und portugiesischer Seefahrer, wie ja auch der Genuese Kolumbus von 1476 bis 1484 in portugiesischen Diensten gestanden hatte. Dem spanischen Hof fehlte es an einer Persönlichkeit, die, wie Heinrich der Seefahrer, bereit gewesen wäre, ihr politisches Gewicht für den Entdeckungsgedanken in die Waagschale zu werfen, und Hinweise auf die zukünftige imperiale Rolle der ‚Katholischen Könige‘ bezogen sich vor 1492 fast ausschließlich auf das Abendland und Nordafrika. Selbst nachdem Kolumbus nach seiner Rückkehr im Herbst 1492 den Hof von seinen Entdeckungen unterrichtet hatte, sollte sich diese Haltung nur sehr allmählich ändern. Dennoch war die Krone bemüht, diese Erwerbungen so rasch wie möglich vertraglich abzusichern. Nachdem Papst Alexander VI. bereits in seinen Bullen von Mai und September 1493 die Neue Welt in eine spanische und eine portugiesische Einflußsphäre geteilt hatte, kamen die beiden Mächte ein Jahr später im Vertrag von Tordesillas (7. Juni 1494) überein, den spanischen Entdeckungsraum entlang einer nordsüdlichen Demarkationslinie 370 Meilen westlich der Kapverden zu begrenzen.

Erst nachdem die Berichte des Kolumbus und anderer spanischer Seefahrer über die angeblich sagenhaften Schätze der Neuen Welt auf der Pyrenäenhalbinsel Verbreitung gefunden hatten, war ein rasch anwachsender Strom von Spaniern bereit, die Fahrt über den Atlantik zu wagen. Die erste spanische Niederlassung wurde auf Hispaniola (Haiti) gegründet und entwickelte sich seit 1508 zum Ausgangspunkt der weiteren Erforschung des Subkontinents. Weitere Niederlassungen entstanden in rascher Folge auf Puerto Rico, Jamaica und Kuba. Ihnen folgten die ersten Vorposten auf dem Festland, Darien, im heutigen Nikaragua gelegen, und Panama (1519). Der Zeitraum von 1519 bis 1540 umschloß die heroische Phase der ‚Conquista' Mittel- und Südamerikas. Ihre Protagonisten waren in erster Linie verarmte ‚Hidalgos', wie Hernán Cortés, die nachgeborenen Söhne des Landadels, aber auch Männer aus den unteren Volksschichten, wie Francisco Pizarro und Diego de Almagro. Erben der jahrhundertealten Tradition der Reconquista, waren ihre Beweggründe doch nur selten religiöser Natur, sondern entsprangen vorrangig dem Machthunger und der Begierde auf Besitz. Zur Durchsetzung ihrer Ziele waren sie bereit, große Entbehrungen zu erleiden, und ihre Fähigkeit, mit beschränkten Mitteln Unglaubliches zu leisten, erfüllt den Menschen der Neuzeit mit, wenn auch zuweilen widerwilliger, Hochachtung.

Noch bevor die Phase der Eroberung und Erforschung ganz abgeschlossen war, traf die Krone die nötigen Vorkehrungen, um zu verhindern, daß in Amerika eine neue Schicht übermächtiger Magnaten heranwachse. Bereits 1501 ernannte man den ersten Gouverneur von Hispaniola. Diego Colón dagegen, der Sohn des Entdeckers, der nach dessen Tod (1506) das Amt des Gouverneurs und später auch des Vize-königs geerbt hatte, sah sich zunehmend in seinen Befugnis-sen von Beamten der Krone eingeengt. Die wirkliche Ver-fügungsgewalt lag indessen in den Händen eines Mitgliedes des Kastilienrates, Juan Rodríguez de Fonseca, der seit 1493 am Hof als ‚de facto'-Minister für koloniale Fragen handelte. In seinem Todesjahr (1524) entstand mit dem [...] Indienrat eine Institution mit weitreichenden Kompetenzen bezüglich aller verwaltungstechnischen, rechtlichen und kirchlichen Angelegenheiten Spanisch-Amerikas.

Seine Vollzugsorgane auf dem Subkontinent waren einmal die ‚Audiencias' – die erste entstand 1511 auf Hispaniola, weitere sechs sollten bis 1549 folgen – und die Vizekönige. Im Unterschied zu den in Spanien bestehenden ‚Audiencias' be-saß ihr koloniales Gegenstück sowohl rechtsprechende wie auch verwaltende Funktionen. Ihre Vorsitzenden (‚Presi-dente') bekleideten, mit Ausnahme der ‚Audiencias' von Lima und Mexico, gewöhnlich auch das Amt des Gouver-neurs oder Landeshauptmanns. Sie dienten in erster Linie als Gegengewicht zu den Vizekönigen und stellten sicher, daß deren Eigenmächtigkeit bezüglich der Krone ein gewisses Maß nicht überschreite.

Die Umformung der eroberten Gebiete in Vizekönigreiche bedeutete zumindest theoretisch, daß diese Gliedstaaten der kastilischen Krone die gleiche rechtliche Stellung einnahmen wie z. B. Navarra oder Asturien, und hat daher zu der Be-hauptung geführt, die amerikanischen Besitzungen seien nie-mals richtige Kolonien gewesen. Die Teilung des riesigen, sich vom Mississippi bis nach Feuerland ausdehnenden Kolo-nialbesitzes in nur zwei Vizekönigreiche – Neu-Spanien (1535, Mexico) im Norden und Neu-Kastilien – oder Peru – (1542, Lima) im Süden – erwies sich trotz des Bestehens einer Vielzahl halbautonomer ‚Audiencias' bald als unzureichend.

Erst die Abtrennung der Vizekönigreiche Neu-Granada und La Plata sollte hier 1717 bzw. 1776 eine grundlegende Änderung erbringen. Obwohl die Ernennung und Amtszeit der fast ausnahmslos in Spanien geborenen Vizekönige ausschließlich der Entscheidung des Monarchen und des Indienrats unterlagen, gingen ihre Machtbefugnisse doch weit über die eines bloßen Vollzugsbeamten hinaus. Begünstigt durch die erheblichen Entfernungen zwischen ihrem Amtssitz und dem Mutterland – Botschaften des Monarchen an den Vizekönig von Peru erreichten Lima gewöhnlich erst nach acht Monaten –, handelten die Vizekönige häufig nach dem Grundsatz: „Obedezco pero no cumplo", d. h. „Ich gehorche, aber führe (die mir gegebenen Weisungen) nicht aus", und ignorierten die Verordnungen des Hofes oder paßten sie den örtlichen Gegebenheiten an.

Die Besiedelung Spanisch-Amerikas folgte in vielen Punkten den Praktiken der Kolonisierung der Kanarischen Inseln, die sich wiederum an den Erfahrungen der Reconquista orientiert hatte. Die von den Konquistadoren vorgenommene Landverteilung besaß, zumindest theoretisch, lediglich provisorischen Charakter und bedurfte zur rechtlichen Absicherung der Zustimmung der Krone. Dies ergab sich aus der Tatsache, daß es den ‚Katholischen Königen' frühzeitig gelungen war, ihr Besitzrecht auf alles Land und die darunterliegenden Bodenschätze durchzusetzen. Ausgenommen davon waren nur jene Ländereien, die zum Zeitpunkt der Eroberung von den Indianern bebaut wurden, eine Bestimmung, die jedoch in der Praxis häufig übergangen wurde.

Eine besondere Variante dieses ‚Repartimiento' (Verteilung) genannten Vorgangs ergab sich aus der Notwendigkeit, Arbeitskräfte zur Bebauung des Grundbesitzes zu finden. In den ersten Jahren nach der Eroberung waren die Siedler diesem Problem dadurch begegnet, daß sie die vorgefundenen Indianer einfach zur Arbeit zwangen. Die nächste Stufe dieser ‚de facto'-Versklavung der eingeborenen Bevölkerung erreichte man, als Kolumbus nach seiner zweiten Amerikafahrt etwa 500 Indianer in Spanien zum Verkauf anbot. Sofern man überhaupt bemüht war, diesem Vorgang einen legalen Anstrich zu geben, bediente man sich des schon auf den Kanarischen Inseln praktizierten ‚Requerimiento‘. Es bestand darin, den der Schrift unkundigen Eingeborenen vor Ausbruch der Feindseligkeiten ein Schreiben vorzulegen, in dem man ihnen freistellte, zwischen Unterwerfung und Taufe oder Versklavung zu wählen.

In dieser Lage war es die Kirche, oder zumindest einflußreiche Kreise innerhalb dieser Institution, die durch ihr Eingreifen eine lange Tradition christlicher Verantwortung gegenüber den Indianern begründete. Dem Rat hoher Geistlicher folgend, entschlossen sich die ‚Katholischen Könige‘ 1500, die Freiheit der indianischen Bevölkerung förmlich zu gewährleisten, und in den auf Drängen des Dominikanerordens erlassenen ‚Gesetzen von Burgos‘ (1512) unterstrich man die Verpflichtung jedes Christen, die Indianer vor Ausbeutung und Mißbrauch zu schützen. Freilich stand diese Gesetzgebung in scharfem Gegensatz zu den Interessen der spanischen Landbesitzer und der Krone. Man erklärte daher schon bald die Versklavung jener Indianer für zulässig, die sich ihrer Unterwerfung mit Gewalt widersetzt hatten, den Kannibalismus praktizierten oder durch Kauf erworben worden waren. Darüber hinaus forderte die Krone 1503 die Weißen auf, die Indianer zur Kontaktaufnahme mit ihren Besiegern zu zwingen und sie zur Arbeit anzuhalten. Damit hatte man die rechtlichen Grundlagen der ‚Encomienda‘ geschaffen, jenes Systems also, das schon während der Reconquista besonders durch die militärischen Orden angewendet worden war.

Zum Unterschied zu diesem Vorläufer handelte es sich bei dem Objekt, das hier in die ‚Obhut‘ oder ‚Encomienda‘ der Siedler gegeben wurde, jedoch nicht um Land, sondern um Menschen. Die Krone erkannte jedem ‚Encomendero‘ die Herrschaft über eine bestimmte Anzahl Indianer zu, welche als Entgelt für ihren Schutz und die ihnen angediehene zivilisatorische und missionarische Fürsorge zu Frondiensten verpflichtet waren. Die ‚Encomienda‘ ermöglichte somit eine planmäßige Bewirtschaftung des Bodens und die Ausbeutung der Bodenschätze und diente gleichzeitig als billiges und umfassendes Mittel zur Überwachung der Indianer.

Der einzige Teil der spanischen Gesellschaft, der auch weiterhin bereit war, sich wirklich für die Sache der Eingeborenen zu engagieren, waren die in der Neuen Welt tätigen Geistlichen. Besonders der als ‚Indianerapostel‘ bekanntgewordene Dominikanermönch Bartolomé de Las Casas erwarb sich auf diesem Gebiet große Verdienste. Die ersten Priester waren bereits anläßlich der zweiten Reise des Kolumbus in Amerika gelandet. Eine planmäßige missionarische Tätigkeit begann jedoch erst 1500 mit der Ankunft der Franziskaner, denen später Dominikaner und Angehörige anderer Bettelorden folgten. Die Gründung der ersten Bischofssitze erfolgte 1512 auf Santo Domingo und San Juan de Puerto Rico. Gleich dem ersten Bischof von Mexico, Juan de Zumárraga, beseelten die Mehrheit der Missionare die Ideen des Erasmus von Rotterdam und die ‚Utopia‘ des Thomas Morus, und die primitive Ackerbauerngesellschaft Mexicos erschien ihnen als ideale Grundlage für die Verwirklichung ihrer Vorstellungen von der vollkommenen christlichen Gemeinschaft. Mit bewundernswerter Energie widmeten sie sich der Aufgabe, Missionen und Kirchen zu errichten, die Indianer in Dorfgemeinschaften anzusiedeln und ihre zerstörte Kultur durch eine neue Zivilisation zu ersetzen.

Weit weniger erfolgreich waren indessen ihre Bemühungen, ihre indianischen Schützlinge vor den Übergriffen der Weißen zu bewahren. Sowohl die erwähnten ‚Gesetze von Burgos‘ wie auch die 1520 von Karl befohlene Aufhebung der ‚Encomienda‘ scheiterten am Widerstand der spanischen Grundbesitzer. Da es überdies den ‚Encomenderos‘ zunehmend gelang, jene Verordnung zu umgehen, derzufolge die ‚Encomienda‘ als persönliches Lehen nicht erbtümlich war, schien der Entstehung einer mächtigen und unabhängigen

Kaste von Magnaten nichts mehr im Weg zu stehen. Dies zu verhindern war die Absicht der sogenannten ‚Neuen Gesetze' von 1542, die jedoch infolge heftiger Widerstände in Peru und der Weigerung des Vizekönigs von Neu-Spanien, sie in seinem Amtsbereich anzuwenden, bereits drei Jahre später teilweise revidiert wurden. Trotz dieser Rückschläge hatte die ‚Encomienda' zu diesem Zeitpunkt jedoch bereits den Zenit ihrer Macht überschritten.

Die Ursache hierfür lag nicht so sehr bei den diesbezüglichen Bestrebungen der Krone, sondern vor allem in dem ungeheueren Massensterben der indianischen Bevölkerung im Laufe des 16. Jahrhunderts. Infolge Hunger, Entbehrung und der Anfälligkeit der Eingeborenen für relativ harmlose Krankheiten wie Masern, Typhus und Pocken vollzog sich in wenigen Jahrzehnten eine weitgehende Entvölkerung ursprünglich dicht besiedelter Gebiete Mexicos und des peruanischen Hochlandes. Jüngste Studien haben ergeben, daß die Bevölkerung Neu-Spaniens, eines Gebietes also, das sich von Südkalifornien bis zum heutigen Nikaragua ausdehnte, von 1519 bis 1605 von etwa 25 Millionen auf etwas über eine Million fiel. Damit war die nahezu unbegrenzte Verfügbarkeit eingeborener Arbeitskräfte, und somit die Existenzgrundlage der ‚Encomienda', nicht mehr gegeben.

Thomas Harriot

Tödlicher Kontakt: Die numinosen Krankheiten der Weißen

Bevor ich ende, möchte ich unter Auslassung anderer ähnlicher Ereignisse noch über ein ungewöhnliches und eigenartiges Begebnis berichten, das alle Einwohner des Landes, die uns kannten oder von uns gehört hatten, zu einer außerordentlichen Verehrung für uns veranlaßte.

Es gab keinen Ort, in dem man nicht irgendwelche heimtückischen Pläne gegen uns ausheckte. Wir sahen indessen von einer Bestrafung oder Rache ab (denn wir wollten die Bewohner um jeden Preis durch Freundlichkeit gewinnen). Jeweils wenige Tage nachdem wir diese Orte verlassen hatten, begannen dort viele Leute sehr rasch, oft in allerkürzester Zeit, zu sterben – mancherorts gegen zwanzig oder vierzig und einmal gar hundertzwanzig, was angesichts ihrer Zahl sehr viel war. Solche Vorkommnisse gab es unseres Wissens nirgends sonst, nur dort, wo wir uns aufgehalten und die Bewohner irgend etwas gegen uns unternommen hatten; auch traten die Ereignisse immer nach derselben Zeitspanne ein. Die Erkrankung war derart ungewöhnlich, daß man nicht herausfand, worum es sich handelte [vermutlich Masern oder Pocken] und wie man sie heilen könnte. Nach den Aussagen der ältesten Einwohner des Landes war seit Menschengedenken nie so etwas geschehen. Diese Feststellung wurde besonders von uns, aber auch von den Einwohnern selbst gemacht. So beobachteten einige der mit uns befreundeten Einheimischen, insbesondere die Wiroan-Indianer, in vier oder fünf Orten nach den gegen uns gerichteten Machenschaften die besagten Vorfälle und gelangten zur Überzeugung, die Erkrankungen seien das Werk unseres Gottes und wir seine Instrumente; sie dachten, wir könnten mit seiner Hilfe ohne Waffen jeden töten und umbringen, ohne ihm nahe zu kommen. Als sie dann erfuhren, daß manche ihrer Feinde uns auf der Reise bedroht und wir uns nicht mit Waffengewalt gerächt hatten, und weil sie aus irgendeinem Grunde fürchteten, wir würden weiterhin niemanden bestrafen, kamen sie mit der Bitte zu uns, wir sollten mit der Hilfe unseres Gottes alle, die uns schlecht behandelt hatten, auf dieselbe Weise sterben lassen; dazu erklärten sie, wie sehr dies uns und auch ihnen zu Ehre und Nutzen gereichen würde, und drückten außerdem die Hoffnung aus, wir möchten ihrem Ersuchen im Namen der von uns versicherten Freundschaft stattgeben.

Wir erwiderten ihnen aber, ihr Anliegen sei gottlos, und versicherten, unser Gott würde solche Gebete und Bitten der Menschen nicht erhören; tatsächlich geschehe immer alles nach seinem Belieben, so wie er es anordne. Um uns als getreue Knechte unseres Gottes zu erweisen, müßten wir ihn eher um das Gegenteil von dem bitten, was sie wünschten. [...]

Dieses erstaunliche Begebnis führte im ganzen Lande zu so seltsamen Meinungen über uns, daß manche Leute nicht wußten, ob sie uns für Götter oder für Menschen halten sollten. Dies um so mehr, als sie während der ganzen Dauer der unerklärlichen Erkrankungen von keinem Todesfall und von keiner besonderen Krankheit unter unseren Leuten hörten. Sie bemerkten auch, daß wir keine Frauen bei uns hatten und uns nicht für die ihrigen interessierten. Manche nahmen darum an, wir seien nicht von Frauen geboren (und infolgedessen nicht sterblich), sondern als Angehörige eines uralten Stammes zur Unsterblichkeit wiedererstanden.

Andere prophezeiten, es würden noch mehr Mitglieder unseres Stammes erscheinen und noch mehr der ihrigen töten, um dann ihre Plätze einzunehmen, denn sie dachten, das sei der Zweck des bereits Geschehenen. Sie stellten sich vor, unsere unmittelbaren Nachfolger würden in der Luft schweben, unsichtbar und körperlos, und auf unser Ersuchen und aus Liebe zu uns die Leute so sterben lassen, wie es eingetreten war – indem sie unsichtbare Kugeln in sie schössen.

Urs Bitterli

Fast gleichberechtigte Partner: Der Landerwerb der Quäker

Im Unterschied zu den anderen englischen Kolonisatoren in Nordamerika hatte William Penn, als er im Oktober 1682 an der Delaware Bay eintraf, bestimmte Vorstellungen darüber, wie das Verhältnis zwischen Siedlern und Indianern zu regeln sei. Wir haben bereits, vorgreifend, die günstige Beurteilung der Lenni Lenape in Penns Indianerbericht aus dem Jahre 1683 zitiert. Doch schon aus dem Jahre 1681 verfügen wir über zwei Dokumente, die beweisen, daß der Quäker gewillt war, die Toleranz, welche der „Frame of Government" zusichert, auch auf die Indianer zu erstrecken. In einer ‚Rede an die Indianer' vom 18. Oktober 1681, welche Penn seinen ihm vorausreisenden Beauftragten zur Verlesung vor den Küstenbewohnern mitgab, heißt es gleich zu Beginn: „Meine Freunde! Es gibt einen großen allmächtigen Gott, der die Erde gemacht hat und alles, was in ihr ist, und dem Ihr und ich und alle Völker ihr Dasein und ihr Gedeihen danken und eines Tages Rechenschaft schuldig sind über alles, was wir in dieser Welt getan haben; dieser große Gott hat sein Gesetz in unsere Herzen geschrieben, das uns lehrt und anweist, einander zu lieben." Es habe diesem großen Gott gefallen, fährt Penn fort, ihm durch den Willen des Königs von England diesen Teil des nordamerikanischen Territoriums zu übertragen, und er, William Penn, wünsche, sich dessen zu erfreuen „mit der Liebe und dem Einverständnis" der Indianer, mit denen zusammen er als Nachbar und Freund zu leben gedenke. Penn versichert ferner, daß er, im Unterschied zu anderen Kolonisten in der Neuen Welt, nicht beabsichtige, auf Kosten der Urbevölkerung seinen eigenen Vorteil zu suchen, und daß seine Glaubensfreunde, die ihn begleiteten, genau so dächten wie er. In einem zweiten Text, der konkrete Instruktionen an seine Beauftragten insbesondere mit Bezug auf die zu gründende Hauptstadt „Philadelphia" enthält, wird ebenfalls zu liebevollem Verständnis für die Indianer geraten, deren Wohl man ebensosehr im Auge behalten müsse wie das eigene Interesse.

In diesen beiden frühen Dokumenten ist Penns Konzept der europäisch-indianischen Beziehung, auch dessen Widersprüchlichkeit, in nuce angelegt. Der Unterschied zwischen Penns ‚Rede an die Indianer' und dem ‚Requerimiento' des spanischen Kronjuristen Palacios Rubios, jenem mahnenden Aufruf, den die Konquistadoren den Indianern Mittel- und Südamerikas vorzulesen pflegten, ist offensichtlich. Das ‚Requerimiento' verkündete die Schenkung überseeischen Territoriums durch den Papst an die spanischen Könige, forderte die Unterwerfung der Indianer und ihren Übertritt zum Christentum und sah für den Fall der Weigerung kriegerische Unterjochung und Zwangsarbeit vor. Die anthropologischen Vorstellungen der Spanier hielten sich an das aristotelische Schema einer naturbedingten Unterteilung der Weltbevölkerung in Herrschende und Diener, Zivilisierte und Barbaren. William Penn ging, in deutlicher Anlehnung an George Fox, den Gründer der „Society of Friends", davon aus, daß alle Menschen gleicherweise als Geschöpfe Gottes zu betrachten waren und folglich, unabhängig von ihren religiösen Auffassungen und Kulten, als befähigt gelten konnten, die göttliche Stimme, „the Christ within", zu vernehmen. [...] Diese Sicht der Dinge führte dazu, daß der Missionsgedanke bei Puritanern wie Quäkern einen völlig anderen Stellenwert erhielt als in der katholischen Kolonialismusdoktrin des 16. Jahrhunderts. Die Frage, ob der Überseebewohner bekehrt war oder nicht, berührte nach englischer Auffassung dessen Status als koloniales Subjekt nicht, und folgerichtig kam es auch in der Diskussion darüber, ob diese Bekehrung durch Zwang, milde Einflußnahme oder überhaupt nicht herbeigeführt werden solle, zu keinerlei erregten Auseinandersetzungen. [...]

Dem fraglos aufrichtig gemeinten Wunsch nach dem Aufbau friedfertiger, ja freundschaftlicher Beziehungen zu den

Indianern, wie er uns in Penns frühen Äußerungen zur Koloniegründung entgegentritt, entspricht, nicht minder gewichtig, die Hoffnung, es möge gelingen, das Wohl der andern mit dem eigenen Interesse zu verbinden. Um dies zu erreichen, ging William Penn mit der äußersten Umsicht vor. Die Landabtretungsverträge, welche der Eigentümer der Kolonie oder seine Bevollmächtigten abschlossen, entsprachen genau den damals in England üblichen formaljuristischen Kriterien und gaben den Lenni Lenape jede Gewißheit, als ebenbürtige Partner behandelt sowie angemessen und zufriedenstellend bezahlt zu werden; auch legten die Quäker Wert darauf, daß die Indianer über Inhalt und Tragweite der Verträge eingehend aufgeklärt wurden und der Abschluß ohne Überredung und Druck, aber auch ohne Beizug alkoholischer Getränke vorgenommen wurde. Die Verträge wurden von den verantwortlichen Vertretern beider Parteien unterschriftlich oder durch ein Zeichen beglaubigt, der Verlauf wichtiger Besprechungen wurde in Memoranden festgehalten, der Empfang des Gegenwerts in Form von Wampumschnüren und Waren wurde von den Indianern quittiert.

William Penn bemühte sich, Mißbräuche, wie sie bisher im Verkehr zwischen Engländern und Indianern an der Ostküste zutage getreten waren, zu vermeiden. So ließ er bereits im Frühling 1682 die Abgabe von Alkohol an die Indianer verbieten und verzichtete damit auf eine effiziente, allgemein wahrgenommene Beeinflussungsmöglichkeit, weil er deren korrumpierende Auswirkungen erkannte. Wie bereits erwähnt, ging William Penn mit seinen Landabtretungsverträgen über die Bestimmungen der „Charter" hinaus, die keinen indianischen Rechtstitel anerkannten; auch kam es vor, daß er Landstücke, die von den Indianern bereits einmal an andere Siedler, die ihren Besitz umständehalber nicht hatten antreten oder bewahren können, verkauft worden waren, erneut erwarb, um die Rechtslage klarzustellen. Es wurde auch vorgesehen, daß die abgeschlossenen Verträge regelmäßig wieder verlesen und dadurch erneuert wurden, eine Abmachung, welche der Bedeutung oraler Tradition bei den Indianern geschickt Rechnung trug und, wie sich zeigen sollte, eine Tradition des freundnachbarlichen Umgangs entstehen ließ. [...]

Trotz solcher Rücksichtnahme ließen sich Unklarheiten, die später zur Belastung des europäisch-indianischen Verhältnisses beitragen sollten, nicht vermeiden. So verfügten die Vertragspartner in der Regel über zu geringe topographische Kenntnisse, um sich vom Umfang und dem Wert der abzutretenden Gebiete eine präzise Vorstellung zu machen. Man orientierte sich an Merkpunkten in der Landschaft wie hochgewachsenen Bäumen oder Felsformationen, und die Distanzangaben, besonders in westlicher Richtung landeinwärts, waren oft ungenau. Eine weitere Schwierigkeit entsprang der Tatsache, daß die Quäker über die Gesellschaftsstruktur der Lenni Lenape lange Zeit zu wenig Bescheid wußten. So konnte es geschehen, daß Verträge mit indianischen Persönlichkeiten abgeschlossen wurden, die von ihrer ethnischen Gruppe nicht dazu autorisiert worden waren, und es bildete sich unter den Bevollmächtigten der Quäker die Tendenz heraus, im verkaufswilligen Partner jeweils auch den zuständigen Partner zu sehen.

Besonders schwer wog indessen der Umstand, daß sich die Indianer, denen europäische Besitzvorstellungen fremd waren und die ihren Wohnsitz häufig wechselten, nie völlig mit dem endgültigen Charakter der Landabtretungsverträge abfinden konnten. Es darf zu William Penns Gunsten gesagt werden, daß er, im Unterschied zu anderen Koloniegründern, die arglistig vom „Recht auf Landnutzung" sprachen, aber Landabtretung meinten, den Indianern immer offen darlegte, worum es ihm ging; auch vertrieb er die Urbevölkerung nie aus ihren Siedlungen, sondern suchte nach vertretbaren Übergangslösungen. Doch auch William Penn hat nicht völlig begriffen, welchen grundsätzlichen Wandel der europäisch-indianischen Beziehung das neue Faktum des kolonialen Landerwerbs einleitete. Er glaubte, weiterhin nach den Prinzipien der Gegenseitigkeit, des „Do-ut-des", verfahren zu können, die bisher den weitgehend konfliktfreien Stil der Pelzhandelstätigkeit an der Ostküste bestimmt hatten, und er hoffte, den Landerwerb in die bisher geübte Praxis integrieren zu können, indem er liberaler, ehrlicher und einsichtiger als andere verfuhr. Sein christlicher Paternalismus vermochte zwar über einen Zeitraum von fast sechzig Jahren hinweg – ein fast einmaliger Fall in der Geschichte der Kulturkontakte – die Illusion harmonischer Beziehungen aufrechtzuerhalten, verkannte aber die Bedeutung dieses historischen Vorgangs. Penns Aufgabe, wie er sie vor Gott und der Geschichte verstand, war es, seinen Glaubensfreunden und anderen bedrängten konfessionellen Minderheiten eine neue Heimstatt jenseits des Atlantiks zu schaffen, und der Erfolg dieser Unternehmung maß sich primär an der Zahl derjenigen, denen es gelang, am Delaware-Fluß eine bessere Existenz aufzubauen. Neben dieser Hauptaufgabe trat das Postulat einer auf die Liebe zu Gott und zum Nächsten gegründeten Kulturbeziehung, so wichtig es im Kontext quäkerischer Weltanschauungen auch war, zurück. Nie ist denn auch Penn und seinen Nachfolgern, als der Andrang von Siedlern alle Erwartungen weit übertraf, der Gedanke gekommen, man müßte diese Zuwanderung mit Rücksicht auf die bedrohten Indianer drosseln; denn damit hätte man die leitende Idee dieser Koloniegründung, die von der Toleranz gegenüber dem verfolgten Mitchristen ausging, verleugnet. [...] Mit jedem europäischen Einwanderer jedoch, der für sich und seine Familie in Pennsylvania die Chance eines Neubeginns wahrnahm, verringerte sich die Chance des indianischen Urbewohners. Diese fatale Entwicklung war durch die fraglos aufrichtige und zu ihrer Zeit ungewöhnliche philanthropische Sensibilität der „Society of Friends" weder zu verhindern noch auf die Dauer in eine für den Indianer akzeptable Richtung zu lenken.

Chief Seattle

„Die Nacht der Indianer verspricht finster zu werden"

Der Himmel dort hat ungezählte Jahrhunderte lang Tränen des Mitleids über mein Volk vergossen, und das, was uns unwandelbar und ewig erscheint, mag sich verändern. Der heutige Tag ist schön. Doch der morgige mag von Wolken verhangen sein. Meine Worte jedoch sind wie die Sterne: Sie verändern sich nie. Was immer Seattle sagt, der Große Häuptling in Washington kann sich mit der gleichen Sicherheit darauf verlassen, wie auf die Wiederkehr der Sonne oder der Jahreszeiten. Der weiße Häuptling sagt, daß der Große Häuptling in Washington uns Grüße der Freundschaft und des Wohlwollens sendet. Das ist eine freundliche Geste, denn wir wissen, daß er unserer Freundschaft nur wenig bedarf. Sein Volk ist zahlreich. Es ist wie das Gras, das die weiten Prärien bedeckt. Mein Volk ist klein. Es gleicht den verstreuten Bäumen einer sturmgepeitschten Ebene. Der große – und wie ich annehme – gute weiße Häuptling läßt uns wissen, daß er unser Land zu kaufen wünscht, doch bereit ist, uns genug zu belassen, damit wir ein angenehmes Leben führen können. Das erscheint in der Tat gerecht, ja großzügig, denn der rote Mann besitzt keine Rechte mehr, die der Häuptling in Washington respektieren müßte, und sein Angebot mag sogar weise sein, da wir nicht länger eines großen Landes bedürfen.

Es gab eine Zeit, da unser Volk das Land bedeckte, wie die Wellen eines im Winde wogenden Meeres den muschelgepflasterten Grund bedecken, doch jene Zeit ist vor langem dahingegangen zusammen mit der Größe von Stämmen, deren wir heute nur noch in Trauer gedenken. Ich will nicht verweilen bei unserem unzeitigen Niedergang, noch ihn beklagen, noch unsere Brüder, die Bleichgesichter, tadeln, sie hätten ihn beschleunigt, denn auch bei uns liegt ein kleiner Teil von Schuld.

Die Jugend ist unbeherrscht. Wenn unsere jungen Männer

in Zorn geraten wegen eines echten oder vermeintlichen Unrechts und ihr Gesicht mit schwarzer Farbe entstellen, dann bedeutet das, daß ihre Herzen schwarz und sie selber oft grausam und unbarmherzig sind und unsere alten Männer, unsere alten Frauen nicht in der Lage, sie zurückzuhalten. So ist es immer schon gewesen. So war es, als der weiße Mann begann, unsere Vorväter nach Westen abzudrängen. Doch laßt uns hoffen, daß die Feindseligkeiten zwischen uns nie mehr wiederkehren. Wir hätten alles zu verlieren und nichts zu gewinnen. Rache gilt der Jugend als Gewinn, selbst wenn sie ihr Leben kostet, doch alte Männer, die in Zeiten des Krieges zu Hause bleiben, und Mütter, die Söhne zu verlieren haben, wissen es besser.

Unser guter Vater in Washington – und ich denke, er ist jetzt sowohl unser Vater wie der eure, seit König Georg seine Grenzen weiter nach Norden verschoben hat –, unser großer und guter Vater, sage ich, läßt uns wissen, daß er uns beschützen wird, so wir tun, was er verlangt. Seine tapferen Krieger werden für uns eine waffenstarrende Mauer der Stärke bilden, und seine herrlichen Kriegsschiffe werden unsere Häfen füllen, so daß unsere alten Feinde im Norden – die Haida und die Tsimshian – aufhören werden, unsere Frauen, Kinder und alten Männer zu erschrecken. Dann wird er tatsächlich unser Vater sein und wir seine Kinder. Doch hat das ewig Bestand? Euer Gott ist nicht unser Gott! Euer Gott liebt euer Volk und haßt das meine. Er legt seinen starken, schützenden Arm voller Liebe um das Bleichgesicht und führt es an der Hand, wie ein Vater seinen Sohn führt. Uns jedoch, seine roten Kinder, hat er im Stich gelassen – falls wir wirklich seine Kinder sind. Unser Gott, der Große Geist, scheint uns ebenfalls im Stich gelassen zu haben. Euer Gott läßt euer Volk mit jedem Tag stärker werden. Bald werden sie das ganze Land füllen. Unser Volk schwindet dahin, wie eine rasch zurückweichende Flut, die nie mehr wiederkehren wird. Der Gott des weißen Mannes kann unser Volk nicht lieben, oder er würde es beschützen. Wir scheinen Waisen zu sein, die nirgendwo um Hilfe nachsuchen können. Wie also können wir Brüder sein? Wie kann euer Gott unser Gott werden und unseren Wohlstand erneuern und in uns Träume wiederkehrender Größe erwecken? Falls wir einen gemeinsamen himmlischen Vater haben, so ist er parteiisch – denn er kam zu seinen bleichgesichtigen Kindern. Wir haben ihn nie gesehen. Euch gab er Gesetze; für uns jedoch, seine roten Kinder, deren gewaltige Zahl einst diesen riesigen Kontinent bevölkerte, wie Sterne den Himmel bevölkern, hatte er keine Botschaft. Nein! Wir sind zwei verschiedene Rassen, haben unterschiedlichen Ursprung und ein unterschiedliches Schicksal. Es gibt nur wenig Gemeinsames zwischen uns.

Uns ist die Asche unserer Vorfahren heilig, und ihr Ruheplatz ist ein geheiligter Grund. Ihr aber wandert entfernt von den Gräbern eurer Vorfahren und tut dies scheinbar ohne Bedauern. Eure Religion wurde mit dem eisernen Finger eures Gottes auf steinerne Tafeln geschrieben, auf daß ihr nicht vergesset. Der rote Mann konnte sie nie begreifen, noch sie im Gedächtnis behalten. Unsere Religion sind die Traditionen unserer Vorfahren – die Träume unserer alten Männer, die ihnen der Große Geist in den erhabenen Stunden der Nacht gab, und die Visionen unserer Häuptlinge –, und sie ist in die Herzen unseres Volkes geschrieben.

Eure Toten hören auf, euch zu lieben und das Land ihrer Geburt, sobald sie die Pforten des Grabes hinter sich lassen und nach weit jenseits der Sterne ziehen. Sie sind schnell vergessen und kehren nie zurück. Unsere Toten vergessen die schöne Welt, die ihnen das Leben gab, dagegen nie. Sie lieben immer noch ihre grünen Auen, ihre murmelnden Flüsse, ihre herrlichen Berge, entlegenen Täler, grünen baumgesäumten Seen und Buchten, sehnen sich immer noch in zärtlicher, inniger Zuneigung nach den Lebenden, deren Herzen so einsam, und kehren oft von den ewigen Jagdgründen zurück, sie zu besuchen, zu leiten, zu trösten und ihnen Mut zuzusprechen.

Tag und Nacht können nicht unter einem Dache wohnen.

So wie der Morgennebel vor der Morgensonne flieht, so ist der rote Mann seit je vor dem Herannahen des weißen Mannes geflohen.

Euer Vorschlag jedoch scheint gerecht, und ich denke, mein Volk wird ihn annehmen und sich in das Reservat zurückziehen, das ihr ihm anbietet. Dann werden wir in Frieden leben, denn die Worte des großen weißen Häuptlings gleichen den Worten der Natur, die aus dichter Dunkelheit zu ihm spricht.

Es ist kaum von Bedeutung, wo wir den Rest unserer Tage verbringen. Es werden nicht viele sein. Die Nacht der Indianer verspricht finster zu werden. Auch nicht ein einziger Hoffnungsstern schwebt über seinem Horizont. Winde, ihre Stimmen voller Trauer, klagen in der Ferne. Ein grimmiges Schicksal scheint dem roten Mann auf der Fährte, und wo er auch hingeht, wird er den heranrückenden Schritt des gnadenlosen Zerstörers vernehmen, wird bereit sein, seinem Untergang mit Gleichmut zu begegnen, so wie es das verwundete Wild ist, wenn es den heranrückenden Schritt des Jägers vernimmt.

Ein paar Monde noch. Ein paar Winter – und auch nicht einer der Nachfahren der mächtigen Völkerscharen, die einst, vom Großen Geist beschützt, über dieses weite Land zogen und glücklich in ihrer Heimat wohnten, nicht einer wird bleiben, um über den Gräbern eines Volkes zu trauern, das ehedem mächtiger und hoffnungsvoller war als das eure. Doch warum sollte ich das unzeitige Schicksal meines Volkes beklagen? Stamm folgt auf Stamm, und Volk auf Volk, wie die Wellen des Meeres. Dies ist die Ordnung der Natur, und Bedauern ist zwecklos. Die Zeit eures Niedergangs mag noch in weiter Ferne liegen, doch sie wird gewiß kommen, denn selbst der weiße Mann, dessen Gott mit ihm wandelte und zu ihm sprach wie ein Freund mit dem Freunde, kann vom gewöhnlichen Schicksal nicht ausgenommen sein. So mögen wir schließlich doch Brüder sein. Wir werden sehen.

Wir werden euren Vorschlag erwägen und euch Nachricht

geben, wenn wir einen Entschluß gefaßt haben. Sollten wir ihn jedoch akzeptieren, dann lege ich hier und heute als Bedingung fest, daß uns das Recht nicht verwehrt sein darf, jederzeit und ohne jede Belästigung die Gräber unserer Vorfahren, Freunde und Kinder zu besuchen. Jeder Teil dieses Bodens ist heilig nach dem Glauben meines Volkes. Jeder Hang, jedes Tal, jede Ebene, jeder Hain wurde geweiht durch irgendein trauriges oder glückliches Ereignis in lang vergangenen Tagen. Selbst die Felsen entlang dieser schweigenden Küste, die stumm und tot zu sein scheinen, während sie in der Sonne kochen, erschauern vor Erinnerungen an bewegte Zeiten aus dem Leben meines Volkes, und selbst der Staub, auf dem ihr jetzt steht, antwortet unseren Schritten liebevoller als euren, denn er ist voll des Blutes unserer Vorfahren, und unsere nackten Füße spüren diese mitfühlende Berührung. Unsere toten Krieger, liebevollen Mütter, unsere heiteren und glücklichen Mädchen, ja sogar unsere kleinen Kinder, die für kurze Zeit nur hier lebten und hier sich erfreuten, werden diese düstere Abgeschiedenheit lieben, und zur Abendzeit begrüßen sie die schattenhaften Geister bei ihrer Rückkehr. Und wenn der letzte rote Mann gestorben und die Erinnerung an meinen Stamm unter den Weißen zur Legende geworden sein wird, werden diese Küsten dicht bevölkert sein mit den unsichtbaren Toten meines Stammes, und wenn eure Kindeskinder sich alleine wähnen auf dem Feld, im Geschäft, dem Laden, auf der Straße oder in der Stille wegloser Wälder, dann werden sie nicht alleine sein. Auf der ganzen Erde ist kein Ort der Einsamkeit geweiht. Wenn des Nachts die Straßen eurer Städte und Dörfer ruhig und, wie ihr glaubt, einsam sind, dann sind sie bevölkert mit den Scharen jener, die sie einst füllten und die dieses schöne Land immer noch lieben. Der weiße Mann wird nie alleine sein.

Möge er gerecht sein und mein Volk freundlich behandeln, denn die Toten sind nicht machtlos. Tot, sagte ich? Es gibt keinen Tod, nur einen Wandel der Welten.

Paula Richardson Fleming und Judith Luskey

Die ‚Zähmung der Wilden‘:
Die Einrichtung von Reservaten in den USA

Erst 1865 bemühte sich die Regierung wieder um die indianischen Angelegenheiten. Die weiße Besiedelung war durch den Krieg keineswegs ins Stocken geraten – im Gegenteil: Mit Ausnahme des heutigen Oklahoma waren alle Gebiete des Westens entweder zu Staaten oder zu Territorien geworden. Der indianische Widerstand wuchs. Die Regierung reagierte mit verschiedenen Maßnahmen: Sie empfing Delegationen friedlicher Indianer, sie intervenierte militärisch, und sie verstärkte ihre Bemühungen, die Indianer in Reservaten zusammenzuziehen. Der Innenminister James Harlan beschrieb diese Politik in einem Brief an den Beauftragten für indianische Angelegenheiten:

„Nachdem nun die große Rebellion niedergeschlagen ist, hält der Präsident die Zeit für gekommen, sich erneut um die Indianer zu kümmern. Dabei muß ihnen klargemacht werden, daß es für sie keinen anderen Ausweg gibt, als ihr wildes und umherstreifendes Leben aufzugeben und einem friedlichen Gewerbe nachzugehen.“

Im Juli 1867 setzte der Kongreß eine Friedenskommission ein, die mit den Indianern entsprechende Verträge aushandeln sollte. Als Belohnung für die feste Ansiedelung im Reservat wurden den Indianern Schulen, landwirtschaftliche Ausbildung und zeitweilige Unterstützung mit Kleidung und Nahrungsmitteln angeboten. Für den Fall, daß es zu keiner Einigung kommen sollte, wurde mit dem Militär gedroht.

Die Reformer nach dem Bürgerkrieg hielten ihre neue Reservatspolitik für eine aufgeklärte Version der alten. Anstatt auf brutale Gewalt zu setzen, vertrauten sie auf humanitäre und ökonomische Maßnahmen. Bis zu einem gewissen Grad sollte den Indianern im Reservat die traditionelle Jagd erlaubt bleiben. Doch gleichzeitig sollten sie mit einem bäuerlichen

Ein Regierungsagent verteilt Lebensmittelrationen an Dakota-Indianer.
Von einem unbekannten Fotografen.

Lebensstil vertraut gemacht werden. Für die schwierige
Übergangsphase wollte die Regierung die notwendige Unterstützung leisten. Sobald die Indianer sich selbst ernähren
konnten, sollten die Zuteilungen aufhören und das nicht
benötigte Land an die weiße Bevölkerung verteilt werden.
Daneben plante man, die jungen Indianer für ihr neues Leben
handwerklich auszubilden. Kirchen und Wohltätigkeitsorga-
nisationen sollten dabei helfen. Harlan glaubte ernsthaft
daran, daß die Übergangsphase in den Reservaten ungehindert und ohne Eingriffe von außen vor sich gehen könne. Sehr

bald, so meinte man, würden die Indianer dann ihre alten Stammesgewohnheiten ablegen und den Lebensstil der weißen Gesellschaft übernehmen.

Doch die Indianer, die sowohl an ihrem Land wie an ihren Lebensgewohnheiten hingen, wollten nicht im Reservat leben. Es dauerte ein Jahrzehnt, bis man sie schließlich dort hatte. Ausschlaggebend waren dabei nicht die Verträge mit der Regierung, sondern die Millionen weißer Siedler, die in indianisches Gebiet eindrangen, ohne sich um die Verträge zu kümmern.

Mitte der 80er Jahre verwaltete das Büro für indianische Angelegenheiten 187 Reservate mit 243 000 Indianern. Die Zahl der Angestellten des Büros war von 300 im Jahre 1850 auf 2500 gewachsen. Die Obhut über die Reservate hatten die Indianeragenten und Superintendenten. Sie vermittelten zwischen den Indianern und der Regierung. Erfolg und Mißerfolg der Indianerpolitik hingen von ihnen ab.

Ein Hauptproblem der Agenten war die Versorgung der Indianer mit Lebensmitteln. Ursprünglich war den Indianern die Jagd außerhalb der Reservate erlaubt. Nachdem sie dabei von weißen Siedlern einfach erschossen worden waren, wurde diese Erlaubnis zurückgezogen.

Die von der Regierung gelieferten Waren waren zumeist von schlechter Qualität. Die Kleidung paßte nicht, die Werkzeuge waren fast unbrauchbar, das Essen knapp und schlecht. Mit dem Verlust der Jagdrechte, der Verringerung der Büffelherden und dem schleppenden Verlauf des landwirtschaftlichen Umerziehungsprogramms wurden die Indianer schließlich in eine immer größere Abhängigkeit gezwungen: Statt von Büffeln lebten sie von der Regierung. Die Fotografin Katherina T. Dodge beschrieb ihr Foto von einem Warenausgabetag [...]:

„Die Indianer stehen an der Wand des Agenturgebäudes Schlange. Die vielen Schultern haben im Lauf der Zeit ihre Spuren in der Adobe-Wand hinterlassen. ‚Wer zuerst kommt, mahlt zuerst‘ ist die Devise. Es wird gedrängelt, geschubst, gedrückt und geschoben. Die Scouts haben alle Hände voll zu tun, um die Schwachen gegen die Starken zu verteidigen. Ausgabetag ist nur einmal in der Woche. Es gibt Fleisch, Mehl, Mais, Salz, Kaffee und ein bißchen Zucker und Seife."

Ursprünglich wurden den Indianern die Ochsen direkt geliefert, um ihnen noch ein kleines Jagdvergnügen zu gönnen. Doch das Vieh erwies sich als zu schwach für die Jagd und wurde deshalb später gleich vom Agenturpersonal geschlachtet. Auch der Aufbau einer eigenen Rinderzucht schlug fehl. Die Tiere wurden direkt verspeist und nicht als zukünftige Einnahmequelle angesehen.

Der Kongreß konnte nicht begreifen, warum die Indianer einfach nicht zu Selbstversorgern wurden. Er verringerte die Zuteilungen oder bestimmte per Gesetz, daß sie nur noch an kräftige Männer, die einer Arbeit nachgingen, ausgegeben werden durften. Die Agenten unterliefen diese Regelung allerdings, weil sie wußten, daß sie zu Unruhen geführt hätte.

Paula Richardson Fleming und Judith Luskey

Die ‚Zähmung der Wilden‘:
Missionsstationen und Schulen

Die Agenten kontrollierten Leben und Besitz der Indianer. Manche arbeiteten dabei selbstlos für die Sache, andere nützten ihre Position für sich aus. 1870 versuchte Präsident Grant, die Lage mit seiner neuen Friedenspolitik zu verbessern. Eine Reihe von Reservaten wurde verschiedenen christlichen Kirchen anvertraut, wobei sie das Recht erhielten, die Agenten zu bestimmen.

Die Arbeit mit Indianern war für die Missionare nichts Neues. Die meisten Kontakte zwischen den Indianern und den Weißen in den USA waren aus dem Bemühen der Missionare erwachsen, die Indianer zum Christentum zu bekehren.

Seit der frühesten Kolonialzeit hatten Katholiken wie Protestanten Missionsstationen und Schulen eingerichtet. Die neue Friedenspolitik sollte die Indianer durch Unterweisung und gutes christliches Beispiel bekehren. Die friedlichen Quäker gehörten zu den ersten Vertretern des neuen Programms. Ihr Agent Laurie Tatum arbeitete im Kiowa- und Comanchen-Reservat. Obwohl er die Indianer zu friedlichem, bäuerlichem Leben anhielt und versuchte, sie von Überfällen abzubringen, benötigte er schließlich doch militä-

Kinder der Zuni Pueblo Schule, die von Taylor Ealy geleitet wurde (rechts,
stehend). Miss Jenny Hammaker (links, stehend) war die Lehrerin.
Von John K. Hillers, 1879.

rische Hilfe, um den Frieden zu sichern. Weil er damit die
Quäkerprinzipien verletzt hatte, trat er schließlich zurück.
Hagan hat dieses Dilemma gut beschrieben:

„Es gab kaum ein absurderes Schauspiel, als zuzusehen,
wie ein Quäkeragent einem Krieger der Plains Frieden und
Landwirtschaft predigte, wie er diesen Mann, der zu Recht
stolz war auf sein großes Geschick als Reiter, Jäger und
Krieger, als eine einfache verführte Seele behandelte, die mit
Mitgefühl und verlockenden Argumenten auf den rechten
Weg gebracht werden könne."

Ungeachtet solcher Schwierigkeiten bemühten sich viele
religiöse Gruppen um die Indianer. Die Katholiken waren
dabei besonders aktiv. Jesuiten, Franziskaner und viele Non-
nenorden widmeten sich der Evangelisation. Aber auch
Methodisten, Presbyterianer, Baptisten, Episkopalier, Men-
noniten, Moravianer und Mormonen sowie ausländische
Missionare kümmerten sich um die Indianer. [...]

Eckpfeiler der neuen Indianerpolitik der Regierung war die

Erziehung. Ohne Ausbildungsprogramme war an eine dauerhafte Veränderung nicht zu denken. Ironischerweise aber wurde die erste Schule für Indianer nicht in einem Reservat, sondern in Carlisle, Pennsylvania, errichtet.

Um die Feindseligkeiten mit den Plains-Indianern zu beenden, hatte die Regierung die Krieger der Kiowa, Comanchen und Cheyenne, die nicht unterworfen werden konnten, als Gefangene nach Fort Marion in St. Augustine, Florida, geschickt. Die Ankunft der ersten Gruppe am 21. Mai 1875 ist von einem unbekannten Fotografen festgehalten worden. Zu diesen Gefangenen stießen später Apachen, die eine 24tägige Reise mit Pferde- und Planwagen, Dampfschiffen und Zügen hinter sich hatten. Vom Transport im Zug gibt es Fotos von A. J. McDonald aus New Orleans.

In Fort Marion wurden die Indianer in Verliese aus dem 17. Jahrhundert gesteckt. Einige starben an Malaria. Der Offizier Richard Henry Pratt, der für die Gefangenen verantwortlich war, versuchte, die Haftbedingungen zu verbessern. Er lockerte die Disziplin, ließ Sonderregelungen zu, gab den Gefangenen Uniformen und beschäftigte sie schließlich beim Bau neuer wohnlicher Baracken. [...]

Pratt war auch an der Erziehung der Gefangenen interessiert. Er bildete sie zu Bäckern, Fischern und Landarbeitern aus. Als ihre Gefangenschaft zu Ende war, bat er die Armee darum, seine Arbeit mit den Indianern fortsetzen zu dürfen. Er wurde an das Hampton Normal and Agricultural Institute, eine Schule für Schwarze in Virginia, versetzt. Im April 1878 traf er dort mit 22 seiner Schüler ein. Bald zog er weiter nach Westen, um noch mehr Indianer für sein Schulexperiment zusammenzubekommen. Er kehrte mit 43 weiteren Indianern zurück nach Hampton, war aber mit der Schule dort nicht zufrieden und schlug deshalb vor, für die Indianer eine eigene Schule zu bauen.

Die Armee stimmte zu. So entstand in den verlassenen Kasernen von Carlisle eine neue Schule. 1879 holte Pratt weitere 82 Schüler aus den Reservaten von Rosebud und Pine

Ridge und 55 aus dem Indianerterritorium. Am 1. November 1879 wurde die Schule offiziell eröffnet.

Pratt wollte eine indianische Modellschule aufbauen. Sein Motto zierte die Schulzeitung: »Zivilisiert wird der Indianer nur in der Zivilisation, und nur dort bleibt er es auch.« Auch äußerlich wurde der Wandel dokumentiert. Die Schüler erhielten einen neuen Haarschnitt und neue Kleidung. Unterrichtet wurde nur in Englisch.

Das reglementierte Leben in der Schule rief bei den Kindern, die recht frei aufgewachsen waren, ohne Zweifel Einsamkeit und Ablehnung hervor. Für die Eltern war es schwer einzusehen, welchen Nutzen das Bücherwesen beim Überlebenskampf in den Grenzgebieten haben sollte.

Die Schüler bekamen neue Namen. Manche wurden nach berühmten Weißen benannt, andere nach Weißen, die sie gekannt hatten. So trugen etwa die Zuni-Schüler auf John K. Hillers' Foto Namen wie den des Anthropologen Frank Cushing oder die Namen ihrer Lehrer in der Missionsschule. [...]

Natürlich war mit Schulen außerhalb der Reservate die Umerziehung der Indianer nicht zu bewältigen. Bis 1884 entstanden 200 Schulen innerhalb der Reservate. Viele wurden im Regierungsauftrag von den Kirchen geführt, andere waren reine Missionsschulen. 1887 besuchten 10 000 indianische Kinder eine Schule.

Die Lehrer bemerkten bald, daß Lesen, Schreiben und Rechnen als Unterrichtsstoff nicht ausreichten. Zu ihren Pflichten kam die Vermittlung von landwirtschaftlichen und technischen Fertigkeiten, oft mußten sie sich auch noch um die Versorgung der Schüler bis hin zur Ernährung kümmern. [...]

Das indianische Schulsystem hing wie die Reservate selbst entscheidend von der Unterstützung der Regierung ab. Die Regierung hatte die Zukunftspläne für die Indianer gemacht. Als aber die Kriege vorbei waren, wurde die Verantwortung für diese Zukunft immer mehr den humanitären Organisatio-

nen übertragen. Der Kongreß verringerte seine Unterstützung für die Schulen Stück für Stück. Ab 1900 erhielten die
von den Kirchen getragenen Schulen kein Geld mehr.

Paula Richardson Fleming und Judith Luskey
Das Massaker von Wounded Knee

Die Lage der Indianer in den 80er Jahren wurde immer elen-
der. Sie waren in Reservate gesperrt und abhängig von den
Zuteilungen der Regierung. Hunger war keine Seltenheit. Als
die Ernte ausfiel, der Kongreß die ohnehin ungenügenden
Rationen weiter kürzte und sie noch mehr Land verkaufen
mußten, verfielen die Indianer auf spirituelle Lösungen. Der
Geistertanz, eine stammesübergreifende Bewegung, entstand
[s. a. S. 269 ff.]. Er propagierte die Wiedervereinigung mit den
Toten und die Rückkehr zu einer idealisierten Lebensform
ohne europäische Einflüsse.

Der weitaus wichtigste messianische Führer der Bewegung
war Wovoka, ein junger Paiute, der die Vision eines gelobten
Landes der Indianer verkündete. Im November 1890 wurden
die Zustände in den Reservaten von Pine Ridge und Rosebud
immer chaotischer. Die Indianer zerfielen in zwei Fraktionen, die „Freundlichen", Anpassungsfähigen, die keinen Widerstand leisten wollten, und die „Feindlichen", die dem
Geistertanz anhingen und sich in einem Winkel des Reservats
verschanzten.

Auf Wunsch der „freundlichen" Indianer kamen Big Foot
und eine Gruppe von Miniconjou-Sioux, um zu vermitteln.
Unglückseligerweise dachte General Miles, sie zögen zum
feindlichen Lager, und versuchte, ihnen den Weg abzuschnei-
den. Am 28. Dezember wurden sie von der 7. Kavallerie gestellt. Die Lager der Indianer und der Soldaten lagen dicht
beieinander am Wounded Knee Creek. Am 29. Dezember

Big Foot tot im Schnee bei Wounded Knee. Süd-Dakota.
Von George Trager. Januar 1891.

erhielt die Kavallerie Verstärkung durch die Truppen unter Oberst Forsyth. Die 340 Indianer wurden von über 500 Soldaten mit vier Hotchkiss-Kanonen umzingelt. Die Spannung war geladen, und als die Indianer entwaffnet werden sollten, fielen die ersten Schüsse.

Innerhalb kurzer Zeit wurden zwei Drittel der Leute von Big Foot erschossen oder verwundet. Die Verletzten brachte man in ein improvisiertes Lazarett in Pine Ridge. Die Toten wurden wegen eines Blizzards zurückgelassen und später beerdigt.

Vom Massaker selbst gibt es keine Bilder, doch George E. Trager aus Chadron fotografierte die schrecklichen Folgen. Trager war auf der Suche nach sensationellen Bildern vom Geistertanz. Im Herbst hatte er mehrere Reisen ins Pine Ridge Reservat unternommen, um Aufnahmen vom indianischen Leben, von Anführern und vom Geistertanz selbst zu machen. Mit General Miles und dessen Erster Infanterie erreichte er am 30. Dezember Pine Ridge und war damit der erste, der die schauerliche Szene aufnahm.

Seine Fotos fanden weite Verbreitung. Er gründete die Northwestern Photographic Company, um die Bilder zu vermarkten. Bald erschienen seine Fotos mit einer Anzeige für ein Mittel gegen Epilepsie auf der Rückseite.

Für die Indianer waren mit der Tragödie am Wounded Knee alle Hoffnungen begraben. Bis auf wenige Scharmützel waren die Indianerkriege vorbei. Black Elk, der Wounded Knee überlebt hatte, schrieb später: „Dort starb der Traum eines Volkes."

Mary Nelson

Ode an die Zukunft: Internate für Weiße in Indianerreservaten

Bringt als erstes die Seyap: jung. Reißt die sich Wehrenden
aus ihrem Zuhaus, aus ihren sich wehrenden Familien und
mißachtet
alle Schreie und Tränen; sagt ihnen, es sei das beste für sie –
sie würden so stark wie WIR.

Entwurzelt sie, schickt sie zur Schule am entferntesten Ort,
etwa zweitausend Meilen weit weg. Besteht darauf, NEIN,
befehlt,
daß sie lächeln und durchhalten zum eigenen Nutzen,
Denn sie müssen unabhängig werden wie WIR.

Zerschlagt ihren Glauben, ihre Hoffnungen und Träume,
alle Familienkontakte und -bande; zensiert alle Anrufe, alle
Briefe,
und, was das wichtigste ist: verbietet ihnen, Englisch zu
sprechen

oder irgendeine andere europäische Sprache...
Wissen sie wirklich nicht, daß sie ebenso einzigartig sein
müssen wie WIR?

Besteht darauf – befehlt –, daß sie ALLE Phasen *allen*
indianischen Lebens lernen – denn nur so ist man Mensch.
Tränkt ihre Köpfe die ganze Zeit in Kerosin
und schrubbt ihren Rücken mit Lauge...
Denn schließlich MÜSSEN sie genauso REIN sein wie WIR!!

Legt nahe, laßt durchblicken und betont ein weiteres Mal und
mehr,
daß ihr Geist nie wirklich Bildung erlangen wird,
besteht darauf, daß sie vor allem gut sind mit den Händen...
Hier können sie UNS Überlegene NIEMALS erreichen.

Macht das nicht nur ein Jahr oder zwei, oder zwanzig
oder vierzig oder mehr, sondern bleibt dabei für
Einhundertundfünfzig Jahre...
Dann werden wir sehen, WER ÜBERLEBT. WER ÜBERLEBT!!!

Sommer 1970

Die Indianer heute

Simon J. Ortiz
Washyuma Motel

Unter den Betonfundamenten
des Motels hecken die altehrwürdigen Geister
unseres Volkes heilige Späße aus.
Sie erzählen Geschichten und Witze und lachen
und lachen.

Durchreisende Amerikaner
steigen abends aus ihren heißen, stickigen Autos,
zahlen wortlos ihr Geld
und sinken in Schlaf ohne den Segen der Träume.
Am nächsten Morgen stehen sie auf,
ziehen sich automatisch an, putzen die Zähne,
steigen in die Autos und fahren davon.
Sie haben nicht bemerkt, daß die Beton-
fundamente des Motels
zerfallen, Stück für Stück.

Die altehrwürdigen Geister erzählen Geschichten
und Witze und lachen und lachen.

Klemens Ludwig
Der Kampf der Mapuche-Indianer um Identität

Zu den Opfern der chilenischen Militärregierung zählte nicht
zuletzt eine Gruppe, die von der Öffentlichkeit weitgehend
ignoriert wird: die Mapuche-Indianer. Die Mapuche gehören

zu dem Volk der Araukaner, dessen Siedlungsgebiet sich über Mittel- und Südchile erstreckt. Ihre Vorfahren, die ursprünglich vom Brandrodungsfeldbau lebten, besiedelten das Land vor mindestens 12 000 Jahren. In ihrer Gesellschaft nahm die Frau eine bedeutende Stellung ein.

Die Araukaner blicken auf eine lange Tradition des Widerstandes gegen eindringende Großmächte zurück. Den Inka gelang es allein, die nördlichste Gruppe der Araukaner, die Pincuche, zu unterwerfen. Die südlicheren Mapuche brachten ihren Eroberungszug am Fluß Maipo, unweit der heutigen Hauptstadt Santiago, endgültig zum Stillstand. Ähnlich erging es den Spaniern, die 1535 erstmals in das Gebiet der Araukaner eindrangen. In mehreren Kriegszügen besetzten sie das Territorium bis zum Fluß Bio Bio nahe der Stadt Concepcion. Südlich davon verteidigten die Indianer bis zum Ende der Kolonialzeit 1818 ihre Selbständigkeit.

In dem jahrhundertelangen Guerillakrieg hatten sich die Mapuche zum bedeutendsten Volk der Araukaner entwickkelt. Sie dehnten ihren Einfluß bis über die Grenze nach Argentinien aus und behaupteten sich in den südlichen Ausläufern der Anden sogar einige Jahrzehnte gegen die Armeen der neuen Staaten Chile und Argentinien. Erst in den sechziger und siebziger Jahren des 19. Jahrhunderts konnten beide Staaten durch gemeinsame Militäraktionen die Indianer entscheidend schwächen. 1884 gaben die Mapuche den Kampf schließlich auf. Alkohol und eingeschleppte Krankheiten hatten ihren Beitrag zur Niederwerfung der Ureinwohner geleistet. Danach begann die gewaltsame Integration der Mapuche in die jeweilige nationale Gesellschaft, in der ihnen zumeist nur der Platz auf der untersten Stufe der sozialen Leiter blieb. Viele arbeiteten als Tagelöhner für Großgrundbesitzer oder als Pächter auf einem Stück Land, das ihnen nicht gehörte. Andere lebten in Reservaten, die durch Landraub der Großgrundbesitzer immer kleiner wurden.

Erst nach der Wahl Salvador Allendes zum Staatspräsidenten in Chile am 4. September 1970 änderte sich die Situation der knapp eine Million Ureinwohner, von denen die Mapuche über 80 Prozent stellen. Im Zuge der Landverteilung an mittellose Bauern erhielten die Indianer Grund und Boden, den sie für sich selbst bebauen konnten. Als einige Großgrundbesitzer darangingen, die Landreform zu boykottieren, griffen die Mapuche zur Selbsthilfe. Sie besetzten und kultivierten unbenutztes Territorium. Insgesamt erhielten die Mapuche unter Allende 70 000 Hektar Land. Gleichzeitig verbesserte sich ihr Bildungsstand. Ihre Sprache hielt erstmals Eingang in den Schulunterricht; indianische Studenten konnten mit staatlichen Stipendien die Universitäten besuchen.

Der blutige Militärputsch vom 11. September 1973 zerstörte alle Errungenschaften mit einem Schlag. Tausende von Mapuche, vor allem die politisch aktiven, verschwanden ohne Prozeß in den Gefängnissen, wo die meisten unter der Folter starben. Zudem leitete die Regierung eine entgegengesetzte Landverteilung ein. Großgrundbesitzer und Konzerne erhielten innerhalb eines Jahres 80 Prozent der zuvor den Kleinbauern übergebenen Ländereien. Obwohl die Mapuche in der südchilenischen Region Temuco über 70 Prozent der Bevölkerung stellen, sank ihr Anteil am Landbesitz unter 20 Prozent. Vielen Ureinwohnern blieb nicht einmal die Möglichkeit, als abhängige, rechtlose Landarbeiter ihren Lebensunterhalt zu verdienen, denn die fortschreitende Technisierung der Agrarwirtschaft zerstörte häufig auch diese letzte, spärliche Einkommensquelle. Arbeitslosigkeit und Hunger breiteten sich in den Gemeinden aus. Die Einstellung der staatlichen Zuwendungen für die Versorgung und Ausbildung verstärkte den Verelendungsprozeß.

Am 22. März 1979 verabschiedete die Militärregierung ein neues „Eingeborenengesetz", das die endgültige Vernichtung der Mapuchegemeinden zum Ziel hatte: Es verbot kollektiven Landbesitz und stand damit im schroffen Gegensatz zur jahrhundertelangen Tradition der Indianer, die keinen privaten Landbesitz kannten. Die Konsequenzen ließen nicht lange auf sich warten; die Parzellierung des Landes öffnete die verbliebenen Mapuche-Besitztümer dem Zugriff weißer Spekulanten und Großgrundbesitzer. Zudem enthielt das Gesetz eine Klausel, wonach Indianer, die sich als private Landbesitzer registrieren lassen, ihren Status als Ureinwohner verlieren. Somit boten die Militärs den Indianern als Alternative zur physischen Vernichtung den Verlust ihrer Identität und die Integration in die nationale Gesellschaft.

Wie andere soziale Gruppen in Chile begannen die Mapuche in den letzten Jahren, sich gegen die Unterdrückung zu wehren. Sie gründeten die Organisation „Ad-Mapu", die für die Verteidigung der Landrechte sowie der indianischen Kultur eintritt. Mitarbeiter von „Ad-Mapu" sahen sich lange Zeit vor allem dem Terror der halblegalen „Aktion Chilenischer Antikommunisten" ACHA ausgesetzt, die auf eigene Faust, jedoch mit Duldung der Regierung, Oppositionelle entführte, folterte und ermordete. Um die Indianer einzuschüchtern, bekannte sich ACHA anschließend zu den Verbrechen und kündigte weitere Anschläge an. Am 18. Januar 1989 holten Polizei und Armee zum bislang schwersten Schlag gegen „Ad-Mapu" aus. Bei einer Räumung von traditionellem Indianerland, das die Regierung einer Großgrundbesitzerin übertragen hatte, wurde der Präsident der Selbsthilfeorganisation, José Santos Millao, schwer verletzt und gemeinsam mit zehn anderen Ureinwohnern verhaftet. Dennoch gibt „Ad Mapu" den Kampf nicht auf, sondern arbeitet zudem noch innerhalb der „Demokratischen Volksbewegung" auf soziale Gerechtigkeit unter der Regierung des Christdemokraten Patricio Aylwin hin.

Wie in Chile bildet in Argentien, wo etwa 35 000 Mapuche leben, die Landfrage das größte Problem der Ureinwohner. Trotz Besitztiteln für ihr Land mußten einige Mapuchegemeinden während der Militärdiktatur (1976–1983) einem Naturreservat weichen. Zudem bekämpften die Militärs, wie die Regierung von Staatspräsident Perón (1973/74), Selbsthilfeorganisationen der Ureinwohner.

Eine tiefgreifende Änderung der Indianerpolitik unter der

demokratischen Regierung läßt bis heute auf sich warten. Die Mapuche sehen sich wie die übrigen knapp 300 000 Indianer des Landes vor allem einer Gefährdung ausgesetzt: Innerhalb des 30-Millionen-Staates mit seinen schwerwiegenden wirtschaftlichen Problemen werden sie von großen Teilen der Bevölkerung gar nicht zur Kenntnis genommen, denn viele betrachten Argentinien als ein weißes Land.

Für die Indianer ist es deshalb ohne einflußreiche Fürsprecher ein weiter Weg, sich Gehör zu verschaffen. Verstärkte Aktivitäten der einzelnen Gemeinden sowie nationale Zusammenschlüsse und Kongresse dokumentieren jedoch ihre Bereitschaft, diesen Weg zu gehen.

Thomas Pampuch und Agustín Echalar A.
Die Welt des „El Campo" im Wandel

Bis zu einem gewissen Grad ist die indianische Welt mit ihren Traditionen, ihren Produktions- und Handelsformen, ihrem Glauben und ihren Ritualen bis heute eine Welt für sich geblieben. Eine Welt, von der viele Bolivianer – zumal die aus der Oberschicht – nichts wissen, die sie nicht verstehen, die ihnen fremd ist, die sie einfach ignorieren. Der Katholizismus auf dem Lande hat wenig mit dem in der Stadt zu tun. Denn wenn auch die meisten Indios getauft sind, so verstehen sie die Religion doch in ihrem eigenen, von ihren alten Traditionen geprägten Sinn. Die Heiligen der katholischen Kirche sind verschmolzen mit den alten Göttern. Der Glaube an „Hexer", „Weise" und „Heilerinnen", die die uralten Riten und das Wissen der traditionellen Medizin mit ihren Kräutern und Beschwörungen aufrechterhalten, ist fast ungebrochen. Der katholische Priester des Dorfes wird eher als ein weiterer „yatiri" (Hexer) angesehen, zuweilen freilich als der gefürchtetste und mächtigste von allen.

Dennoch, der Schein trügt. Wenn die Armut und Abgeschiedenheit sowie das Weiterbestehen alter Traditionen auf dem Land und die Ignoranz vieler Städter alldem gegenüber zu dem Schluß verleiten würde, diese verschiedenen Gesellschaften hätten nichts miteinander zu tun, so stimmt das heute ebensowenig wie es zur Zeit des Kolonialismus gestimmt hat. Denn natürlich gibt es Verbindungen zwischen der indianischen Welt und dem Modernen, zwischen dem „campo" (dem Land) und der Stadt. Fast jeder Campesino hat Verwandte, die in die Stadt gezogen sind und die er gelegentlich besucht. Und vor allen Dingen gibt es die „feria", den dörflichen Campesino-Markt, eines der wichtigsten Scharniere der Verbindung von Stadt und Land. Hier treffen Indios und Leute aus den Städten regelmäßig zusammen. Markt ist in jedem Dorf einmal pro Woche. Dazu gehören die professionellen Händler, die mit ihren Lastwagen von feria zu feria fahren, ebenso wie die Kleinbauern aus dem jeweiligen Ort und der Umgebung. Und dazu gehören Geselligkeit, Essen und Trinken, Schwatz und Unterhaltung. Improvisierte Garküchen und Glücksspiele, Ausschank von Getränken und Tischfußball machen den Markttag immer auch zu einem Festtag. Meistens findet als Höhepunkt ein Fußballspiel statt.

Die Geschäfte laufen in verschiedenen Formen ab. Zum einen – vor allem unter den Campesinos – existiert noch der einfache Tauschhandel ohne Geld. Zum anderen gibt es den Kauf und Verkauf mit Bargeld oder auch auf Kredit. Häufig wird dabei ein Taschenrechner benutzt. Wenn ein schlauer Städter meint, er könne bei diesen Geschäften die Indios leicht übers Ohr hauen, so wird er bald eines Besseren belehrt. Viele der Campesinos mögen vielleicht nicht oder schlecht lesen und schreiben können (bis heute gilt bei Indianern das gesprochene Wort ohnehin mehr als das geschriebene) – rechnen können sie alle. Und selbst über den aktuellen Kurs des Dollars wissen sie Bescheid. Es ist nicht der individuelle Betrug des einzelnen Zwischenhändlers, der die Indianer weiterhin zu Ausgebeuteten macht. Es ist das System insgesamt, das die ländlichen Kleinproduzenten benachteiligt, indem es ihre Arbeitskraft grundsätzlich unterbewertet. Es ist die Einbindung in einen Markt, in dem sie von vornherein die Verlierer sind. Und es ist die Modernisierung, die letzten Endes nur eine Modernisierung des Elends ist. [...]

In gewissem Sinne sind die Zwischenhändler zu den neuen Herren der Campesinos geworden – und nicht selten gibt es Reibereien mit ihnen. Die Ausbeutung der Indianer hat neue Formen angenommen: modernere, effizientere, verfeinerte. Die Tragik vieler indianischer Dörfer besteht darin, daß häufig die eigenen, in die Stadt abgewanderten Söhne und Verwandten die Agenten dieser Ausbeutung sind.

Über die ferias und über die Zwischenhändler dringt die Modernisierung immer mehr in das indianische Leben ein. Es ist ein ökonomischer ebenso wie ein kultureller Prozeß. Heute werden auf jedem noch so abgelegenen Markt die letzten Neuheiten aus der Stadt verkauft. Kunstfasern und Anilinfarben (häufig von Bayer) ersetzen Stück für Stück die Naturgewebe und Naturfarben des alten ländlichen Handwerks und lassen es fast in Vergessenheit geraten. Plastikeimer und Hostalen-Schüsseln, Sandalen aus alten Autoreifen, Radios und Kassettenrecorder sind fester Bestandteil jedes typischen Indiomarktes geworden. Und die typische Kopfbedeckung der Indianer ist seit einigen Jahren die Baseballmütze aus Plastik, die besonders beliebt ist, wenn sie einen Schriftzug mit Coca Cola, BMW oder Texaco hat.

Die indianische Welt ist unter dem Einfluß der Modernisierung im Begriff, sich grundsätzlich zu wandeln. Sie ist in zunehmendem Maße mit Phänomenen konfrontiert, die viele der traditionellen Lebensweisen (die freilich keineswegs alle immer befriedigend waren) verdrängen. Das Hauptproblem des Neuen, das da einbricht, besteht darin, daß es in den seltensten Fällen eine eigene Entwicklung zuläßt oder in Gang setzt, sondern sie eher verhindert: Es ist in vielen Fällen ein Ersatz, der auf lange Sicht die Lebensgrundlagen der indianischen Gesellschaft zerstört, weil eine befriedigende Eingliederung in das neue System nicht möglich oder nicht gewünscht ist. Das bedeutet auf der ökonomischen Ebene Abhängigkeit und neue Ausbeutung; auf der psychologischen Ebene Entfremdung und Verlust der kulturellen Identität und auf der sozialen Ebene den Verfall von Familien-, Dorf- und Gemeinschaftsstrukturen.

Thomas Pampuch und Agustín Echalar A.
Die ökologische Zerstörung Boliviens

Ökologische Fragestellungen spielten in Lateinamerika lange Zeit die Rolle eines Mauerblümchens in der Politik. Erst immer alarmierendere Analysen, zahllose Protestaktionen von aktuell Betroffenen und die verstärkte internationale Debatte haben in den letzten Jahren zu einem langsamen Umdenken geführt. Sehr lange wurde Umweltschutz als eine Art Luxus angesehen, den man sich angesichts des Massenelends nicht leisten konnte.

Der Glaube an den technischen Fortschritt als dem einzigen Mittel, um die Not zu wenden, ist bei den meisten Lateinamerikanern auch heute noch ungebrochen. Die (europäische) Skepsis gegenüber diesem Glauben trifft auf verständliche Ablehnung. Denn: „Zivilisationskritik artikuliert sich leichter dort, wo man von den Produkten und vom Müll der Zivilisation übersättigt ist, als dort, wo die Befriedigung einfachster materieller Bedürfnisse für viele Menschen unerreichbar ist."

Wie aber, wenn sich herausstellt, daß Massenelend mit dem technischen Fortschritt nicht gelöst, sondern produziert wird? Der ursächliche Zusammenhang von Kultur-, Menschen- und Naturzerstörung im Interesse des „Fortschritts" läßt sich gerade an Lateinamerika – historisch wie aktuell –

belegen. Der Fortschritt als „Fortschritt der Destruktiv-kräfte" scheint kaum noch aufhaltbar.

Beispiel Bolivien: In einer wissenschaftlichen Untersuchung zu den ökologischen Problemen des Landes und der gesellschaftlichen Wahrnehmung dieser Probleme ist bereits 1984 sehr eindringlich auf die gefährliche Ignoranz hingewiesen worden, der sich alle politischen Gruppierungen in dieser Frage schuldig machten.

Im Gegensatz zur wirtschaftlichen und politisch-sozialen Analyse der „Entwicklung der Unterentwicklung" ist die Kenntnis der komplizierten Mechanismen ökologischer Zerstörung in Ländern der armen Welt wenig verbreitet. Europäer, sofern sie nicht vom Fach sind, können sich angesichts der scheinbar unberührten Weiten der Urwälder, Tiefländer, Savannen und Berglandschaften nur schwer vorstellen, daß es auch hier bereits kontinentale, nationale und regionale Öko-katastrophen gegeben hat und weiter geben soll. Verglichen mit den vergifteten und verstrahlten Betonlandschaften Europas erscheint Lateinamerika (mit Ausnahme der Metropolen) immer noch als ein Hort der freien, wenig drangsalierten Natur. Wer würde, zumal bei einem so dünn besiedelten Land wie Bolivien, menschliche Umweltzerstörung besonders hoch ansetzen?

Und die Bolivianer selbst? Sie klammern sich, wie die Studie zeigt, an jenen Mythos vom „Bettler auf der goldenen Truhe", für den nur der richtige Schlüssel einer selbstbestimmten nationalen Politik gefunden werden müsse. Doch erstens ist die Truhe schon mehr geplündert, als es selbst die kritischsten Imperialismus-Gegner wahrhaben wollen. Und zweitens wird heute – unter tatkräftiger Beteiligung der Bolivianer selbst – kräftig weiter auch an den inzwischen ziemlich dürren Ästen der erneuerbaren Ressourcen gesägt, als da sind: Wälder, Böden, Ökosysteme. Diese Äste aber nun sind es, auf denen der Bettler in Wahrheit sitzt. Langsam aber wächst auch in Bolivien die Erkenntnis, daß es eine Illusion ist, an einen schier unerschöpflichen Reichtum der natürlichen Ressourcen zu glauben, der nur nicht angemessen ausgenutzt wird.

Es ist fünf vor zwölf in Bolivien. Abholzung, Versteppung, Bodenerosionen sind bereits so weit fortgeschritten, daß ernstzunehmende Wissenschaftler schon in den nächsten Jahren mit Schwierigkeiten bei der Nahrungsmittelversorgung aufgrund der ständigen Verschlechterung der Bodenqualität rechnen. Etwa ein Drittel der Böden des Landes ist seit der Kolonialzeit durch Einwirkung von Menschenhand erodiert, d. h. von fruchtbarem in unfruchtbares Land verwandelt worden. Eine lange Geschichte von Zerstörung und Ignoranz, die andauert. Nur: Das Tempo der Geschichte steigert sich. [...]

Die intensive Landwirtschaft der Inkas und Aymaras fügte sich in das bestehende Ökosystem ein. Die berühmten Terrassen („andénes") an den Berghängen verhinderten die Bodenerodierung, eine kontrollierte Tierhaltung (Lamas und Alpakas) auf künstlich bewässertem Terrain die Überweidung. Die langfristige Erhaltung der Bodenfruchtbarkeit war wichtiger als schneller Gewinn. Die Wälder aus den (heute nahezu ausgestorbenen) Kishura- und Kehuiñabäumen wurden geschützt. Als Brennmaterial diente ausschließlich der Lama-Kot (taquia).

Im Gegensatz zu den Inkas müssen die Spanier vor allem als Fachleute in ökologischer Zerstörung angesehen werden. Was sie im eigenen Lande sehr nachhaltig praktizierten, wiederholten sie in den Anden. Mit der Ankunft der „Kolonisatoren" begann auf dem Altiplano ein Prozeß, der aus den fruchtbaren Regionen von einst die ausgelaugte und degradierte Landschaft von heute machte. Es war nicht böser Wille, sondern einfach ökologische Ignoranz, die zu den Schäden führte. Vom Wissen der Indianer blieb dabei nichts übrig: Denn Hand in Hand mit der Zerstörung der Landschaft ging auch die Zerstörung der landwirtschaftlichen Kultur der Inkas.

Es kamen viele Faktoren zusammen in diesem über Jahrhunderte laufenden Zerstörungswerk: neue Produktionsweisen und Besitzverhältnisse, neue landwirtschaftliche Techniken, Veränderungen im sozialen Gefüge, die Einführung europäischer Pflanzen und Tiere und – natürlich – die Raffgier der Kolonisatoren. Extensive Landwirtschaft ersetzte die mühsame, aber ökologisch sinnvolle Inka-Agrikultur. [...]

Der private Großgrundbesitz führte zum Verfall der indianischen Gemeinschaftsarbeit, die der Garant eines verantwortungsvollen Umgangs mit der Natur im Interesse aller gewesen war. Bewässerungskanäle und Terrassen verwahrlosten. Niemand achtete auf die Gefahr der Überweidung: Die Schafe, die im Gegensatz zu den Lamas auch die Wurzeln fressen, knabberten die Böden kahl. Je mehr die schützenden Wälder und Pflanzen verschwanden, um so schneller wurde der Humusmantel verweht oder weggewaschen. Das Klima wurde kälter und rauher. [...]

Selbst die Landreform von 1953, die viel Minifundismus und wenig gemeinschaftliche Arbeitsformen hervorbrachte, hinterließ zerstörerische Spuren: Hunderttausende von Hektar wertvollen Landes erodierten, weil auch die Campesinos nicht mehr nach Art ihrer Ahnen wirtschafteten, sondern im Stil der ehemaligen Ausbeuter. Aus Not, aus Unverstand, aus Anpassung an die „modernen" Techniken und Marktgesetze gingen so die Lebensgrundlagen vieler indianischer Bauern verloren.

Manfred Wöhlcke

Des Landes, des Lebens, der Identität beraubt: Die Indianer Brasiliens

Die Aufteilung der brasilianischen Bevölkerung nach ethnischen Gruppen ist nicht ganz einfach zu bestimmen. Nach der Volkszählung von 1980 waren 53 % Weiße, 22 % Mulatten, 12 % Mestizen, 11 % Schwarze und 2 % „Sonstige", [...]

Diese Statistiken sind allerdings sehr fragwürdig, weil bei der Zuordnung zu den einzelnen Gruppen ein großer Ermessensspielraum besteht, der sich erfahrungsgemäß zugunsten der jeweils „helleren" Gruppe auswirkt. Nach europäischen Maßstäben sind z. B. die „Weißen" mit 53 % viel zu hoch angesetzt; in dieser Gruppe ist nämlich ein großer Anteil von hellen Mischlingen versteckt, und Entsprechendes gilt für die anderen Gruppen. Die große Mehrheit der brasilianischen Bevölkerung besteht aus Mischlingen aller Schattierungen.

Landessprache ist Portugiesisch, das in Brasilien etwas offener und weicher als in Portugal gesprochen wird und mit vielen regionalen Besonderheiten angereichert ist. Einige Minderheiten – besonders die deutsche und die japanische – leben zum Teil zweisprachig. Die wichtigsten indianischen Sprachen sind Tupí (Osten) und Guaraní (Südwesten); die Amazonas-Indianer leben demgegenüber in kleinen Stämmen und haben verschiedene eigene Sprachen. [...]

Die Zahl der Indianer zum Zeitpunkt der Entdeckung Brasiliens wird auf mehrere Millionen geschätzt. Heute sind es noch rund 200 000. Sie verteilen sich räumlich wie folgt: Acre/Rondônia 13 000, Amazonas/Roraima 60 000, Pará/Amapá 10 000, Maranhão/Goiás 10 000, Mato Grosso do Norte 11 000, Mato Grosso do Sul 21 000, östliche und nordöstliche Region 26 000, südliche Region 13 500, verstreute kleine Stämme 15 000, außerhalb des Stammesverbandes lebende Indianer 30 000.

Die Indianer stehen unter der Vormundschaft der Indianerschutzbehörde FUNAI (Fundação Nacional de Assistência ao Indio), deren Aufgabe der Schutz und die behutsame Integration dieser Minderheit ist. Es besteht allerdings der Eindruck, daß man nicht so recht weiß, wie die richtige Mischung von Schutz und Integration eigentlich aussehen soll. Die FUNAI wurde 1966 als Nachfolgeorganisation des

SPI (Serviço de Proteção ao Indio) gegründet, nachdem es zu skandalösen Enthüllungen über den SPI gekommen war, der sich offensichtlich stärker für die politischen und wirtschaftlichen Interessen der „Zivilisation" [...] als für den Schutz der ihm anvertrauten Indianer eingesetzt hatte. Der SPI war 1910 vom legendären Marschall Rondon aufgebaut worden. Ihm und den heute lebenden Gebrüdern Vilas Boas sowie einigen engagierten Vertretern der Kirche und der Ethnologie ist es im wesentlichen zu verdanken, daß die Indianerschutzpolitik nicht zu einer vollkommenen Farce degeneriert ist.

Die „Zivilisation" rückte unaufhaltsam in die entlegensten Gebiete und nahm wenig Rücksicht auf die „Wilden". Zuerst kamen die Missionare und die Ethnologen, und dann die Siedler und Spekulanten, die sich zum Teil Indianerland in Wildwest-Manier aneigneten. Das Ganze lief etwa so ab, wie es ein Motto des englischen Kolonialismus wiedergibt: „If it stands still, paint it; if it moves, shoot it."

Fernstraßen wurden durch den Dschungel gelegt; riesige Flächen wurden abgeholzt, um Großfarmen einzurichten; ganze Landstriche wurden für die Ausbeutung von Bodenschätzen verwüstet; gigantische Industrieprojekte entstanden in der Wildnis. Expeditionen unterschiedlichster Zusammensetzung zogen aus, um die letzten noch nicht bekannten Stämme zu finden und die bereits bekannten zu „befrieden", worunter jeder allerdings etwas anderes verstand.

Die Indianer stehen kurz vor der Ausrottung, und zwar nicht nur als Völker, sondern vermutlich sogar als einzelne Menschen. Sie sterben an den eingeschleppten Krankheiten, am Alkohol und an der Zerstörung ihrer Biotope, vor allem aber sterben sie an der Zerstörung ihrer Kultur. Sie erleiden einen Kulturschock, der für sie nicht zu verstehen und zu verarbeiten ist; es ist ein tödlicher Aufbruch in eine entzauberte Welt. Alles, was sie bisher glaubten, wußten, achteten und konnten, zählt plötzlich nichts mehr; die Stammeskultur zerfällt, und der einzelne verliert damit seinen inneren Halt. Neue „Arbeitsverhältnisse" (die meistens mit einer üblen

Ausbeutung verbunden sind), die Ausplünderung der handwerklichen Produkte und kultischen Gegenstände für die entfernten Touristenmärkte, der Kontakt mit Prostitution und Kriminalität, die Verführung durch billigen Schnickschnack (früher hieß das „Glasperlen-Imperialismus"), die Überfremdung durch eine andere Sprache, eine andere Moral, andere Umgangs- und Lebensformen. [...]

Hinzu kommt in vielen Fällen der Verlust des angestammten Landes als Folge von Zwangsumsiedlungen in Reservate. Eine zwiespältige Rolle spielt die Mission, denn einerseits macht sie sich sehr engagiert für die Rechte der Indianer stark, beraubt sie aber gleichzeitig ihrer Kultur. Was mag in einem Indianer am Xingú-Fluß vorgehen, dessen traditioneller Glaube entwertet wird und der fremdartige Wörter über den Gott der Weißen hört?

Eine widersprüchliche Situation besteht im Hinblick auf die Vormundschaftsfunktion der FUNAI und das langfristige Ziel der Emanzipation der Indianer. Die FUNAI macht geltend, daß die Vormundschaft wichtig sei, weil die Indianer den Kulturkontakt andernfalls nicht überleben würden. Manche Kritiker der Indianerschutzbehörde werfen ihr allerdings vor, daß sie die Vormundschaft gegen die Interessen der Indianer mißbrauche. Andere Kritiker machen sich – nicht immer ohne Hintergedanken – für die Emanzipation der Indianer stark und meinen, man könne und solle den Indianern die vollen Bürgerrechte nicht verwehren, denn dies sei eine undemokratische und letztlich rassistische Entrechtung einer Minderheit und entspringe dem Bedürfnis nach einem „ethnologischen Zoo".

Ob eine vorsichtige Annäherung und Integration der Indianer in die „Zivilisation" gelingen wird, erscheint eher fragwürdig. Dies wäre aber der einzige vertretbare Weg, denn der Kontakt ist nicht aufzuhalten, aber ohne Schutz und Anleitung werden ihn die Indianer nicht überleben. Die Skrupellosigkeit der sogenannten „Pioniere", die rücksichtslose Durchsetzung wirtschaftlicher Interessen und die gedankenlose Zerstörung der natürlichen Umwelt werden die Indianer jedoch vermutlich ausrotten: Ein wirklich tragisches Kapitel im Rahmen jener Entwicklung, die wir gemeinhin als „Fortschritt" bezeichnen.

Klemens Ludwig

Spielball des Kalten Krieges: Die Mískito in Nicaragua

Von den unterdrückten Indianervölkern zählt das der Mískito in Nicaragua seit einigen Jahren zu den bekanntesten. Doch bei der Beurteilung der Situation dieser Indianer entscheidet sehr häufig eher der eigene ideologische Standpunkt als Sachkenntnis.

Die Ursachen für die Auseinandersetzungen zwischen der früheren sandinistischen Regierung Nicaraguas und den Indianern an der Karibik- oder Atlantikküste reichen bis in die Kolonialzeit zurück. Vor der Ankunft der Europäer lebten im Gebiet des heutigen Nicaragua voneinander völlig verschiedene Indianergruppen an der westlichen Pazifikküste und in der unwegsamen Karibikregion im Osten. Im 16. Jahrhundert erschienen die Spanier an der Westküste und die Engländer im Osten.

Während die Spanier die Indianer an der Pazifikküste vollständig ausrotteten und das Land besiedelten, praktizierten die Engländer mit nur wenigen Kolonialbeamten die „indirekte Herrschaft". Sie sicherten ihre Macht und wirtschaftliche Ausbeutung durch Zusammenarbeit mit einheimischen Oberhäuptern und geschicktes Ausspielen von Rivalitäten der Urbevölkerung. [...]

An der Karibikküste lebten während der englischen Kolonialherrschaft drei wichtige indianische Bevölkerungsgruppen, die Rama, die Sumu sowie die Mískito, die größte Gemeinschaft, mit denen sich die Engländer verbündeten. 1687 krönten sie ein Mískito-Oberhaupt zum König der Region. [...]

Die getrennte Entwicklung der zwei Teile Nicaraguas ging auch nach der Unabhängigkeit weiter. Die von Weißen und Mischlingen besiedelte Pazifikküste mit allen wichtigen Städten und über 90 Prozent der Bevölkerung wurde zum Machtzentrum. Die etwa 50 Prozent der Fläche Nicaraguas umfassende, jedoch dünn besiedelte Karibikregion nahm an der politischen Entwicklung im Westen keinen Anteil. So blieben die Indianer von der blutigen Somoza-Diktatur, die das Land von 1937–1979 unterdrückt und ausgebeutet hat, weitgehend unberührt.

Als die sandinistische Bewegung nach langem Befreiungskampf am 19. Juli 1979 den Diktator vertreiben und die Regierung übernehmen konnte, änderte sich dadurch an der Karibikküste erst einmal nichts. Dort lebten zu der Zeit gut 120 000 Mískito-Indianer, etwa 15 000 Sumu, 1000 Rama, 30 000 Afroamerikaner, die Nachfahren der Sklaven, sowie 50 000 Weiße bei einer Gesamtbevölkerung von 2,5 Millionen Menschen in Nicaragua. Ende 1979 interessierte sich die neue Regierung erstmals für die vergessene Karibikküste.

Doch völlig unerfahren im Umgang mit indianischen Bewegungen und beseelt von dem Gedanken der nationalen Einheit, ignorierten die Sandinisten die jahrhundertelange eigenständige Entwicklung der dortigen Indianer. Dabei begannen die ersten Kontakte durchaus vielversprechend. Im November 1979 gründeten 700 Indianer aus 112 Dorfgemeinschaften mit den Sandinisten die Organisation MISURA-SATA (= Mískito, Sumu, Rama und Sandinisten gemeinsam), die einen Sitz im parlamentsähnlichen Staatsrat erhielt und als anerkannte Organisation frei und ungehindert arbeiten konnte. Als Koordinator wählten die Indianer Steadman Fagoth Müller, einen charismatischen Führer, der jedoch schon für Somoza gearbeitet hatte. Zu den ersten Maßnahmen von MISURASATA und der sandinistischen Regierung gehörte eine Alphabetisierungskampagne in den Indianersprachen.

Ende 1980 verschlechterte sich das Verhältnis zwischen Indianern und Sandinisten. Eine geplante Landreform betrachteten die Indianer als den Versuch einer Integration ihres Landes in die nationale Ökonomie und damit als Ende ihrer Eigenständigkeit. Diesen Plänen stellte MISURASATA die indianischen Forderungen gegenüber, die politische und kulturelle Autonomie für die Karibikküste und umfangreiche Landansprüche enthielten. Dies traf bei der Regierung auf schroffe Ablehnung, da sie den Indianern nicht die Verfügungsgewalt über die Karibikküste abtreten wollte.

Im Februar 1981 brach der Konflikt offen aus. Die Regierung ließ 33 Indianerführer verhaften, was eine Welle der Empörung auslöste. Anfang März gaben die Sandinisten den Protesten nach; allein Fagoth blieb wegen seiner Zusammenarbeit mit dem Somoza-Regime weiterhin in Haft. Ihn ließen die Sandinisten im Mai unter der Auflage frei, ein Stipendium in Bulgarien anzunehmen. Doch statt in den Ostblock ging Fagoth mit 3000 Mískito über den Grenzfluß Río Coco nach Honduras. Der Río Coco zerteilt das Mískito-Territorium. In Honduras leben etwa 50 000 Mískito, die ebensowenig wie die nicaraguanischen Indianer den Fluß als Grenze anerkennen. Während sich Fagoth in Honduras und den USA mit den Mitgliedern der ehemaligen Nationalgarde Somozas verbündete, stellte Regierungschef Daniel Ortega ein neues Konzept für die Karibikküste vor, das indianischen Forderungen kaum mehr Raum ließ. Zudem löste die Regierung MISURASATA im August 1981 endgültig auf. Eine neue Dimension erhielten die Auseinandersetzungen durch den Amtsantritt Präsident Reagans in den USA. Seine Regierung verfolgte offen das Ziel, die Sandinisten zu destabilisieren, und dafür boten die Mískito einen Ansatz.

Ende 1981 planten die Somoza-Truppen mit der Operation „Rote Weihnacht" die Besetzung nicaraguanischen Territoriums von Honduras aus. Das Vorhaben mißlang; die Folgen hatten die Indianer zu tragen. Zwischen dem 26. Dezember 1981 und dem 13. Januar 1982 siedelten die Sandinisten etwa 8500 Mískito- und Suma-Indianer vom Río Coco in bis zu 60 Kilometer entfernte Auffanglager um. Diese Aktionen waren durch eine erschreckende Brutalität geprägt. Soldaten umzingelten die Dörfer, trieben die Bewohner zusammen, verbrannten die Häuser und vernichteten Felder und Tiere. Etwa 80 Mískito fielen den Überfällen der Armee zum Opfer; über 10 000 gelang die Flucht nach Honduras. Die Sandinisten rechtfertigten die Umsiedlung mit dem Schutz der Bevölkerung vor Überfällen der Somoza-Garden, die keine Zeit gelassen hätten, die Indianer vorher zu informieren. Freunde der Mískito, die nicht den Somozisten nahestehen, sehen in den Übergriffen auf Honduras einen willkommenen Vorwand für die Umsiedlungen, mit denen die Indianer in die nationale Ökonomie integriert werden sollten. Die Pläne dafür reichen in der Tat bereits in den November 1980 zurück. Damals hat das Atlantikküstenministerium INNCA eine Studie über die Durchführbarkeit von Umsiedlungen der Indianer am Río Coco erstellt. [...]

Im November 1982 fand eine zweite Umsiedlung von 7500 Indianern statt, die eine erneute Flüchtlingswelle nach Honduras auslöste. Für 8000 der umgesiedelten Indianer errichtete die Regierung im Landesinneren die Modelldörfer Tasba Pri (= Freies Land), ein Projekt, das von einigen Mískito akzeptiert wird.

Aufgrund internationalen Drucks, nicht nur der USA, änderte sich die repressive Indianerpolitik der Sandinisten allmählich. Die politische Führung bemühte sich seit Herbst 1984 um Zusammenarbeit mit den Mískito, die nicht zu den Anhängern Fagoths zählen. Dazu gehört vor allem Brooklyn Rivera, ein ehemaliger Führer von MISURASATA. Rivera lebt seit Ende 1981 in Costa Rica, hat jedoch eine Zusammenarbeit mit den Somozisten stets abgelehnt.

Im Oktober ist er vorübergehend zu Verhandlungen nach

Nicaragua zurückgekehrt, die jedoch ein Jahr später erfolglos abgebrochen wurden.

Durch den internationalen Druck kam 1987 erneut Bewegung in die festgefahrene Situation an der nicaraguanischen Ostküste. Im September verabschiedete das Parlament in Nicaragua ein Autonomiestatut mit innerer Selbstverwaltung für die sogenannte „Verwaltungseinheit Atlantikküste". Von Unterstützern der sandinistischen Regierung wurde diese Entscheidung als richtungsweisend für den Umgang mit Indianern in Zentral- und Südamerika gelobt. Viele Indianer dagegen konnten dem Statut weitaus weniger abgewinnen. Die neugegründete Organisation Yatama (wörtlich übersetzt „Organisation der Saat der Mutter Erde"), der erneut Brooklyn Rivera vorsteht, sprach sogar von einer „Scheinautonomie". Rivera beklagt, die Regierung habe die Grenzen der Autonomen Region zu großzügig gezogen, so daß die Indianer darin einmal mehr nur eine Minderheit sind. Echte Selbstverwaltung, die Anerkennung der indianischen Landrechte sowie die Verfügungsgewalt über die Bodenschätze enthält die sandinistische Regierung den Indianern, Yatama zufolge, noch immer vor. Statt dessen hat Managua Konzessionen zur Abholzung des Regenwaldes und zum Fischfang vor der Küste ohne Konsultation der Indianer an ausländische Konzerne verkauft.

Nach der Wahlniederlage der Sandinisten am 25. Februar 1990 und der Machtübernahme durch Violeta Chamorro vom konservativen Bündnis UNO zeigte sich erst recht, daß die Indianer für die Gegner der Sandinisten nicht mehr als die Bauern auf dem Schachbrett waren. Zwar hatte Frau Chamorro den Indianern im Wahlkampf weitgehende Autonomie versprochen, doch faktisch besitzen sie heute noch weniger Verfügungsgewalt über ihr Land als unter den Sandinisten. Viele ihrer alten Freunde – nicht zuletzt im Ausland – haben sie längst vergessen.

Werner Arens und Hans-Martin Braun
Indianische Gegenwart: USA

Leben im Widerspruch

Die Probleme [der heutigen indianischen Bevölkerung der USA] haben ihren Ursprung in der im letzten Jahrhundert erfolgten Gründung der Reservate und sind nur dann verständlich, wenn man die Indianerpolitik der amerikanischen Regierungen dieses Jahrhunderts mit berücksichtigt.

Die Lebensumstände der Indianer hatten sich bis 1930 so sehr verschlechtert, Armut und Krankheiten hatten sich in den Reservationen derart ausgebreitet, daß sich die amerikanische Regierung, nicht zuletzt auf Druck der öffentlichen Meinung, gezwungen sah, Abhilfe zu schaffen. Im Reorganisationsgesetz von 1934 griff man daher auf ein Urteil des Obersten Bundesgerichtes von 1832 zurück und gestand den Stämmen wieder eigene Selbstverwaltungsrechte zu. Man beendete damit die kompromißlose Assimilationspolitik, die seit dem Dawes-Gesetz von 1887 betrieben worden war. Der entscheidende Punkt dieser Gesetzgebung war, daß die Parzellierung des dem Stamme gehörenden Landes untersagt und soweit möglich rückgängig gemacht wurde. Dennoch war besonders wertvolles Land oft schon in die Hände weißer Siedler gelangt, ein Vorgang, der vom Dawes-Gesetz wohl nicht gewollt, aber doch durch die Zuweisung von Land an Einzelpersonen und nicht an den Stamm gefördert worden war.

Nach dem Zweiten Weltkrieg begann eine Politik der wieder stärker betriebenen Eingliederung in die weiße Gesellschaft. 1954 wurde ein Gesetz verabschiedet, nach dem auf Wunsch eines Stammes die durch das BIA ausgeübte Bundeskontrolle über Stamm und Reservation beendet werden konnte *(termination)*. Allerdings hatte man unterlassen, die Betroffenen über die weitreichenden Folgen dieses Schrittes

Kohlegewinnung im Tagebau bei Black Mesa, einem „heiligen Ort" der Hopi (Hopi-Reservat, Arizona).

aufzuklären. So liefen für 91 Stämme und Stammesgruppen bis 1960 die Aufsicht und damit auch die finanzielle Unterstützung seitens der Bundesregierung aus. Sie fielen unter die oft wesentlich ungünstigere Gesetzgebung der einzelnen Bundesstaaten. Für viele Stämme waren die finanziellen Auswirkungen so verhängnisvoll, daß das Gesetz bereits 1961 unter Präsident John F. Kennedy wieder aufgehoben wurde. Die meisten der betroffenen Stämme klagten im Laufe der Jahre ihren alten Status erfolgreich wieder ein.

Parallel zur Aufhebung des Reservatsstatus förderte die Regierung seit Anfang der 50er Jahre den Umzug der Reservationsindianer in die großen Städte *(relocation)* nach dem Motto „Absorb them into ‚mainstream America'!", nimm sie auf in den großen Schmelztiegel Amerika. Einer der Gründe für diese Politik war die desolate Arbeitsmarktsituation in den Reservaten, die sich durch eine aktivere Beschäftigungspolitik auch bis heute nicht wesentlich bessern ließ. So wurden innerhalb von zehn Jahren 100 000 Indianer „umgesiedelt". Für einen Großteil von ihnen, besonders für jene, die aus Reservaten kamen, in denen die Stammestraditionen noch weitgehend intakt waren und Englisch nur selten gesprochen wurde, löste der Umzug in die Großstadt einen Kulturschock aus, dem sie nicht gewachsen waren. Entfremdung und Isolation in einer ihnen unverständlichen Welt bewegte viele der „Umgesiedelten" zur Rückkehr in die Reservationen. Doch auch dort waren sie inzwischen oft zu Fremden geworden.

Sie erlitten das Schicksal, das vielen Indianern seit der Assimilationspolitik des 19. Jahrhunderts widerfahren war. Die Konfrontation mit der realen Welt der weißen Zivilisation führte zu einer indianischen Existenz, die im wörtlichen Sinne zwischen zwei Welten angesiedelt war. Sie bewirkte [...] geistige Desorientierung und emotionale Verwirrung. Die Flucht in den Alkohol erschien vor allem vielen indianischen Männern als Ausweg aus einer Lage, derer sie auf keine Weise mehr Herr werden konnten. Dies wird besonders von indianischen Frauen beklagt, die vielfach zum alleinigen Mittelpunkt der Familien wurden und unter der alkoholbedingten Unzuverlässigkeit und Verrohung ihrer Männer zu leiden hatten.

Das Gefühl der Heimatlosigkeit und der Nicht-Zugehörigkeit kennen auch aus der Armee entlassene indianische Soldaten, die – nach der Erfahrung der Gleichberechtigung in der Etappe und an der Front – nun wieder in eine Existenz zweitklassiger Bürger gestoßen wurden. Ähnlich desorientiert und ausgeschlossen fühlen sich jene Indianer, die, bisher in die Welt der Weißen integriert, nun aufgrund des wiedererwachten indianischen Selbstbewußtseins und Selbstwertgefühls Kontakt zu ihren Verwandten und Stammesgenossen im Reservat suchen und dort wie vor verschlossenen Türen stehen. Ihnen wird der mit einer gelungenen Integration in die weiße Gesellschaft einhergehende Verlust der traditionellen Anschauungen besonders bewußt. Auch sie führen nun ein Leben zwischen indianischer und weißer Welt. Diese indianische Welt selbst hat sich durch den Verlust der traditionellen

Lebensgrundlagen der Stämme und damit durch den Verlust der Einheit zwischen Mensch und Natur und der darauf sich gründenden religiösen Anschauungen und Bindungen ihren Ursprüngen entfremdet und ist sich so selbst zum Problem geworden.

Für viele Amerikaner sind die heutigen Indianer, insbesondere soweit sie in Reservaten leben, nicht viel mehr als eine Touristenattraktion, Eingeborene, deren seltsam pittoreske, doch weitgehend unverstandene Lebensweise man sich auf organisierten Reservatsreisen oder individuellen Besichtigungen vorführen läßt. Um ein tieferes Verständnis indianischer Kultur geht es dabei nicht, auch nicht beim lukrativen Handel mit indianischer Kunst. Selbst für manchen Ethnologen, Naturdichter und Ökofreak sind die Indianer nur Mittel zum Zweck. Man sammelt Eindrücke, notiert Geschichten über die mythisch-magische indianische Welt, zeichnet die Riten auf und hofft, so die eigene wissenschaftliche oder dichterische Karriere zu fördern. Bei den Betroffenen allerdings hinterläßt man ein um so tieferes Gefühl des Unverstanden- und Ausgegrenztseins. Für die Mehrheit der weißen Amerikaner sind die Indianer nicht viel mehr als eine Kuriosität. Allerdings stellt der Umgang mit ethnischen Minoritäten, zumal wenn sie kulturell so verschieden sind, nicht nur für Amerikaner ein Problem dar.

Zurück zu den Ursprüngen

Angeregt durch die *black-power*-Bewegung, beginnen die Indianer Ende der 60er Jahre dieses Jahrhunderts, sich politisch zu organisieren. 1968 wird das *American Indian Movement* (AIM) gegründet, eine verhältnismäßig radikale Organisation, die von den gemäßigteren Indianern abgelehnt wurde. Ihr gelang es jedoch, durch mehrere spektakuläre Aktionen die Aufmerksamkeit der amerikanischen Öffentlichkeit auf indianische Fragen und Probleme zu lenken. Das geschah z. B. 1973 bei der Besetzung von Wounded Knee, jenem Ort, wo 83 Jahre zuvor die Bundesarmee ein Massaker unter den Sioux angerichtet hatte; oder 1972, als indianische Aktivisten und AIM-Mitglieder das Verwaltungsgebäude des BIA in Washington besetzt hielten; oder bereits 1969, als die dreijährige Okkupation der Insel Alcatraz vor San Francisco begann. Ziel all dieser Aktionen war es, den Senat dazu zu bewegen, die Gültigkeit der zwischen der amerikanischen Regierung und den verschiedenen Stämmen abgeschlossenen Verträge zu überprüfen und die Behandlung der Indianer durch Regierung und BIA generell zu untersuchen. Diese Bemühungen, selbst wenn sie auch in den eigenen Reihen häufig auf Kritik stießen, erreichten ihr Ziel mit der Verabschiedung des Gesetzes über das Selbstbestimmungs- und Erziehungsrecht der Indianer (1975), wie auch zwei Jahre später mit der Anerkennung der Indianer als einer Interessengruppe seitens der UNO. Besondere Bedeutung für indianisches Selbstverständnis und indianische Lebensweise erlangte das 1978 vom Kongreß verabschiedete Gesetz zur freien Religionsausübung. Es beendete die bis dahin übliche Einmischung der Regierung in die religiösen Angelegenheiten der Stämme und garantierte den Indianern freien Zugang zu den heiligen Stätten ihrer Vorväter.

Durch das politische Erwachen und die politischen Erfolge wurde unter den Indianern eine Rückbesinnung auf die eigenen kulturellen Werte und Traditionen ausgelöst und mit besonderer Schärfe die Frage aufgeworfen, wo in dem Spannungsfeld zwischen weißer und roter Kultur man seinen eigenen Standpunkt bestimmen sollte. Der Prozeß dieser Selbstfindung beginnt häufig mit der desillusionierenden Erkenntnis, daß die Weißen ihre Welt fragmentiert haben, daß diese Welt keine innere Ordnung mehr besitzt und inzwischen dem Menschen selbst feindlich geworden ist. Dieser Prozeß schlägt sich nieder in der Anerkennung weißen technischen Know-hows und seiner Nutzung – allerdings nach eigenen, selbstdefinierten Bedürfnissen und nur da, wo unbedingt erforderlich – sowie in der Fähigkeit zum Kompromiß zwischen indianischer und weißer Kultur. Er schreitet voran mit der Wiederentdeckung, Neubewertung und Bestätigung der alten indianischen Kulturen und Traditionen. Er kulminiert schließlich in ironischer Provokation der Weißen mit ihrer absurden Assimilationspolitik und im souveränen Spiel mit den Rollen, die ihnen der weiße Mann zugedacht hat, sowie jenen, die ihnen nach indianischer Tradition zukommen. So sind viele moderne Gedichte der Indianer auch ein Zeugnis neu entstehender und oftmals bereits wiedergewonnener Identität und Lebensweise.

Robert J. Conley

Die alte Prophezeiung

sie kam in verschiedenen fassungen
von den Creek
& den Navajo
aber die botschaft ist immer klar
weiße werden kommen
(sie taten es)
sie werden das land nehmen
(sie taten es)
sie werden das Volk fast vernichten
(sie versuchten es)
sie werden das land verwüsten
(sie haben es getan)
dann werden sie verschwinden
(wir warten).

II. Kultur

Sitten, Gebräuche und Lebensweise

Brian M. Fagan

Steinzeitliche Bisonjagd

Die meisten der ausgegrabenen paläoindianischen Artefakte stammen von alten Jagd- und Fangplätzen, die uns viel über das Drama der Jagd erzählen. Aufgrund des Befunds entsteht leicht der Eindruck einer Vernichtungsorgie. Doch dieser Verdacht ist ebenso falsch wie die Annahme, Treibjagden seien eine relativ bequeme Art der Nahrungsbeschaffung. In Wirklichkeit ist das Bisontreiben schwierig, vor allem zu Fuß. Ungestört verlieren Bisons häufig ihre Scheu vor den Menschen. Ständiger Jagd ausgesetzt, werden sie unberechenbar. Wenn die paläoindianischen Jäger wie die Bisonjäger in geschichtlicher Zeit vorgingen, dann müssen sie die Herden genauestens beobachtet haben. Wahrscheinlich waren sie darauf bedacht, ihnen während der Verfolgung Ruhepausen zu gönnen. Rezente Bisons können problemlos über kurze Strecken von etwa einer Meile getrieben werden. Danach beginnen sie, auszubrechen und zu rennen. Dann ist es so gut wie unmöglich, sie aufzuhalten. Ein geschickter Jagdtrupp konnte eine Herde mehrere Tage lang unauffällig in ihrer Bewegungsrichtung beeinflussen, bis sie schließlich in der Nähe eines Fanggatters oder einer Klippe, über deren Rand die Tiere in den Tod stürzen sollten, angelangt waren. Die Jäger achteten darauf, daß die topografischen Gegebenheiten in Richtung der Falle soweit „arrangiert" waren, daß die Tiere in eine vorhersehbare Richtung ausbrachen. Sicherlich wurden auch Attrappen verwendet: Mit Bisonfellen bekleidete Männer näherten sich den ahnungslosen Tieren bis auf ein paar Meter, um sie in die richtige Richtung zu lenken. Die Jäger dürften hin und her gerannt sein und geschrieen haben, vielleicht schwenkten sie auch Häute, bis die Leittiere unter dem Druck der in panischer Furcht nachdrängenden Herde in die Tiefe stürzten oder den ersten Schritt in ein Fanggatter wagten, das unter einem niedrigen Felsvorsprung vorbereitet worden war.

Die Jäger kehrten offenbar mehrmals an den gleichen Ort zurück. In Agate Basin im östlichen Wyoming grub George Frison in einer natürlich entstandenen Mulde, die von steilwandigen Arroyos (Erosionsrinnen) [von etwa 3 m Tiefe] durchzogen war. [...] Die Jäger lenkten Gruppen von zehn bis zwanzig Bisons in das Bett des Arroyos ein paar hundert Meter unterhalb von steilen Prallhängen, wo man die Bisons stellen konnte. Sie trieben die verschreckten Tiere stromaufwärts auf die Felswand zu. Die Leittiere scheuten und versetzten die anderen Tiere in Panik. Die Jäger kamen ganz nahe heran und begannen, den in der Falle sitzenden Tieren mit Speeren zuzusetzen, während diese aus dem Arroyo herauszuspringen versuchten. Sobald die Indianer ihre Beute erlegt hatten, nahmen sie sie aus. Manche Tiere wurden an Ort und Stelle zerlegt, andere an einem Verarbeitungsplatz auf einem nahegelegenen Abhang. Nach den Zähnen der Bisons zu urteilen, handelte es sich meistens um ausgewachsene weibliche Tiere mit Jungtieren. Wahrscheinlich wurden sie einen Monat nach der Setzzeit, d. h. im späten Februar oder frühen März, erlegt. [...] Wenn eine Kuh oder ihr Kalb getötet wurde, konnte das andere Tier auf der Flucht erbeutet werden.

Frison fand in Casper 81 fragmentarisch oder vollständig erhaltene Projektilköpfe. Da er wissen wollte, wie die Jäger sie anwandten, nahm er eine für Hell Gap typische Geschoßspitze, befestigte sie mit Sehnen an einem geschlitzten Kiefernschaft und härtete die Bindung mit Kiefernharz. Anders als Flenniken verwendete Frison bei seinem Experiment keinen Vorschaft. Er stieß und schleuderte den 3,3 m langen Speer in den Kadaver eines Hausochsen. Dabei stellte er fest, daß ein besonders fester Stoß den Brustkorb und die Haut unter Umständen sogar bis zum Herzen durchdringen und so eine tödliche Verletzung herbeiführen konnte. Manchmal brach die Spitze sicher auch ab, aber für eine spätere Wiederverwendung konnte man sie leicht neu schärfen. Der Schaft war kräftig genug, um der Belastung zu widerstehen, selbst nach den stärksten Stößen. Ein geschickter Jäger konnte mit einem Langspeer, der ihn in gebührendem Abstand von seiner Beute hielt, kurz nacheinander todbringende Streiche ausführen, ohne sich selbst übermäßig in Gefahr zu bringen.

Werner Arens und Hans-Martin Braun
Der Büffel

Büffel ist die fälschliche Bezeichnung für den nordamerikanischen Bison. In den letzten Jahrhunderten erstreckte sich das Vorkommen des sog. indianischen Büffels *(Bison americanus)* über den gesamten Raum zwischen den Rocky und den Alleghany Mountains, also das Gebiet der sog. Plains-Indianer. Stammesbräuche und religiöse Riten wurden nachhaltig von den Gewohnheiten der Tiere beeinflußt. Die jahreszeitlichen Wanderungen der großen Büffelherden brachten es mit sich, daß die meisten Plains-Stämme ein nomadisches Leben führten und mit ihnen umherzogen.

Der Büffel war für die Stämme der Plains der wichtigste aller Vierbeiner. Er lieferte ihnen Nahrung, Kleidung und selbst Unterkunft, denn ihre Zelte waren aus Büffelhäuten gemacht. Weil der Büffel all diese Dinge in sich barg, war er für sie das natürliche Symbol des Universums. Jeder Teil des Büffels stellte korrespondierende „Teile" der Schöpfung dar.

Aufgrund der Größe der Herden entwickelten sich spezielle Jagdpraktiken, die auch schon in Vorzeiten beim Mammut angewandt worden waren. Man umzingelte z. B. eine Anzahl Büffel auf einem Platz, zündete das Präriegras an und schlachtete die vom Feuer gefangenen Tiere ab. Während der

Monate Juni, Juli und August, wenn die Tiere fett waren, wurden rituelle Stammesjagden veranstaltet. Nie jedoch wurden die Büffel, wie das später bei weißen Jagdgesellschaften der Fall war, nur um des Jagdabenteuers willen erlegt und dann ungenutzt liegengelassen. Man jagte, was man zum Leben benötigte. Im Winter, wenn das Umherziehen mit den Büffelherden unmöglich war, aß man getrocknetes Büffelfleisch.

Der Büffel soll der Lehrmeister der Wundärzte gewesen sein, indem er ihnen in Träumen zeigte, wo die erforderlichen Heilpflanzen zu finden und wie sie zu applizieren waren. Die fast totale Abhängigkeit der Plains-Stämme vom Büffel räumte dem Tier eine Sonderstellung ein: Es fungierte als Stammes-Totem, seine Erscheinung und Bewegung finden ihren Niederschlag in Stammes- und Personennamen, seine Gewohnheiten lieferten Bezeichnungen für die Monate, es wurde zum Führersymbol und galt als Urbild von Fülle und langem Leben. Zu seinen Ehren wurden Zeremonien abgehalten, Mythen erzählten von seinem Werden, volkstümliche Büffelgeschichten erfreuten jung und alt. Seine Vernichtung in den 70er und 80er Jahren des 19. Jhs. versetzte auch der alten Kultur und den Stämmen im Umkreis des Büffels den Todesstoß.

Brian M. Fagan

Das Aufkommen von Pferd und Gewehr

Mehr als 10 000 Jahre lang blühte auf den Plains die Großwildjagd. Die Jagdmethoden entwickelten sich langsam weiter, neue Waffen oder Treibtechniken hielten Einzug, veränderte Wetterzyklen bestimmten Dichte und Verteilung der Bisonherden. Die menschliche Bevölkerung blieb gering. Allmählich breitete sich von Mexiko her der Bodenbau aus;

er konnte schließlich ganze Dorfgemeinschaften ernähren, die sich an den ganzjährig Wasser führenden Flüssen, die die Plains durchkreuzen, niedergelassen hatten. Zwischen den Siedlern in den Tälern und den nomadisierenden Bisonjägern der weiten Ebenen gab es ständig Spannungen und Rivalitäten. Die Bauern trieben zwar Handel mit den Nomaden, aber beide Lebensformen waren relativ stabil, auch wenn die Größe der Dörfer sich ständig änderte. Diese Stabilität wäre wahrscheinlich länger erhalten geblieben, wenn die Europäer mitsamt ihren Pferden nicht gekommen wären.

Im Jahre 1547 n. Chr., etwa um die Zeit, als Jäger in Garnsey Bisons töteten, kam mit dem Spanier Pedro de Castañeda und seinen Konquistadoren das Pferd wieder auf die Plains. Es dauerte etwa ein Jahrhundert, bis die „rätselhaften Hunde", wie die Indianer sie nannten, die nördlichen Plains erreichten. Die neuen Tiere bedeuteten für das Leben auf den Plains drastische Veränderungen. Zuallererst erweiterte das Pferd den Jagdbereich des Jägers und ermöglichte es, große Fleischmengen zu transportieren. Viel mehr Jäger töteten viel mehr Bisons pro Jahr. Mit der Zeit wanderten die dezimierten Herden nach Westen über die Plains, weg vom Missouri. Ihre Felle und Häute waren gefragt, und die Jagd wurde in dem Maße schwieriger, als sich die Tiere vor den Menschen in acht nahmen. Das Pferd half dem Indianer zwar, mit großem Erfolg Einzeltiere zu verfolgen; aber die Nahrungsbeschaffung war immer risikoreich, selbst zu Beginn des 19. Jahrhunderts, als es noch genügend Bisons gab. Bei einer derart unsicheren Ernährungslage waren die Nomaden in den mageren Monaten auf die seßhaften Dorfbewohner in den Flußauen angewiesen, die sie mit Getreide versorgten. Das wiederum bedeutete für die Bauern Mehrbelastungen, weil die Frauen häufig mit der Verarbeitung von Bisonhäuten beschäftigt waren, Plünderungen die Kornspeicher leerten und Mißernten ein Dorf dem Hungerstod bedrohlich nahe brachten.

Die Nomadenstämme waren in einer starken Position. Sie konnten entweder auf Kosten ihrer bäuerlichen Nachbarn leben oder Bisonfleisch und Häute gegen Getreide eintauschen, wenn es ihnen gelegen kam. Die Nomadenbevölkerung auf den Plains wuchs an, als die Bisonbestände abnahmen. Manche einst seßhafte Gruppe wie die Dakota und Cheyenne wurden Wanderjäger und folgten damit dem Beispiel der Schwarzfußindianer und Comanchen, die schon seit Jahrhunderten auf die Jagd gingen. Der Bisongürtel wurde zum wirtschaftlichen Schlachtfeld, auf dem wilde Kriegsparteien in einem ständigen Kreislauf von Angriff und Vergeltung wechselseitig die Lager überfielen, Pferde stahlen und Vorräte erbeuteten.

Die Übernahme von Pferd und Gewehr – eine Waffe, die die Indianer von europäischen Händlern abhängig machte – führte zu einer chronisch unausgewogenen und unstabilen Lebensweise. Unausweichlich entstanden kulturelle Wertmaßstäbe, die höchst individualistisch ausgerichtet waren und ohne Rücksicht auf das Gemeinwohl Familie gegen Familie aufbrachten. Das Geschick des einzelnen konnte sich über Nacht infolge eines erfolgreichen Überfalls schon wieder verändert haben. Der über Kampf erworbene Reichtum kam dem Status einer Familie zugute. Der Rang des einzelnen wechselte ständig, weil Krieger untereinander um die Treue von Gefolgsleuten und Mitstreitern konkurrierten. Ein hitziges, aufregendes Zeitalter zog über den Plains herauf; die meisten Nomadenstämme glaubten, daß Altern etwas Schlechtes und es für einen Mann besser sei, im Kampf zu sterben.

Pferd und Feuerwaffe waren in den Händen rücksichtsloser Anführer Sprengstoff. Die Schwarzfußindianer der nördlichen Plains waren um 1740 mit die letzten Jäger, die das Pferd kennenlernten. Gleichzeitig erwarben sie Gewehre von den weiter im Osten lebenden Cree. Aus einer strategisch günstigen Position heraus, kontrollierten sie die Ausbreitung von Pferden und Gewehren. Sie wurden Meister des Überraschungsüberfalls. Ein Kriegertrupp sprengte heran, nahm die Pferde, streckte die Menschen gnadenlos nieder und verschwand am Horizont. Um 1850 erstreckte sich das Territorium der Schwarzfußindianer vom nördlichen Saskatchewan River bis zum heutigen Yellowstone-Nationalpark.

Die Schwarzfußindianer erreichten einen gewissen Bekanntheitsgrad, als europäische Pelzhändler und Siedler begannen, in die uralten Jagdgründe der Plains zu drängen. Nur wenige europäische Pelzhändler überlieferten Zeugnisse vom Leben auf den Plains vor Ankunft von Pferd und Büchse. Alexander Henry von der North West Company nahm 1776 an einem Jagdzug der Assiniboin-Indianer teil, kurz bevor das Pferd allgemein verbreitet war. Während die Frauen das Lager in der Nähe eines Jagdgatters aufschlugen, sandte der Anführer erfahrene Jäger zu Fuß aus, die die Tiere in den Pferch lockten. „Sie waren mit Wildochsenhäuten samt Fell und Hörnern bekleidet. Ihre Gesichter waren verdeckt, und ihre Gesten waren denen der Tiere so ähnlich, daß ich, wäre ich nicht eingeweiht gewesen, genauso getäuscht worden wäre wie die Rinder", staunte Henry. [...]

Pelzhändler wie Henry trugen dazu bei, daß der Keim für die großen Gemetzel gesät wurde, denn die Indianer tauschten begeistert Feuerwaffen gegen Biberpelze. Auf Pferden konnten die Indianer sehr viel mehr Bisons erlegen als jemals zu Fuß mit Pfeil und Bogen. Nun beteiligten sich auch weiße Jäger am Massaker und hinterließen Tausende von Kadavern, die auf den Ebenen verrotteten. Wie der Biber begann auch der Bison selten zu werden. Dann zogen sich die Eisenbahnen durch die Prärien. Spezielle Ausflugszüge brachten Jäger in ein Meer von Bisons. Die großen donnernden Herden mit ihren scheinbar unerschöpflichen Vorräten an Fleisch und Fellen verschwanden gleichsam über Nacht. Die letzten Spuren der althergebrachten Großwildjagd verloren sich unter den Gewehrsalven des 19. Jahrhunderts. Glücklicherweise haben gezielte Rettungsprogramme der letzten fünfzig Jahre den Bison vom Aussterben bewahrt, und heute weiden streng bewachte Herden auf den Plains, wie es ihre Vorfahren seit dem Ende der Eiszeit getan hatten.

Brian M. Fagan

Die Vorfahren der Eskimo

Über Jahrtausende jagten die Vorfahren der heutigen Eskimos Karibus und Moschusochsen, gelegentlich machten sie offenbar auch Abstecher an die Küste. Ihre Beute lebte so zerstreut, daß ihre Jagden sie vor 4000 Jahren über die Tundragrenze und das Eis des Arktischen Ozeans bis weit nach Nordgrönland hineinführten. In dieser Zeit waren die Menschen an der Beringstraße weit im Westen sehr viel stärker auf Meeressäugetiere angewiesen. Viele wurden geschickte Walroß- und Waljäger und lebten in festen Dauersiedlungen nahe bei den Wurfplätzen. Die Jäger verwendeten große Sorgfalt auf die Herstellung von Jagdwaffen aus Knochen und Elfenbein wie z. B. Harpunenspitzen. Vor 2000 Jahren blühte im gesamten Gebiet um das Beringmeer die „Norton-Tradition", benannt nach der Norton Bay, woher die ersten Artefaktfunde stammen. Es handelt sich um eine Kultur, deren Träger sich zu etwa gleichen Anteilen der Jagd im Inland, dem Fang von Meeressäugetieren und der Fischerei widmeten. Sie entwickelten sich zu beiden Seiten der Bering- und der Tschuktschen-See, und einige Siedlungen erreichten eindrucksvolle Größen. In der Nähe von Cape Nome in Alaska überdauerten allein 400 Überreste von Häusern. Viele Menschen lebten den größten Teil des Jahres in viereckigen festen Behausungen. Sie gruben ihre Häuser bis zu 50 cm in den Boden ein und statteten sie mit kurzen, schrägen Eingängen und Dächern aus, die mit Grassoden abgedeckt waren. Diese Bauweise schützte viel besser gegen die extremen arktischen Winter. Manche Gemeinschaften errichteten größere Männer-Versammlungshäuser, die *karigi.* Dort suchte man durch Gesang und Rezitation heiliger Texte [...] Kontakt und Zwiegespräch mit den übernatürlichen Mächten. Darin waren die Schamanen Meister; sie waren nicht nur Heiler, sondern konnten die Zukunft voraussagen und die Welt deuten.

Um Christi Geburt jagten die Norton-Leute in einem riesigen Gebiet, das vom südlichen Cook Inlet zur Beringsee und der Halbinsel Alaska bis hin zum Firth River im kanadischen Yukongebiet reichte. Die „Ipiutak"-Behausungen, benannt nach dem Ort bei Point Hope, an dem sie zuerst gefunden wurden, belegen eine hoch entwickelte Version der Norton-Tradition. Sie sind berühmt für ihre kunstvoll verzierten Harpunenspitzen, Pfeilspitzen und Messergriffe aus Geweih. Die Künstler stellten nicht nur Gebrauchsgegenstände her, sondern auch gravierten Perlenschmuck, durchbrochen gearbeitete Schnitzereien, Tierfiguren und winzige Figurinen in Menschengestalt.

Zu Beginn des ersten Jahrhunderts n. Chr. gaben Gruppen der „Thule-Traditon" an der Beringstraße die Jagd auf Landsäugetiere auf und lebten fast ausschließlich vom Meer. [...] Die Küsten, Inseln und Gewässer dieser Gegend waren erheblich ertragreicher als das Festland, sobald die Menschen die entsprechende Technologie zu ihrer effektiven Ausschöpfung zur Verfügung hatten. Diese Thule-Leute waren geschickte Kajakfahrer. Walroßjagd und Walfischfang entwickkelten sie zur Vollendung und eigneten sich eine Reihe von technischen Geräten an, die ihr Überleben im hohen Norden gewährleisteten.

Die Thule-Kultur verwertete nicht nur Knochen und Elfenbein, sondern auch polierte Schiefer zur Herstellung von Geschoßspitzen, Messern und des *ulu*, eines Messers mit halbmondförmiger Klinge, die häufig in einem geschnitzten Elfenbeingriff steckte. Die Jäger bauten große offene Fellboote, sogenannte *Umiaks*, die eine große Zahl von Menschen mitsamt ihrer Habe zu neuen Dörfern oder bei der Jagd vor der Küste transportieren konnten. Die Bootsführer, *Umialiks* genannt, genossen in den großen Walfängersiedlungen, die jetzt an den Küsten aufblühten, beachtliches gesellschaftliches Ansehen. Ihre exponierte Stellung beruhte auf Jagdgeschichten und Führungsqualitäten, oder auch auf der ihnen nachgesagten besonderen Spiritualität.

Der *Umiak* versetzte Jäger in die Lage, von sicherer Warte aus Wale und Walrosse zu harpunieren. Die Kippkopfharpune mit Basisfülle und aufgestecktem Vorschaft wurde neu entwickelt. Geschoßkopf und Schaft waren über eine Fangleine miteinander verbunden. Nach dem Wurf verankerte sich der abgelöste Kippkopf in der Beute; ruckartiges Ziehen an der Leine beschleunigte ihr Ausbluten. Dank der Leine konnten erlegte Tiere auch auf See geborgen werden. Eisjäger banden die Harpunenleine an einem passenden Eisbrocken fest. Walfänger ließen dem Tier mindestens 55 m Leinenfreiheit. Die Mannschaft konzentrierte sich darauf, daß der Wal das Boot schleppte und müde wurde. Die Walroßjagd erforderte große Geschicklichkeit. Wildere Tiere näherten sich dem Boot von unten, drehten sich auf den Rücken und schlitzten den Boden in Sekundenschnelle auf. Deshalb mußte die Crew wendig und immer auf der Hut sein. Das Walroß gilt bei heutigen Eskimos oft als geheimnisvolles, boshaftes Tier. „Walrosse sind wie Menschen ... sie hören, was man sagt", meinen die Eskimos. Trotzdem lohnte ein Walroß das Risiko. Wie der Bison lieferte es eine große Menge Fleisch, und man brauchte zwei Mann, um es auszunehmen. Für die Thule-Leute war dieses Tier lebensnotwendig. Sie verwendeten nicht nur Haut und Fleisch, sondern fertigten auch Gebrauchs- und Schmuckgegenstände aus Knochen und Elfenbein. Fisch- und Walroßfleisch waren wertvolle Nahrung für die Hundegespanne, die die robusten Thule-Schlitten bei jedem Wetter über Eis und Schnee zogen. Eine als Kältefalle wirkende Schleuse am Eingang der halbunterirdischen Behausungen bewährte sich selbst bei extremen Minusgraden, sperrte sich doch gleichsam die Wärme in den Häusern ein.

Amerigo Vespucci
„Ihre Körper sind wohlgeformt"

Kommen wir zu den vernünftigen Wesen. Wir fanden das Land [die Küstenregion Brasiliens] von Menschen bewohnt, die völlig nackt gingen, Männer und Frauen, ohne darüber die geringste Scham zu empfinden. Ihre Körper sind wohlgeformt, und die Körperteile stehen im richtigen Verhältnis, die Farbe ist weiß, die Haare sind schwarz, der Bartwuchs dünn oder nicht vorhanden. Ich unternahm einiges, ihr Leben und ihre Bräuche kennenzulernen, weshalb ich 27 Tage [im Jahre 1502] unter ihnen aß und schlief, und folgendes erfuhr ich bei ihnen.

Sie haben keine Gesetze und keinen Glauben, sie leben der Natur gemäß. Sie haben keinen Begriff von der Unsterblichkeit der Seele, es gibt unter ihnen kein persönliches Eigentum, weil alles gemeinsam ist; sie kennen keine Bezeichnung für Reich und Provinz; sie haben keinen König; sie gehorchen niemandem, jeder ist sein eigener Herr, sie kennen keine Freundschaft, kein Recht, dessen sie nicht bedürfen, weil sie nichts bekommen; sie wohnen gemeinsam in Häusern, welche nach Art sehr großer Strohhütten gebaut sind, und bei Menschen, die weder Eisen noch ein anderes Metall kennen, sind diese Hütten wohl als bewundernswerte Häuser zu bezeichnen, denn ich habe welche gesehen, die 220 Schritt lang und 30 Schritt breit waren, und hervorragend gebaut, und in einem von ihnen wohnten 500, ja sogar 600 Menschen. Sie schlafen in frei aufgehängten Baumwollnetzen, ohne jede Bedeckung; beim Essen sitzen sie auf der Erde; sie essen Kräuterwurzeln und die besten Früchte, Fisch unbegrenzt, große Mengen Schellfisch, und Krabben, Austern, Heuschrecken und Krebse und vieles andere, was das Meer hervorbringt. Das Fleisch, das sie essen, vor allem in Gemeinschaft, ist Menschenfleisch, ich werde das näher schildern. Können sie Fleisch von Landtieren und Vögeln bekommen, essen sie es, aber sie erbeuten, weil sie keine Hunde halten, wenig davon, und die Erde ist mit dichten Wäldern voll wilder Tiere bedeckt, so daß sie sich kaum in sie wagen, wenn sie nicht in großer Anzahl sind.

Die Männer haben die Sitte, sich Lippen und Wangen zu durchbohren und in die Löcher dann Knochen oder Steine, und keine kleinen, zu stecken, und die meisten von ihnen bringen sich drei Löcher bei, manche sieben und manche neun, in die sie Steine aus grünem und weißem Alabaster schieben, lang und breit wie eine Katalanische Pflaume, es scheint mir wider die Natur; sie sagen, sie täten es, um wilder auszusehen; es ist letztlich ein roher Brauch.

Sie heiraten nicht nur eine Frau, sondern so viele, wie sie wollen, und ohne großes Zeremoniell; wir haben nämlich einen Mann kennengelernt, der zehn Frauen hat; sie wachen sehr eifersüchtig über sie, und läßt eine von ihnen sich etwas zuschulden kommen, züchtigt er sie, wie er es für richtig hält, und verstößt sie, und damit ist sie geächtet.

Diese Menschen sind sehr fruchtbar; Erben gibt es nicht, weil es keinen persönlichen Besitz gibt; sind ihre Kinder, das heißt die Mädchen, geschlechtsreif, dann ist der erste, der sie besitzen darf, der nächste Verwandte, den sie haben, der Vater ist ausgenommen; dann werden sie verheiratet. Ihre Frauen entbinden ohne jede Zeremonie, es ist nicht wie bei den unsrigen; sie essen alles, gehen am selben Tag aufs Feld, waschen sich selbst, sie scheinen ihre Entbindung kaum zu fühlen.

Die Menschen werden sehr alt, denn wir haben Männer kennengelernt, die in ihrer Abstammungslinie bis zu vier lebende Generationen aufweisen konnten. Sie zählen nicht nach Tagen, Jahren oder Monaten, sondern messen die Zeit nur nach Monden, und um die Dauer einer Sache anzugeben, nehmen sie Steine, für jeden Mond einen Stein, und der älteste Mann, den ich fand, zeigte mir mit Steinen, daß er 1700 Monde alt sei, das sind ungefähr 132 Jahre, 13 Monde für ein Jahr genommen.

Des weiteren sind sie kriegerisch und grausam gegeneinander. Alle ihre Waffen sind, wie Petrarca sagt, *commessi al vento* [„dem Winde anvertraut"], also Pfeil und Bogen, Wurfspieße und Steine, und sie schützen ihre Körper nicht, weil sie so nackt gehen, wie sie geboren wurden, sie verfolgen im Krieg keine Taktik, außer daß sie den Ratschlägen ihrer Ältesten gehorchen, und wenn sie kämpfen, töten sie sich sehr grausam, und die den Platz behauptende Partei begräbt ihre Toten, die toten Feinde werden zerstückelt und verspeist. Ihre Gefangenen führen sie als Sklaven ab, mit den Frauen schlafen sie, und die jungen Männer verheiraten sie mit ihren Töchtern, und zu gewissen Zeiten, wenn sie eine teuflische Raserei überfällt, rufen sie die Verwandten und das ganze Volk zusammen, stellen die Mutter mit ihren Kindern, die sie von dem jungen Mann hat, vor alle hin, töten sie unter gewissen Zeremonien mit Pfeilen, und verspeisen sie, und das gleiche machen sie mit den oben genannten Sklaven und den Kindern, die von ihnen geboren wurden. Das alles ist sicher, denn wir fanden in ihren Häusern viel zum Räuchern aufgehängtes Menschenfleisch, und 10 arme Kreaturen kauften wir ihnen ab, Männer und Frauen, die für dieses Opfer, oder besser für dieses Verbrechen bestimmt waren. Wir tadelten sie heftig dafür, aber ich weiß nicht, ob sie sich besserten, und das für mich Verwunderlichste an ihren Kriegen und ihrer Grausamkeit ist, daß ich von ihnen nicht erfahren konnte, warum sie miteinander Krieg führen, denn sie haben keinen Besitz, weder Imperien noch Königreiche, sie wissen nicht, was Erbschaft ist, das heißt Eigentum, oder Herrschsucht, nach meiner Meinung die einzigen Gründe für Kriege und alle Arten von Unordnung. Fragte man sie nach dem Grund, wußten sie keinen anderen anzugeben, als daß der Krieg zwischen ihnen schon vor ihnen begonnen habe und sie nur den Tod ihrer Vorväter rächen wollten. Ich kann nur sagen, es ist unmenschlich; einer von ihnen hat mir gestanden, das Fleisch von über 200 Menschen gegessen zu haben, und ich glaube das und damit genug.

Urs Bitterli

Die Huronen

Zuerst [...] ein Wort zu den Huronen. Zu der Zeit, als die
ersten Franzosen mit ihnen in näheren Kontakt kamen, um
1615, umfaßte das Kernland der Huronen ein verhältnismäßig kleines Territorium im Südosten des Landes, zwischen
der Georgian Bay des nach ihnen benannten Sees und dem
Simcoe-See. Man nimmt an, daß sich ihre Bevölkerung, die
durch Herkunft und Sprache den Irokesen verwandt war, auf
über 20 000 Menschen belief und die Bevölkerungsdichte in
diesem Siedlungsgebiet erheblich größer war als in den Kü-
stengebieten. Die Huronen lebten in einem Stammesverband,
der sich aus mehreren ethnischen Gruppen zusammensetzte;
am bedeutendsten war der Stamm der „Bären", dem die
Hälfte der Gesamtbevölkerung angehörte. Als Wohnstätten
dienten hallenartige Rindenhütten, die über zwanzig Familien von durchschnittlich fünf Personen aufnehmen konnten.
Das Zusammenleben auf derart engem Raum verlief bemerkenswert konfliktfrei, was in den Berichten der Missionare
durchwegs rühmend vermerkt wird. „Sie sind einander sehr
zugetan", schreibt etwa der Jesuitenpater Le Jeune, „und
verstehen sich aufs beste; von Auseinandersetzung, Streitig-
keiten, Feindseligkeit und Unstimmigkeit läßt sich bei ihnen
nichts bemerken." Die Atmosphäre im Innern solcher indianischer Behausungen ist vom großen Klassiker der amerikanischen Geschichtsschreibung, Francis Parkman, anschaulich
beschrieben worden: „Demjenigen, der in einer Winternacht
bei ihnen eintrat", schreibt Parkman, „bot sich ein seltsames
Schauspiel: ein Blick auf die Feuer, welche den rauchge-
schwängerten Hohlraum erleuchten, die bronzefarbigen
Menschengruppen, die rundum versammelt waren, kochend,
essend, spielend oder sich mit müßigem Geplauder unterhal-
tend; häßliche Indianerfrauen, die sechs Jahrzehnte harter
Arbeit hatten zusammenschrumpfen lassen, schauerlich an-

zusehende alte Krieger, übersät mit den Narben von irokesischen Kriegsäxten; Jugendliche, die danach strebten, ähnliche Ehren zu erlangen, heitere Mädchen mit Muschelschmuck; ruhelose Kinder im bunten Durcheinander mit ruhelosen Hunden. Noch tauchte das Geflacker einer erlöschenden Flamme die wilden Gesichtszüge in ein lebhaftes Licht, doch nun erstarb der letzte prächtige Schimmer, und die Gruppe verschwand in der Dunkelheit, genauso wie ihre Stämme seither aus der Geschichte verschwunden sind."

Die Huronen, deren Name auf das französische „hure" zurückgeht, weil sie in ihrem Aussehen, wie die Kolonisten fanden, dem Wildschwein ähnelten, lebten in etwa 25 Dörfern und Weilern. Standort und Zahl dieser Siedlungen waren einem Wechsel unterworfen, da man weiterzuziehen pflegte, wenn das Brennholz verbraucht war und die Felder, die man nicht düngte, keinen Ertrag mehr abwarfen. Einige Dörfer waren mit Gräben, Wällen und Palisaden gegen Überfälle gesichert und dienten auch als Refugien für die Bewohner ungeschützter Siedlungen. Privater Landbesitz war unbekannt; aber es stand jeder Familie für eine bestimmte Zeit soviel Land zur Verfügung, wie sie für ihre Bedürfnisse brauchte. Angebaut wurden Mais, Bohnen, Kürbisse, Sonnenblumen, Hanf und Tabak. Die Gewässer im Siedlungsgebiet der Huronen waren sehr fischreich, und ihre Fangtechniken waren weit entwickelt. Dagegen herrschte an Wild zuweilen empfindlicher Mangel, auch wenn im Herbst oft Hirsche in großer Zahl in Gehege getrieben und erlegt wurden. Den Frauen oblag in der Regel alle Arbeit auf den Feldern und im Haus; die Männer zogen vom Sommer zum Herbst in alle Windrichtungen, um Handel mit den benachbarten Indianervölkern und den Kolonisten zu treiben, die Fischzüge in den Großen Seen abzuwarten, zu jagen und Krieg zu führen. Im Winter versammelte man sich wieder in den Dörfern.

Große Bedeutung kam angesichts einer im übrigen kargen Lebensweise den Festlichkeiten zu. Der Jesuitenmissionar Le Jeune, der um 1630 unter den Huronen lebte, unterscheidet vier Arten von Festen: eines, das dem Gesang und dem Essen gewidmet war, ein weiteres, mit dem Heilung von schwerer Krankheit gefeiert wurde, ferner ein Dankfest und ein Abschiedsfest. Diese Feste, deren Überschwang die Missionare sehr beunruhigte, fanden im Versammlungshaus der Siedlung statt und dauerten bis zu zwei Wochen. Dabei spielten die Medizinmänner eine besonders wichtige Rolle, sei es, indem sie als Wettermacher auftraten, Krankheiten diagnostizierten oder Träume deuteten. Diese Medizinmänner erschienen den Missionaren als ihre größten Widersacher, um so mehr, als manche ihrer Kenntnisse und Fertigkeiten ihnen bei den Stammesangehörigen großen Einfluß verschafften. [...]

Wohl anerkannten die Huronen die Existenz eines höheren Wesens und glaubten auch an die Unsterblichkeit der Seele, was von den Missionaren erleichtert vermerkt wurde. Aber die christliche Jenseitsvorstellung war ihnen ebenso fremd wie die Moralbegriffe gottgefälligen Lebenswandels. Ihre Gebete [...] zielten darauf ab, die Kräfte der sie umgebenden Natur zu beschwören und für ihre Vorhaben günstig zu stimmen. Diese grundsätzlichen Unterschiede der religiösen Vorstellungen erklären einen großen Teil der Schwierigkeiten und Mißverständnisse, mit denen sich die Missionsarbeit der Jesuiten konfrontiert sah.

Der hauptsächlichste dauernde Feind der Huronen waren [...] die Irokesen südlich des St. Lorenzstromes, mit deren erbitterter Gegnerschaft jedermann zu rechnen hatte, der sich ihnen nicht unterwarf. Die Art der Kriegsführung zwischen Huronen und Irokesen war gekennzeichnet durch Überfälle, Massaker und Vandalismus. Als Waffen dienten beiden Seiten Keulen, Bogen und Pfeil, nach dem Kontakt mit den Europäern zunehmend auch Tomahawks und Flinten. Weder Huronen noch Irokesen kannten eine allgemeine Wehrpflicht, festgefügte Formen einer militärischen Organisation oder langfristige strategische Konzepte; über Krieg und Frieden entschieden Häuptlinge in Absprache mit ihren Gefolgsleuten. In der Kunst der Kriegsführung und in der militärischen

Ausrüstung scheinen die Irokesen den Huronen, wie auch andern benachbarten Stämmen, deutlich überlegen gewesen zu sein.

Ruth Benedict

Besitz und seine feierliche Verteilung: Das Potlatsch der Kwakiutl

Die Stämme an der Nordwestküste verfügten über großen Besitz, für den strikte Eigentumsrechte galten. Es handelte sich um Besitz im Sinne von Erbgut, und zwar bildete Erbgut bei ihnen die Grundlage der Gesellschaft. Es gab zwei Arten von Besitz. Grund und Boden sowie Fischereigewässer waren Gemeinbesitz einer Gruppe von Verwandten und vererbten sich auf alle Angehörigen dieser Gruppe weiter. Bebaute Felder gab es kaum, aber die einzelne Familie besaß Gebiete, innerhalb welcher sie das ausschließliche Jagdrecht hatte, andere, in denen nur ihre Angehörigen Beeren sammeln oder nach Wurzeln graben durften. Kein anderer hatte auf ihrem Gebiete etwas zu suchen. Ebenso besaß jede Familie ihre genau abgegrenzten Fischereigewässer. Oft hatten die Leute weite Wege bis zu der Strandparzelle zurückzulegen, wo sie zum Muschelgraben berechtigt waren, während der Strandstreifen unmittelbar am Dorfe einer anderen Familie gehörte. [...]

Es gab jedoch noch wertvolleren Besitz, bei dem die Eigentumsrechte anderer Art waren. Der Eigentumsbegriff der Kwakiutl fand seinen eigentlichen Ausdruck jedoch nicht in der Anhäufung von materiellem Besitz, wenn diese auch sehr weit getrieben wurde. Der am höchsten eingeschätzte Besitz bestand aus Privilegien, welche über das rein materielle Wohlergehen hinausgingen. Ein großer Teil davon bestand aus realen Dingen wie mit heraldischen Darstellungen bedeckten

Dachstützpfeilern oder Eßbestecken oder Wappenpfählen vor dem Hause, aber die Mehrheit bildeten doch abstrakte Werte: Namen, Legenden, Lieder und Vorrechte. Sie waren Gegenstand des Stolzes eines reichen Mannes. Alle diese Vorrechte waren, obwohl sie sich innerhalb der Familie weitervererbten, doch nicht Gemeinbesitz, sondern standen jeweils einer Einzelperson zu, die allein und ausschließlich die darin begriffenen Rechte ausüben konnte.

Die wichtigsten dieser Privilegien und die Grundlage für alle anderen bildeten die Adelstitel. Jede Familie, jeder kultische Verband verfügte über eine Reihe von Titularnamen, welche den Einzelpersonen bzw. Mitgliedern je nach Erbrechten und finanzieller Position zukamen. Diese Titel verliehen im Stamme Adelsrang. Sie wurden als Personennamen verwendet, galten aber als Bezeichnungen, zu denen, der Überlieferung nach, nichts hinzugefügt und von denen nichts fortgenommen worden war, solange die Welt besteht. Wenn nämlich jemand einen solchen Namen führte, dann vereinigte er in seiner Person all die Größe der Vorfahren, die diesen Namen vor ihm geführt hatten. Wenn er ihn an seinen Erben weitergab, begab er sich selbst jeglichen Rechts, ihn als seinen eigenen weiterzuführen.

Die Verleihung eines solchen Titels hing aber nicht von der Abstammung allein ab. Erstens hatte nur der Erstgeborene ein Anrecht darauf, und die jüngeren Brüder entbehrten jeglichen Ranges, gehörten also zur „Plebs". Zweitens mußte das Recht auf einen solchen Titel durch die Verteilung vieler Wertsachen zu erkennen gegeben werden. Die Hauptbeschäftigung der Frauen bestand nicht in der Arbeit im Haushalt, sondern in der Herstellung möglichst großer Mengen von Matten, Körben und Zedernbastdecken, die dann in den wertvollen Kisten, welche die Männer für diesen Zweck angefertigt hatten, aufgehoben wurden. Ebenso suchten die Männer einen Vorrat an Booten sowie den als Geld dienenden Muschel- und Röhrenschneckenschalen anzusammeln. Um etwas zu gelten, mußte man riesige Mengen von Wertgegenständen entweder besitzen oder gegen Zinsen ausgeliehen haben. Diese Wertgegenstände gingen wie Banknoten von Hand zu Hand und verliehen den angemaßten Vorrechten Gültigkeit. [...]

Jede Person, gleich ob männlichen oder weiblichen Geschlechts, die etwas gelten wollte, beteiligte sich schon als Kind an diesem wirtschaftlichen Wettbewerb. Bei seiner Geburt hatte das Kind einen Namen bekommen, welcher lediglich den Ort der Geburt andeutete. Wenn nun die Zeit für die wirkliche Namensgebung gekommen war, bekam es von den Familienältesten eine Anzahl Decken zum Verteilen. Nach der Verleihung des neuen Namens verteilte das Kind dann dieses sein Gut unter die Verwandten. Die Empfänger dieser Gaben mußten darauf sehen, die Schuld pünktlich zurückzuzahlen, und zwar mit beträchtlichen Zinsen. Wenn ein Häuptling, der zu den so Bedachten gehörte, kurz danach einen Teil seiner Wertgegenstände öffentlich verteilte, mußte er dem Kinde das Dreifache von dem, war er bekommen hatte, zurückgeben. Am Ende des Jahres mußte nun der Knabe denen, die ihn seinerzeit „finanziert" hatten, seine Schuld mit 100 Prozent Zinsen zurückzahlen, hatte aber den verbleibenden Rest als Eigentum für sich, und dieser kam der ursprünglichen Anzahl Decken gleich. Einige Jahre hindurch lieh er diese wieder aus und kassierte dafür Zinsen ein, bis er genug beisammen hatte, um seinen ersten, traditionellen „Potlatschnamen" bezahlen zu können. Wenn er nun soweit war, versammelten sich die Verwandten und die Stammesältesten. In Gegenwart des ganzen Volkes und im Beisein des Häuptlings und der Ältesten verlieh ihm dann sein Vater einen Namen, der seine gesellschaftliche Stellung im Stamme bezeichnete.

Dieses Spiel des Abschätzens und Ausübens all der Sonderrechte und Titel, die man von den Vorfahren erben, geschenkweise erhalten oder erheiraten konnte, bildete die Hauptbeschäftigung der Indianer der Nordwestküste. Jedermann nahm je nach Vermögen daran teil; von der Teilnahme ausgeschlossen zu sein bildete das Hauptmerkmal des Sklaven. Das „Finanzgebaren" dieser Leute ging weit über den Rahmen des wirtschaftlich Notwendigen hinaus. Es schloß auch die Begriffe Kapital, Zins und offenkundige Verschwendung mit ein. Reichtum bestand nicht nur in Wirtschaftsgütern – oder in Wertgegenständen, die man in Kisten wegschloß und nur für den Potlatsch herausnahm –, sondern charakteristischerweise auch in Sonderrechten nichtwirtschaftlicher Art: Lieder, Legenden, die Namen der Stützbalken des Häuptlingshauses, die Namen ihrer Hunde, ihre Boote – alles dies gehörte auch zum Besitz. [...] Bei den benachbarten Bella Coola bildeten Familiensagen einen derartig hochgeschätzten und eifersüchtig gehüteten Besitz, daß es beim Adel zur Gewohnheit wurde, nur noch innerhalb der Sippe zu heiraten, damit man nur ja einen derartigen Reichtum nicht an Außenstehende, die seiner nicht würdig gewesen wären, weiterzugeben brauchte. [...]

Diese primäre Verbindung von Reichtum mit der Betonung von Adelstiteln stellt jedoch nur einen Teil des Gesamtbildes dar. Die Beweggründe, die den Mann von der Nordwestküste nach Adelstiteln, nach Reichtum, nach Wappen und Vorrechten streben ließen, enthüllen die treibenden Kräfte seiner Kultur: Sie waren seine Waffen für einen Wettbewerb, in dem er seine Rivalen zu übertrumpfen hatte. Jeder wetteiferte je nach seinen Mitteln mit allen anderen, um sie im Verteilen von Wertgegenständen zu übertreffen. Der Knabe, der eben erst sein erstes Besitzstück bekommen hatte, suchte sofort nach einem Altersgenossen, an den er dieses weitergeben konnte. Der Auserkorene konnte das Danaergeschenk nicht zurückweisen, weil er sich dann von vornherein hätte für besiegt erklären müssen, und mußte den gleichen Wertbetrag drauflegen. Wenn die Rückgabe fällig war und er nicht den Wert der Gabe mit 100 Prozent Zinsen zurückerstatten konnte, so gereichte ihm dies zu großer Schande, während das Prestige des Rivalen in gleichem Maße stieg. Der damit begonnene Wettstreit dauerte das ganze Leben hindurch an. War man dabei erfolgreich, dann konnte man immer höhere Werte einsetzen und sich an immer gefährlichere Gegner wagen. Es war dies ein richtiggehender Kampf. „Wir kämpfen nicht mit Waffen, sondern mit unserem Besitz!" sagten sie. Ein Mann, der eine Kupferplatte weggegeben hatte, hatte seinen Rivalen in ebenso hohem Ausmaße besiegt, wie wenn er ihn in einer Schlacht überwunden hätte. Bei den Kwakiutl wurde beides gleich hoch gewertet. Einer ihrer Tänze wurde „Blut ins Haus bringen" genannt; die Schierlingskränze, welche die Männer dabei trugen, sollten im Kampf erbeutete Köpfe darstellen. Die Tänzer warfen die Kränze unter Nennung der Namen der durch sie dargestellten Feinde ins Feuer; Gebrüll erscholl, wenn das Feuer aufflackerte, um die Kränze zu verzehren. In Wirklichkeit aber stellten diese Kränze weggegebene Kupferplatten dar, und die Namen, die man ausrief, waren die Namen besiegter Gegner! [...]

Alle an der Nordwestküste anerkannten Triebkräfte hatten den Willen zur sozialen Überlegenheit zum Mittelpunkt. Ihre Gesellschaftsorganisation, ihre wirtschaftlichen Einrichtungen, Religion, Geburt und Tod – alle waren nur Ausdrucksmittel für dieses Bestreben. Nach ihren Begriffen gehörte zum Triumph auch das in aller Öffentlichkeit erfolgende Lächerlichmachen und Verhöhnen der Gegner, die ja, wie es Brauch war, zu den eingeladenen Gästen gehörten. Für einen Potlatsch schnitzte die Partei des Veranstalters Karikaturen des Häuptlings, für den die Kupferplatte bestimmt war, in Lebensgröße. Seine Armut wurde durch die hervorstehenden Rippen ausgedrückt, und seine vollkommene Bedeutungslosigkeit dadurch, daß man ihn in irgendeiner unanständigen Positur darstellte. [...]

Das ganze Wirtschaftssystem der Nordwestküste war auf diese fixe Idee ausgerichtet. Es gab zwei Wege für einen Häuptling, den Sieg zu erkämpfen: Der eine bestand darin, daß er seinen Rivalen dadurch in Schande brachte, daß er ihm mehr anbot, als dieser mit den üblichen Zinsen zurückzahlen konnte. Der andere bestand in Güterzerstörung. In beiden

Fällen mußte das Angebot erwidert werden. Im ersten wurde die Habe des Gebers vermehrt, im zweiten beraubte er sich selbst seiner Vermögenswerte. Die Folgen dieser beiden Methoden scheinen für uns ganz verschiedener Art zu sein, für den Kwakiutl aber waren es lediglich einander ergänzende Mittel zur Besiegung des Gegners. Der höchste Ruhm, den man sich je erwerben konnte, war der, den Gegner übertrumpft zu haben. Es handelte sich hier um eine Herausforderung, genau wie beim Verkauf einer Kupferplatte. Der Gegner mußte, wenn er nicht beschämt dastehen wollte, daraufhin die gleiche Menge an Gut und Geldeswert vernichten.

Die Güterzerstörung hatte viele Erscheinungsformen. Große Potlatschveranstaltungen, bei denen große Mengen Olaschenöl verbraucht wurden, wurden als Vernichtungswettbewerb angesehen. Die Gäste wurden dabei in verschwenderischer Weise mit Öl bewirtet, auch wurde Öl ins Feuer gegossen. Da die Gäste in unmittelbarer Nähe des Feuers saßen, verursachte ihnen die durch das brennende Öl erzeugte Hitze erhebliches Unbehagen – auch das galt als Teil des Wettbewerbs. Um das Gesicht zu wahren, mußten sie unbeweglich neben dem Feuer sitzen oder liegen bleiben, auch wenn dieses so hoch aufloderte, daß die Dachsparren zu brennen anfingen. Der Gastgeber selbst mußte sich gegenüber der drohenden Zerstörung seines Hauses vollständig gleichgültig stellen. Einige der großen Häuptlinge hatten auf dem Dach ihres Hauses eine aus Holz geschnitzte Figur, die einen Mann darstellte. Sie wurde der „Speier" genannt, da sich aus ihrem Munde ständig ein dicker Strahl des kostbaren Olaschenöls, das aus einem danebenstehenden Behälter zufloß, in das darunter brennende Herdfeuer ergoß. Wenn das Ölfest nun die Feste, die der eingeladene Häuptling bisher veranstaltet hatte, übertraf, mußte dieser fortgehen und sofort mit den Vorbereitungen für ein Revanchefest, das noch großartiger werden sollte, beginnen. Wenn er glaubte, daß sein eigenes, letztes Fest glanzvoller gewesen sei, überhäufte er den Gastgeber mit Schmähungen, worauf dieser nach einer anderen Möglichkeit für die Darstellung seiner Größe suchen mußte.

Zu diesem Behufe konnte er beispielsweise seine Dienerschaft beauftragen, vier Boote zu zerschlagen und die Trümmer in einem großen Haufen auf der Feuerstelle aufzutürmen. Auch konnte er einen Sklaven töten oder eine Kupferplatte zerbrechen. [...]

Die Haltung, die man von einem Häuptling erwartete, waren Arroganz und Tyrannenallüren. Natürlich gebot schon die Kulturauffassung einer allzu despotischen Auslegung der Häuptlingsrolle Einhalt. Der Häuptling durfte nicht so weit in der Güterzerstörung gehen, daß das Volk dadurch verarmte, und sich auch nicht in Wettbewerbe einlassen, durch die er seinen Stamm wirtschaftlich ruiniert hätte. Die ihm von der Gesellschaft gesetzten Schranken, die dafür sorgten, daß sich seine Aktivität innerhalb gewisser Grenzen hielt, waren in das Gewand einer Tabuvorschrift gekleidet: In das Tabu, das auf dem Übermaß ruhte. Übertreibung war immer eine gefährliche Sache, und ein Häuptling mußte wissen, wie weit er gehen durfte. Diese durch Sitte und Brauchtum gesteckten Grenzen boten Raum genug für, wie wir sehen werden, recht große Sprünge, aber sie waren da, wenn ein Häuptling seine Ansprüche an die Mithilfe des Stammes zu hoch schraubte. Nach dem Glauben der Nordwestküste verließ das Glück denjenigen, der den Bogen überspannte. Seine Anhänger fielen von ihm ab. Die Gemeinschaft legt eben ihren Angehörigen einschränkende Verpflichtungen auf, wenn uns diese auch wunderlich erscheinen mögen.

Emory Sekaquaptewa

Kachinas im Leben der Pueblo-Indianer

Bei den Hopi gilt der Kachina als wirkliches Wesen. Kindern wird von der Zeit an, wo sie verstehen und sprechen lernen, bis zu ihrem achten oder zehnten Lebensjahr beigebracht, daß es den Kachina wirklich gibt. Jede Begegnung des Kindes mit einem Kachina ist eine Begegnung mit einem geistigen Wesen, das wirklich existiert. Es gibt eine Vielfalt von Wegen, auf denen die Hopi versuchen, dem Kind dessen tatsächliche Existenz zu beweisen. Der Kachina ist lauter Güte und Liebe. Er gibt den Kindern auch Geschenke, in welcher Erscheinungsform er auch gerade auftreten mag. Deshalb fällt es mir ziemlich schwer, Beschreibungen des Kachina beizupflichten, wie sie häufig in der Literatur vorkommen. Der Kachina wird oft als grotesk beschrieben, doch das Hopi-Kind nimmt den Kachina nicht als grotesk wahr.

Die Art, wie der Kachina sich dem Kind gegenüber verhält, verlangt von ihm gutes Betragen. Als Kindern brachte man uns bei, daß alle Dinge, die vom Kachina kommen, gewisse geistige Gaben der Vermehrung in sich tragen. Das soll heißen, wenn wir eine Schale mit Früchten oder etwas anderes erhielten, wurde das Geschenk nach Hause getragen und in die Mitte des Raumes gestellt. Man gab uns dann Maismehl und bat uns, nach draußen zu gehen und auf unsere Kinderart um die Fülle dessen, was wir erhalten hatten, zu beten. Und wenn wir wieder ins Haus kamen, gab es da mehr, als wir tatsächlich aus der Hand des Kachina erhalten hatten. Diese Art Übung läßt in den Hopi-Kindern die Vorstellung entstehen, daß der Kachina das Symbol des vollkommenen Guten ist.

Dann wieder gibt es Zeiten, wo der Kachina Sinnbild des Tadelns ist. Wenn das Kind Böses tut, wird ihm entweder gedroht, der Kachina werde ihm seine Zuneigung entziehen, oder sogar, daß die Kachinas kommen, um es seiner Person zu

Korkokshi Kachinas (Regentänzer für Gott) tanzen auf dem Marktplatz im Zuni Pueblo, New Mexico. Von Adam Clark Vroman im Sommer 1899.

berauben. Es gibt verschiedene Möglichkeiten, dies darzustellen. Ich erinnere mich an ein kleines Stück, das aufgeführt wurde, um den Kachina *Soya* zu besänftigen. Der Soya ist ein Menschenfresser genannt worden, doch das ist falsch. Der Soya dient dazu, einem Kind wegen schlechten Betragens zu drohen, dem Kind jedoch scheint er alles andere als ein Menschenfresser zu sein. [...] Er erscheint zu einer bestimmten Jahreszeit, und bestimmte Kinder werden durch ein warnendes Wort auf sein Erscheinen vorbereitet. Wenn sie sich nicht gut betragen, sich nicht bessern, wird der Kachina kommen und sie holen. Doch Drohungen sind nie sehr wirkungsvoll, wenn es nicht irgendeine Möglichkeit gibt, durch die das Kind [...] lernt, wie man aus einer solchen Lage wieder herauskommt. Also legen sich die Eltern [...] einen Plan zurecht, wie das Kind im letzten Augenblick zu retten sei.

Der folgende Plan wurde in dem Fall benutzt, von dem ich hier erzähle: Der Junge – er war kaum sechs Jahre alt – war böse gewesen, und so wurde ihm gedroht, der Soya werde kommen und ihn mitnehmen, weil er böse war. Also hatten die Eltern für den Tag, da der Kachina erscheinen würde, geplant, daß sie, wenn die Kachinas an die Türe kämen, den Jungen hinausschicken würden, und die Mutter würde mit ihm gehen und dem Kachina allen Ernstes erklären, daß es nicht richtig und auch nicht an der Zeit sei, den Jungen zu holen, denn er heirate gerade. Er sei der Bräutigam, und ehe diese sehr wichtige Zeremonie nicht beendet sei, könnten sie ihn nicht haben. Die Kachinas wollten natürlich einen Beweis. Ja, sie bestanden darauf; und nach großem Aufruhr und viel Erregung wurde schließlich die Braut herausgeführt, um zu zeigen, daß wirklich eine Hochzeit stattfand. Die Braut war, wie sich zeigte, die alte Großmutter, die in vollem Brautschmuck erschien. Darauf beteuerten Braut und Bräutigam gemeinsam den Kachinas, daß die gerade stattfindende Zeremonie wirklich sehr wichtig sei. Bei einer Eheschließung sind die Verwandten beider Seiten natürlicherweise sehr an der Aufrechterhaltung der Verbindung interessiert. Also schritten die Verwandten ein, und sie waren bald zahlreicher als die Kachinas; so wurde der Junge gerettet. Er lernte nicht nur, wie wichtig gutes Betragen ist, sondern dieses Schauspiel stärkte auch sein Geborgenheitsgefühl, indem es ihm zeigte, daß es Menschen gibt, die ihm tatsächlich zur Seite stehen. [...]

Schließlich kommt eine Zeit, wo das Kind bereits einen gewissen Grad an Verantwortung und Verständnis besitzt, wo es die Fähigkeit zeigt, von der geistigen Welt ein wenig mehr zu verstehen. Dann sind die Kinder bereit zur Initiation in die Kachina-Zeremonie. Diese Zeremonie ist ziemlich kompliziert und will den jungen Menschen (d. h. Junge wie Mädchen, obwohl ich hier meine eigene Erfahrung als Junge wiedergebe) mit dem konfrontieren, was der Kachina wirklich ist und was er geistig bedeutet; dabei wird versucht, ihm bei der Unterscheidung zwischen geistigem und dinglichem Sein des Kachina zu helfen. Er sieht, daß er nun berechtigt ist, am Kachina-Tanz teilzunehmen, genauso wie sein Vater, seine Brüder, seine Onkel, die er alle in hohen Ehren hält. Nun wird er als einer der ihren teilnehmen. Auf diese Art lernt er, sich mit der Erwachsenenwelt zu identifizieren. Weil dies auf so dramatische Weise geschieht, gewinnt er ein sicheres Fundament. Wenn ihm gezeigt wird, daß der Kachina nur eine Nachahmung ist, eine Nachahmung, die einen geistigen Kern besitzt, dann wird sein Geborgenheitsgefühl nicht zerstört. Im Gegenteil, diese Erfahrung gibt dem einzelnen die für eine andere Phase des Lebens in der Gemeinschaft benötigte Stärke.

Da der Kachina eine so beherrschende Rolle im Leben der Kinder spielte, drehten sich ihre Phantasievorstellungen meistens um den Kachina. Vor der Initiation bestand die Mehrzahl ihrer Phantasiespiele darin, ihm nachzueifern. So beginnt das Kind schon sehr früh, ein Gespür für das Eintauchen in diese geistige Wirklichkeit zu entwickeln. Wenn es eingeweiht und berechtigt ist, selber als Kachina mitzumachen, fällt es ihm nicht schwer, nun als Teilnehmer der echten Kachina-Zeremonie zu „phantasieren". Genau darin besteht das eigentliche Wesen der Kachina-Zeremonie. Das Phantasieleben geht weiter trotz der Initiation, deren Wirkung auf den ersten Blick darin besteht, dem Kind zu zeigen, daß alles nur Spiel ist, daß wir jetzt erwachsen sind und nicht mehr glauben. Die Idee des So-tun-als-ob hat bei den Männern und Frauen der Hopi bis ins Erwachsenenleben hinein Bestand, und was mich angeht, muß sie das ganze Leben hindurch Bestand haben. Denn es gehört wesentlich zu den Kachina-Zeremonien, daß man sich in die geistige Welt hineinversetzt, in die Welt der Phantasie oder die Welt des Als-ob. Wem das nicht gelingt, dem bleibt geistige Erfahrung versagt.

Wolfgang Reinhard
Die Kulturen Mittelamerikas

Erster historisch faßbarer Vorläufer der toltekisch-azteki-schen Hochkulturen im zentralen Hochland von Mexiko war die Kultur von Teotihuacán. Das Wort „Teotihuacán" ist aztekisch und heißt „Ort, wo Götter wohnen". Die Ruinen von Teotihuacán waren für die Azteken bereits legenden-umwoben; sie kannten jene Stadt weniger genau als die heuti-gen Archäologen. Mit großer Wahrscheinlichkeit kam im Tal von Teotihuacán auf der Grundlage intensiver Bewässerungs-landwirtschaft ein Wachstum der Bevölkerung des städti-schen Zentrums zustande. Bereits im 1. Jahrhundert n. Chr. soll Teotihuacán 30 000 Einwohner und eine Fläche von 17 Quadratkilometern gehabt haben, zur Blütezeit im 5. und 6. Jahrhundert sollen es 85 000–100 000 Menschen und über 20 Quadratkilometer gewesen sein. Ende des 1. Jahrhunderts wurde die sogenannte „Sonnenpyramide" (ebenfalls eine spätere aztekische Bezeichnung) errichtet, die zweitgrößte des Kontinents mit 222 × 225 m Kantenlänge, 63 m Höhe und 1,3 Millionen Kubikmeter Rauminhalt (zum Vergleich die Maße der Cheopspyramide: Seitenlänge 230 m, Höhe heute 137 m). Im 2. Jahrhundert n. Chr. folgte die 42 m hohe „Mondpyramide" und der Tempel der gefiederten Schlange, das Zentrum der Stadt. Die Götterdarstellungen waren sehr viel abstrakter als bei den Olmeken, eine Schrift ist kaum erhalten. Doch kann man durch Rückschlüsse aus der Azte-kenzeit verschiedene damals noch verehrte Götter „identifi-zieren", neben der gefiederten Schlange Quetzalcóatl vor allem den Regengott Tlaloc, eine strategische Figur für das von Trockenheit bedrohte Hochland! Fresken stellen wohl sein Paradies dar, Bäche und Wiesen mit Blumen, Mais, Schmetterlingen und glücklichen Menschen.

Die Gebäude der Innenstadt sind so ausgedehnt, daß sie vielleicht von ganzen Sippen bewohnt wurden. Große Plätze können als Marktplätze gedeutet werden, denn wir wissen heute, daß diese erste Großstadt Amerikas kein bloßes religiöses Zentrum gewesen ist, wie man früher vermutet hatte, sondern umfangreichen Handel trieb. Grundproblem der mexikanischen Hochlandkulturen war und blieb es, daß sie für die begehrten Produkte des Tieflandes (Baumwolle, Kakao, Federn, Jade usf.) keine ähnlich kostbaren Naturprodukte anzubieten hatten. Teotihuacán scheint dieses Problem durch Export von Töpferwaren und bearbeiteten Obsidianklingen gelöst zu haben. Diese Waren hat man Tausende von Kilometern entfernt gefunden. Darüber hinaus gibt es massive kulturelle Überlagerung durch Teotihuacán-Einfluß bis nach Guatemala in den klassischen Maya-Städten des 5. Jahrhunderts. Sollten wir es doch nicht mit den rein geistigen Einflüssen einer friedlichen Priesterherrschaft, sondern mit einem Erobererreich aztekischen Zuschnitts zu tun haben? Daß kriegerische Darstellungen in Teotihuacán anders als in den späteren mittelamerikanischen Kulturen selten auftreten, braucht angesichts historischer Parallelen nicht viel zu besagen. Im 7. oder 8. Jahrhundert wurde die Stadt verlassen; Zerstörungen deuten auf gewaltsame Auseinandersetzungen.

Etwas später erreichte dasselbe Schicksal auch das zweite große Zentrum des damaligen Mexiko, Monte Albán im Tal von Oaxaca. In diesen großartigen Ruinen sind in einer Frühphase olmekische Einflüsse festzustellen, später dominierte Teotihuacán. Doch kommt der eigenständige Charakter dieser Kultur darin zum Ausdruck, daß Schrift und Kalender hier weiter entwickelt waren als in gleichzeitigen mittelamerikanischen Zentren, die Maya ausgenommen. Dem entsprach noch in historischer Zeit, bei der spanischen Eroberung, ein außergewöhnliches Gewicht der Priesterschaft bei den dort lebenden Zapoteken.

Die Kultur der Maya läßt sich in drei „Provinzen" gliedern, die gleichzeitig eine Art zeitlicher Abfolge entsprechen. Die ältesten Zentren der präklassischen Periode (2600 v. Chr. bis 100/300 n. Chr.) lagen an der Pazifikküste Guatemalas, wo olmekischer Einfluß festzustellen ist, und im Hochland von Guatemala, wo Kaminaljuyú bei Guatemala-Stadt längst eine wichtige Rolle spielte, bevor es im 4. nachchristlichen Jahrhundert zu einer Festung der Teotihuacán-Leute ausgebaut wurde. Von hier sind die Maya oder zumindest ihre Kultur höchstwahrscheinlich zum Schauplatz ihrer „klassischen Periode", des sogenannten „Alten Reiches", gewandert, dem tropischen Regenwaldgebiet im Tiefland des nördlichen Guatemala und des angrenzenden Mexiko (Tikal, Copán, Palenque). Die Halbinsel Yucatán war zwar damals bereits besiedelt, wurde aber erst in der „nachklassischen Periode" Brennpunkt des „Neuen Reiches", nachdem die Kultur des Urwaldgebiets seit 600 stagniert hatte und gegen 900 weitgehend abgestorben war – ein Bruch von einer Schärfe, wie er in der Geschichte selten belegt ist.

Dank der Gewohnheit der Maya, in regelmäßigen Abständen Stelen zu errichten, auf denen mit Skulpturen und datierten Inschriften die Geschichte festgehalten wurde, läßt sich die Dauer der klassischen Periode exakt bemessen; 292 n. Chr. wurde im tropischen Regenwaldgebiet die erste, 928 die letzte erhaltene Stele aufgestellt. Diese genauen Angaben sind möglich, weil die Maya ihre Datierungen auf ein fiktives Anfangsdatum bezogen, das im Jahre 3113 v. Chr. angesetzt ist. [...] Die Inschriften geben in einer besonderen Schreibweise, der sogenannten „langen Rechnung" an, wieviel Tage seit diesem Anfangsdatum der Geschichte verstrichen sind. Die Richtigkeit der Korrelation mit unserer Zeitrechnung steht inzwischen dank der Aufzeichnung bekannter astronomischer Ereignisse zweifelsfrei fest: Es gibt bereits ein Programm zum raschen Umrechnen von Maya-Daten in Daten unseres Kalenders.

Die hochentwickelte Arithmetik der Maya war weder wertfreie Wissenschaft noch Instrument ökonomischer Bedürfnisse; sie diente ausschließlich der Bewältigung astronomischer oder, im Sinne der Maya gesprochen, religiöser Probleme, die ihren Niederschlag im Kalender fanden. Die

Priester-Astronomen standen vor der Aufgabe, nicht weniger als sechs Jahreszyklen zu synchronisieren: Sonnenjahr, Mondjahr, Venusumlauf, Fixsternzyklus sowie zwei Rechenzyklen von 260 und 360 Tagen. Zentral war dabei die Kombination des Wahrsagezyklus von 260 Tagen, der nacheinander die Zahlen 1–13 mit zwanzig Tagesnamen verbindet, mit einem Jahr von 365 Tagen, das die Tage wie wir mit Tageszahl und Monatsnamen bezeichnet. Allerdings sind es 18 Monate zu 20 Tagen nebst 5 „isolierten" Unglückstagen am Jahresende. Durch das Nebeneinanderherlaufen beider Zyklen ist jeder Tag vierfach bezeichnet, durch Zahl, Tagesnamen, Zahl und Monatsnamen (z. B. 8 Lamat 1 Pop). Ein identisches Zusammentreffen beider Zählungen tritt nach 52 Jahren ein – das ist der wichtigste Zyklus in den meisten mittelamerikanischen Kulturen.

Doch wozu dieser Aufwand, hinter dem nicht nur imponierende Gedankenarbeit, sondern auch ausdauernde Himmelsbeobachtung ohne Instrumente steht (die Maya hatten ohne Kenntnis der astronomischen Gründe rein durch Fortschreiben langer Beobachtungsreihen sogar gelernt, Sonnenfinsternisse vorherzusagen)? Die Besessenheit von der Zeit gehört zu dem Versuch, Glück und Unglück zu bewältigen. Die Zeit war eine Last, die von Göttern vorwärtsgeschleppt wurde. Dabei gab es nicht nur günstige und ungünstige Götter, sondern zusätzlich gute und böse Aspekte ein und desselben Gottes, der nicht selten in vierfacher Variation vorhanden war. Wie beispielsweise die Chinesen bemühten sich die Maya mit ihrem Kalender, für jede öffentliche oder private Handlung den günstigen oder ungünstigen Zeitpunkt zu ermitteln. Dieser Mikroperspektive stand zunächst noch die Makroperspektive gegenüber, in der das Geschick des gesamten Kosmos auf dem Spiel stand, war doch die Welt in mehreren Zyklen untergegangen und wieder neu geschaffen worden. [...]

Das wirtschaftliche und technologische Niveau der Maya entsprach auch für altamerikanische Verhältnisse keineswegs ihren intellektuellen Leistungen. Existenzgrundlage war der Anbau von Mais und Bohnen mit dem Pflanzstock in Landwechselwirtschaft mit Brandrodung, ein extensives Verfahren, das ein Vielfaches an Land benötigte, als jeweils gerade genutzt wurde. Man hat dieses System früher als Raubbau verstanden, durch den das Ende der Mayakultur bereits vorgegeben gewesen sei. Dank genauerer Kenntnis der tropischen Landwirtschaft wissen wir inzwischen, daß es den dort gegebenen ökologischen Verhältnissen optimal angepaßt war. Außerdem haben neuere Forschungen ergeben, daß die Maya es durch verschiedene Formen von Intensivkulturen zu ergänzen wußten.

Doch gerade dieser Sachverhalt könnte zu einer Übervölkerung geführt haben – man kann heute für das alte Maya-Land am Ende der klassischen Zeit mit ca. 20 Millionen Einwohnern rechnen. Dies scheint aber nicht zu einer ökologischen Katastrophe, sondern zu einer Erhebung der Bauern gegen die wachsenden Ansprüche ihrer Herren geführt zu haben – an archäologischen Indizien dafür fehlt es nicht. Dazu kommt der Druck einer neuen „Völkerwanderung" im mexikanischen Hochland.

Diego Durán
Die Sklaven der Azteken

Den Göttern zur Ehre [...] töteten [die Azteken] bei allen Festen Männer und Frauen. Manche von ihnen waren auf den Märkten als Sklaven gekauft worden und dienten allein zur Repräsentation der Götter [...]. Nachdem sie stellvertretend für den von ihnen dargestellten Gott geehrt und bedient worden waren, wurden sie schließlich von ihren Besitzern [der Gottheit] als Opfer dargebracht.

Eine andere Art von Sklaven waren die Kriegsgefangenen.

Sie dienten nur zu Massenopferungen jenes Indio, der den Götzen verkörpert hatte, dessen Fest man feierte. Man nannte sie „die süße Götterspeise". Über diese brauche ich nicht zu sprechen, sondern über die Sklaven, die man auf den Märkten aufgrund von Straftaten oder aus anderen Gründen verkaufte [...]. Sie wurden von reichen Kaufleuten und Fürsten erworben. Die einen wollten damit ihr Ansehen heben, andere hingegen übliche Gelübde einhalten. Diese Sklaven wurden von ihren Besitzern auf die Märkte gebracht. Manche brachten Männer, andere dagegen Frauen und wieder andere Jungen und Mädchen, damit ein jeder vorfände, was er dringend brauchte. Damit man die Sklaven als solche erkennen konnte, trugen sie am Hals Holz- oder Metallbänder, die mit einigen kleinen Ringen versehen waren. Durch diese waren hinten einige klaftergroße Stangen quer hindurchgesteckt. [...]

An dem Platz, wo man diese Sklaven feilbot – der Marktordnung gemäß war es seitlich des Marktes –, mußten sie auf Geheiß ihres Besitzers tanzen und singen, um durch die Anmut der Stimme und des Tanzes die Kunden zum Kauf zu verlocken. So kam es, daß derjenige, der irgendwie angenehm auffiel, bald einen Herrn fand. Denen, die wenig Ausstrahlungskraft besaßen und diesbezüglich ungeschickt waren, gelang dies nicht. Deshalb erschienen sie oftmals auf den Märkten, ohne daß jemand Notiz von ihnen genommen hätte. Dennoch kauften manche diese Sklaven, um Nutzen aus ihnen zu ziehen, da sie für die Darstellung der Götter untauglich waren.

Man wollte Sänger und Tänzer, denn wenn man ihnen die Göttertrachten überzog, dann liefen sie die ganze Zeit über, in der sie die Götter verkörperten, tanzend und singend durch die Straßen. In den Häusern, in die sie kamen, in den Tempeln, auf den Dachterrassen der Königspaläste und denen ihrer Gebieter gewährte man ihnen alle Lustbarkeiten und Freuden dieser Welt. Man setzte ihnen Speisen und Getränke vor und veranstaltete Tanzfeste, als ob sie selbst die Götter seien. Gleichwohl wünschten die Kaufleute, daß diese Sklaven nicht nur Tänzer und Sänger seien, sondern auch gesund und ohne jeden Makel oder jede Mißbildung. Sie durften keine ansteckende Krankheit wie Syphilis, Aussatz, Epilepsie oder Krätze und auch kein Herzleiden haben. Sie durften auch nicht verrückt oder dumm und nicht, wie beispielsweise ein Schieler, von Natur aus verunstaltet sein. Ein Auge sollte auch nicht größer als das andere sein. Sie sollten weiterhin nicht zu schlank, nicht zahnlos, nicht einäugig, nicht triefäugig, nicht einarmig, nicht lahm sein und keine Anzeichen von Verletzungen oder Hauterkrankungen haben. Aus diesem Grund ließen sie diese Sklaven ausziehen und schauten Glied für Glied von Kopf bis Fuß an.

Auf Geheiß mußten sie wie Neger die Hände ausstrecken und die Füße anheben, um überprüft zu werden, ob sie irgendeine Gliederlähmung hätten. Nur wenn sie einen für fehlerlos befanden, dann kauften sie ihn. Denn sie wollten, daß diejenigen Sklaven, die sich reinigten, um die Götter darzustellen, ohne Fehl und Makel seien – ein Brauch ihrer Riten, ein Gesetz und Gebot. So liest man auch in der Heiligen Schrift über die Opfer des Alten Bundes, daß sie fehlerfrei sein mußten. Diese Sklaven waren keine Fremden oder Auswärtigen, auch keine Kriegsgefangenen, wie manche gemeint haben. Es waren vielmehr Einheimische derselben Ortschaften.

Eleonore von Oertzen

Die Organisation der Inka-Gesellschaft

Die wirtschaftliche Grundlage des Inka-Reiches war die Landwirtschaft; die traditionellen Bewässerungsanlagen und Terrassenfelder wurden sorgfältig gepflegt. Zur Zeit der Inka wurde auf dem Territorium des heutigen Peru mehr Boden landwirtschaftlich genutzt als heute. Die Dörfer beruhten zumeist auf der Organisation des *ayllu*, d. h. einer Gruppe von mehreren hundert Personen, die untereinander verwandt waren und einem *curaca* genannten Oberhaupt unterstanden. Der Grund und Boden eines jeden Dorfes war in drei (nicht immer gleich große) Teile aufgeteilt. Der Ertrag des ersten Drittels war für die „Sonne" bestimmt, d. h. er diente dem Unterhalt der Priester und all der Handwerker, die mit dem Bau und der Ausschmückung von Tempeln beschäftigt waren. Die Ernte des zweiten Drittels stand dem „Inka" zu; hieraus wurde die Verwaltung unterhalten, ebenso das Heer und alle Personen, die als Bergleute, Boten usw. dem Staat dienten. Außerdem wurden mit den Überschüssen dieses Anteils Vorräte angelegt, die man in Notzeiten an die Bevölkerung austeilte. Das letzte Drittel schließlich diente der Ernährung der Landbevölkerung selbst. Der Boden wurde in kleine Parzellen aufgeteilt und von Familieneinheiten bearbeitet. Wenn irgendwo ein Mangel an Arbeitskräften herrschte, sei es, daß Kinder ihre Eltern verloren hatten, sei es, daß alten Leuten die Hilfe ihrer Söhne fehlte, weil diese im Heer oder als Boten dienten, sprang die Gemeinschaft des *ayllu* ein und bearbeitete das Land dieser Mitglieder für sie.

Die Inka-Gesellschaft kannte zwar kein Geld, wohl aber das Prinzip der Gegenseitigkeit im Austausch von Gegenständen oder Arbeitsleistung. Wer eine Gabe empfing, war verpflichtet, eine gleichwertige zurückzugeben, sobald er dazu in der Lage war. Wem bei der Arbeit geholfen wurde, der stand seinerseits auch anderen bedürftigen Dorfbewohnern in Notfällen zur Verfügung. Niemandem wäre es eingefallen, sich dieser Verpflichtung zu entziehen. Auf diese Weise erhielt sich innerhalb eines *ayllu* auf die Dauer ein ausgewogenes Verhältnis von Geben und Nehmen. [...]

Die Bauern waren die Basis des Inka-Reiches. Darüber erhob sich die Pyramide der Handwerker, Beamten, Adligen, Priester und Militärs. Dies galt auch für die von den Inka unterworfenen Völker, deren politische Struktur in vielen Fällen unangetastet blieb. Die regionalen Herrscher behielten ihre Positionen und wurden verpflichtet, den Abgesandten des Inka regelmäßig Bericht zu erstatten, an Kriegszügen teilzunehmen oder sich zu besonderen Anlässen in Cuzco einzufinden. Man half ihrer Loyalität gelegentlich nach, indem ihre Kinder nach Cuzco gebracht wurden, wo sie Schulen für die Söhne des Inka-Adels besuchten, gleichzeitig aber auch als Geiseln dienten. In Cuzco liefen alle Informationen zusammen, hier befanden sich die Spitzen von Verwaltung und Priesterschaft, aber der Herrscher hielt sich keineswegs immer dort auf. Die großen Inka-Eroberer führten ihre Feldzüge in eigener Person.

Die führenden Posten in Militär und Verwaltung nahmen Angehörige der Adelsschicht ein. Dazu gehörten selbstverständlich alle Verwandten des Inka, nicht nur seine und seiner Vorgänger legitime Kinder, sondern auch die vielen Nachkommen, die sie mit ihren zahlreichen Nebenfrauen gezeugt hatten. Dazu kamen die Mitglieder unterworfener oder verbündeter Fürstenhäuser und all jene, die oder deren Vorfahren wegen besonderer Verdienste ausgezeichnet worden waren. Da auch der Adel in *ayllus* gegliedert war, d. h. in Familiengruppen, die sich auf einen gemeinsamen Ahnherrn beriefen, läßt sich leicht denken, daß Konkurrenz und Intrigen zwischen diesen Gruppen nicht selten waren. [...]

Das plötzliche Wachstum des Reiches hatte die Notwendigkeit geschaffen, bestimmte staatliche Tätigkeiten ebenso schnell zu erweitern. Dies galt nicht nur für die Verwaltung und für das Heer. Man brauchte Arbeitskräfte in den Bergwerken und im Straßenbau; mit den steigenden Entfernungen wuchs der Bedarf an Läufern *(chasqui)*, die im Staffettensystem an einem Tag eine Botschaft über 200 km befördern konnten. (Der Inka konnte in Cuzco Fisch speisen, der gerade zwei Tage zuvor an der Küste gefangen worden war.) Um all diesen Bedürfnissen nachzukommen, entwickelte der Inka-Staat eine Reihe von Institutionen, die sich offenbar zum Teil zum Zeitpunkt der Eroberung durch die Spanier noch in einem Stadium der Erprobung befanden.

Heeresdienst, Arbeit in den Bergwerken oder Botendienste wurden von jungen Männern geleistet, die zu diesem Zweck ihre Dörfer für eine bestimmte Zeit verlassen mußten, bevor sie heirateten und eine Familie gründeten. Dieser Dienst wurde als *mita* bezeichnet und dauerte einige Monate, höchstens ein, zwei Jahre. Andere aber verließen ihre Dörfer für immer. Oft waren es die tapfersten und kräftigsten jungen Männer, die hübschesten und geschicktesten Mädchen, die vom *curaca* oder von einem durchreisenden Staatsbeamten ausgewählt und nach Cuzco geschickt wurden. Dort waren sie Eigentum des Inka, der sie nach Belieben verschenken oder in seinem eigenen Palast einsetzen konnte. Diese persönliche Abhängigkeit hat dazu geführt, daß die *yana* und *aclla* (männliche und weibliche Diener) in den spanischen Chroniken als „Leibeigene" oder „Sklaven" bezeichnet werden. Manche von ihnen erlangten aber wichtige und einflußreiche Positionen und waren selbst Herren über andere *yana*. Die Einzigartigkeit der Stellung der *yana* innerhalb der Inka-Gesellschaft bestand darin, daß sie kein *ayllu* mehr hatten, also zu keiner Familiengruppe gehörten. In ähnlicher Lage befanden sich die Kriegsgefangenen, die deshalb manchmal mit demselben Begriff bezeichnet wurden. Auch sie waren gewaltsam aus ihrer Heimat und von ihrer Familiengruppe entfernt worden, wurden allerdings meist für harte Arbeiten wie Bauarbeiten oder auf dem Lande eingesetzt, aber auch an Freunde und Verwandte des Inka verschenkt.

Eine andere Kategorie von Kriegsgefangenen dagegen, die *mitimae*, unterschieden sich von den *yana* gerade darin, daß sie mit allen Angehörigen, also als *ayllu*, aus der Heimat entfernt wurden. Aufständische Bevölkerung siedelte man z. B. in der Nähe von Cuzco an, wo sie von Fremden umgeben und leicht zu kontrollieren war. Aber es kam auch vor, daß besonders loyale *ayllus* in ein jüngst erobertes Gebiet verpflanzt wurden, wo sie ihre Nachbarn von den Vorteilen der Inka-Herrschaft überzeugen und Cuzco von eventuellen Aufstandsplänen unterrichten sollten. Die Erinnerung an solche Umsiedlungen ganzer Dörfer ist heute noch in einigen Gegenden Perus und Ecuadors lebendig und prägt das Verhältnis mancher Gemeinden zu ihren Nachbarn.

William Prescott

„Kein Mensch konnte reich, keiner arm sein": Das Volk unter den Inka

Die Abgaben, die dem peruanischen Volk auferlegt waren, scheinen ziemlich drückend gewesen zu sein. Auf der untersten Klasse allein ruhte die Last, nicht nur sich selbst, sondern alle anderen Klassen im Staat zu unterhalten. Die Mitglieder des königlichen Hauses, des hohen Adels, selbst die Beamten und die zahlreiche Priesterschaft waren frei von Besteuerung. Das Volk allein bestritt die Ausgaben der Regierung. Dies wich indes nicht wesentlich von den ehemaligen Zuständen in den meisten Ländern Europas ab, wo die privilegierten Stände, allerdings nicht immer mit Erfolg, den Anspruch erhoben, vom Mittragen der öffentlichen Lasten befreit zu werden. Das Übel für den Peruaner war, daß er seine Lage nicht verbessern konnte. Er arbeitete mehr für andere als für sich selbst. Wie fleißig er auch sein mochte, er konnte seinem Besitz nicht eine Rute hinzufügen oder auch nur um Haaresbreite auf der sozialen Stufenleiter aufrücken. Der mächtige allgemeine Antrieb zu redlichem Fleiß, nämlich die Aussicht, sein eigenes Los zu verbessern, war für ihn ohne Bedeutung. Das große Gesetz menschlichen Fortschritts galt nicht für ihn. Wie er geboren war, so sollte er sterben. Nicht einmal seine Zeit konnte er sein eigen nennen. Ohne Geld, fast ohne Besitz irgendwelcher Art, entrichtete er seine Steuern durch Arbeit. Kein Wunder, daß die Regierung Trägheit als ein

Verbrechen ahndete. Sie war ein Verbrechen gegen den Staat, und Zeit vergeuden hieß gewissermaßen die Staatskasse berauben. Man könnte den Peruaner, der sein Leben lang für andere arbeitete, mit dem Sträfling in einer Tretmühle vergleichen: eingespannt in den einförmigen Kreislauf unaufhörlicher Plackerei, wußte er, daß seine Arbeit, wie ertragreich auch immer für den Staat, ihm selber doch nicht das geringste einbrachte.

Doch das ist die Schattenseite des Bildes. Konnte in Peru kein Mensch reich werden, so konnte andererseits auch keiner verarmen. Kein Verschwender konnte sein Vermögen in üppigem Luxus vergeuden. Kein waghalsiger Spekulant konnte seine Familie durch Gewinnsucht an den Bettelstab bringen. Das Gesetz war unablässig darauf gerichtet, jeden zu stetigem Fleiß und besonnener Pflichterfüllung zu zwingen. Bettler wurden in Peru nicht geduldet. War jemand durch Unglück heruntergekommen – durch eigenes Verschulden war es kaum möglich –, so bot der Arm des Gesetzes ihm Hilfe: nicht den kargen Beistand privater Wohltätigkeit noch die Almosen, die gleichsam Tropfen für Tropfen aus dem zugefrorenen Gemeindebrunnen sickern, sondern eine großzügige Hilfe, die den Empfänger nicht demütigte, sondern ihn wieder auf eine Stufe mit seinen Landsleuten stellte.

In Peru konnte kein Mensch reich, keiner arm sein, aber alle konnten ihr gutes Auskommen haben und hatten es auch. Ehrgeiz, Habgier, Veränderungssucht, krankhafte Unzufriedenheit – all diese Leidenschaften, die sonst die Gemüter der Menschen beunruhigen, hatten keinen Platz in der Brust des Peruaners. Seine ganze Daseinsform scheint jeder Veränderung widerstrebt zu haben. Er bewegte sich in demselben geschlossenen Kreis, in dem seine Väter sich vor ihm bewegt hatten, in dem seine Kinder ihm nachfolgen würden. Die Inka waren bestrebt, ihre Untertanen mit dem Geist duldenden Gehorsams und gelassener Ruhe zu durchdringen – einer vollkommenen Ergebung in die bestehende Ordnung der

Dinge. Das ist ihnen ganz und gar gelungen. Die Spanier, die zuerst ins Land kamen, bezeugen übereinstimmend, keine Regierung hätte dem Volkscharakter angemessener sein, kein Volk zufriedener mit seinem Los, seiner Regierung ergebener erscheinen können.

Kulturelle Werte

Samuel de Champlain

Es gibt bei den Huronen eine Art von Heirat

Während des Winters, der vier Monate dauerte, hatte ich
genügend Muße, um ihr Land, ihre Sitten und ihre Gebräuche kennenzulernen, desgleichen ihre Lebensweise, Art und
Form ihrer Versammlungen und andere Dinge, die ich gern
beschreiben möchte. [...] Es gibt bei ihnen eine Art von
Heirat. Sie sieht folgendermaßen aus: Wenn ein Mädchen elf,
zwölf, dreizehn, vierzehn oder fünfzehn Jahre alt ist, bekommt es Verehrer *(serviteurs)*, auch mehrere, was von
seinen Reizen abhängt. Sie machen ihm eine Zeitlang den
Hof. Danach hält der Verehrer beim Vater und bei der Mutter
des Mädchens um dessen Hand an. Aber häufig suchen die
Mädchen gar nicht die Zustimmung ihrer Eltern, außer wenn
sie sehr vernünftig und gut erzogen sind; dann unterwerfen
sie sich dem Willen ihres Vaters und ihrer Mutter. Dieser
Verliebte oder Verehrer schenkt dem Mädchen einige Halsbänder, Ketten und Armbänder aus Porzellan [vgl. S. 208 ff.]:
Wenn dem Mädchen der Verehrer gefällt, nimmt es das Geschenk an. Daraufhin schläft dieser Verehrer drei oder vier
Nächte lang bei ihm, ohne während dieser Zeit ein Wort mit
ihm zu wechseln, und da ernten sie dann gegenseitig die
Frucht ihrer Zuneigung. Doch geschieht es recht häufig, daß
sie nach acht oder vierzehn Tagen zu keiner Verständigung
finden. Dann läßt sie ihren Verehrer stehen, der seine Halsketten und anderen Geschenke umsonst aufgeboten hat. Es
bleibt ihm nur die Erinnerung an einen mageren Zeitvertreib.
Wenn es soweit gekommen ist, sucht er, in seinen Hoffnungen getrogen, nach einer anderen Frau, und sie nach einem
anderen Verehrer, die zu ihnen passen könnten. Und so fahren sie fort in ihrer Suche bis zu einem erfolgreichen Rendez-

vous. Es gibt Frauen, die [mit dieser Suche] ihre Jugend verbringen und mehr als zwanzig [Ehe-]Männer gehabt haben. Diese sind aber nicht die einzigen, die wie das Tier dem Trieb gefrönt haben, wie oft verheiratet sie auch gewesen sein mögen. Denn wenn die Nacht kommt, gehen die jungen Frauen von einer Hütte zur anderen, genau wie die jungen Männer, und nehmen sich, doch ganz ohne Gewalt, was ihnen gut scheint, wobei sie aber alles dem Willen der Frau überlassen. Der Ehemann macht das gleiche bei seiner Nachbarin, aber es entsteht keine Eifersucht deshalb unter den Eheleuten, es kommt zu keiner Ehrlosigkeit oder Beschimpfung: so ist eben der Brauch des Landes. Aber es gibt eine Zeit, in der sie [die Frau] auf keinen Fall ihren Ehemann verläßt: das ist, wenn sie ein Kind bekommt. Ihre früheren Ehemänner gehen dann zu ihr, bezeugen ihr die Zuneigung und Freundschaft, die sie ihr in der Vergangenheit entgegengebracht haben, jeder mehr als der andere, und [beteuern], daß das Kind, das sie erwartet, ihm zugehöre und von ihm gezeugt sei: ein anderer redet ebenso, am Ende trägt der, der es am besten versteht, den Sieg davon und bekommt sie zur Frau. Und so liegt es in der Wahl und Entscheidung der Frau, den [Mann] zu nehmen und zu bekommen, der ihr am besten gefällt. So hat sie auf ihrer Suche und im Verlauf ihrer Liebschaften viel Porzellan[-ketten] gewonnen und mehr: den Ehemann ihrer Wahl. Sie bleibt dann bei ihm, ohne ihn je wieder zu verlassen. Oder wenn sie ihn verläßt, ist dafür ein schwerwiegender Grund notwendig, auf keinen Fall Impotenz, und [dieser Grund] muß offenkundig sein. Nichtsdestoweniger tut sie sich, obwohl sie mit diesem Ehemann lebt, [in ihrem Geschlechtsleben] keinen Zwang an. Sie bleibt bei ihm, immer im selben Haushalt, und ist zufrieden.

Die Kinder, die sie zusammen haben, die auf diese Weise von einer solchen Frau geboren werden, können nicht sicher sein, daß sie legitim sind. Es gibt denn auch einen Brauch, der dieser Gefahr steuert: Die Kinder sind, was den Besitz und die Würden angeht, niemals die Erben ihres Vaters, von dem man, wie ich schon sagte, nicht sicher sein kann, daß er sie gezeugt hat. Die Ehemänner setzen vielmehr zu ihren Nachfolgern und Erben die Kinder ihrer Schwestern ein, von denen sie sicher sein können, daß sie von diesen geboren worden sind.

Claude Le Beau
Perlen- oder Wampumketten

Weil sie den Gebrauch der Buchstaben nicht haben, so handeln sie alle ihre Sachen nur mit Schnüren und Halsbändern von Porcelaine ab, welche ihnen statt der Worte, Schriften, Verträge und auch statt der Münze bei ihrer Handlung dienen. Da aber ihr Handel heutzutage in nichts weiters als in einem bloßen Tausch der Lebensmittel oder der Waren gegen Waren besteht, so dienet ihnen dieses Porcelaine zu weiter nichts als zu ihrer Eitelkeit. Sie machen sich daraus allerlei Zieraten, womit sie sich zu schmücken pflegen, und es dienet ihnen zur Zeitrechnung, zu Jahrbüchern und zu Registern in ihren Staatssachen. Denn weil sie, wie ich soeben gesagt habe, den Gebrauch der Schriften nicht haben, so würden sie sich ohne dieselbe gar bald in den Umständen sehen, alle Dinge, die sich bei ihnen zugetragen haben, zu vergessen.

Sie ersetzen also diesen Mangel dadurch, daß sie den besagten Halsbändern gewisse Worte beilegen, von denen ein jedes eine besondere Sache und einen Umstand der Sache, welche es vorstellet, bedeutet, so lang als es dauret, also daß sie sich dadurch eine Erinnerung des Orts machen. Solche Halsbänder sind, mit einem Wort, so geschickt, ihnen das Andenken ihrer alten Taten zu erhalten, daß, wenn die französischen Befehlshaber oder derselben Amtsverweser über Kriegs-, Friedens- oder Handelssachen mit ihnen ratschlagen und ihnen solche Dinge vortragen, welche denenjenigen, so man ihnen vor dreißig oder vierzig Jahren vorgetragen hat, zuwider sind, sie gar wohl zu antworten wissen: die Franzosen widersprächen sich selbst, sie änderten alle Stunden ihre Meinung, sie wollten ihnen nicht Wort halten, es wären so und so viele Jahre, daß sie ihnen dieses oder jenes gesagt hätten. Und damit sie ihrer Antwort desto gewisser sein mögen, so lassen sie die porcelainenen Halsbänder, die sie von diesen Zeiten her aufbewahret haben, herbeibringen.

Die Halsbänder, von welchen ich hier rede, bestehen aus gewissen Meermuscheln, die insgemein unter dem Namen Porcelaine bekannt sind. Diese Meermuscheln sind ihrer Art nach und wegen ihrer lebhaften und verschiedenen Farben so etwas Angenehmes für das Auge, daß sie als eins der schönsten Werke der Natur können angesehen werden. [...]

Man findet sie an den Küsten von Virginien und Neuengelland, wo die Wilden, welche an diesen Küsten wohneten, sie zurichteten und großen Handel damit trieben. Heutzutage aber, da vielleicht die Kriege der Irokesen diese Völker gänzlich zerstreuet oder, da der Branntewein der Europäer sie beinahe völlig zerstöret hat, so wie er bereits viele derselben vertilget oder aber, weil sie vielleicht unsere Rassade [Schnaps] lieber haben, so ist ihr Porcelaine seltener geworden und wird nicht mehr so zierlich gearbeitet. Denn damals zähleten sie auch die geringsten Körner mit, woraus sie ihre kostbarsten Kleinodien machten, die ihnen statt aller Reichtümer dieneten.

Das Porcelaine, welches zu ihren Staatssachen dienet, ist in kleinen Walzen von einem Viertelzoll lang und nach Verhältnis dick gearbeitet. Man teilet es ein in Schnüre und Halsbänder. Die Schnüre bestehen aus Walzen, die ohne Ordnung nacheinander eingefädelt sind wie die Rosenkranzkörner. Das Porcelaine derselben ist gemeiniglich ganz weiß, und man bedienet sich derselben nur bei Sachen von geringer Wichtigkeit oder als einer Vorbereitung zu andern ansehnlichen Geschenken. Die Halsbänder sind breite Gürtel, wo die kleinen weißen, purpur oder violettfärbigen Walzen reihenweise aufgesetzet und mit kleinen ledernen Bändchen festgemacht sind, welches ein zierliches Gewebe ausmacht. Ihre Länge, ihre Breite und die Farbe der Körner richten sich nach der Wichtigkeit der Sache. Die gemeinen und gewöhnlichen Halsbänder bestehen aus elf Reihen jede von hundertundachtzig Körnern.

Ihr Porcelaine würde gar bald erschöpft sein, wenn es nicht beständig unter ihnen herumginge. Denn die Gesetze wollen, daß man fast bei allen Geschäften, sowohl innerhalb als außerhalb, Wort für Wort antworte, das ist, daß man ein Halsband für ein anderes geben müsse, welches ungefähr von gleichem Wert sei. Sie glauben nicht, daß eine Sache ohne solche Halsbänder könne zu Ende gebracht werden. Man mag ihnen daher einen Vorschlag tun und eine Antwort geben, wie man will, wenn sie nur mündlich geschiehet, so fällt das Geschäft, wie sie sagen, und sie lassen es auch wirklich fallen, eben als ob davon niemals wäre geredet worden.

Die Europäer, die in ihren Gebräuchen schlecht unterrichtet waren oder sich doch wenig um dieselben bekümmerten, haben diesen Punkt ein wenig in Unordnung gebracht, indem sie ihre Halsbänder behalten und keine anderen dergleichen dagegengegeben haben. Um nun die Schwierigkeiten, welche daraus entstehen können, zu vermeiden, haben die Wilden beschlossen, ihnen hinfort nur eine sehr kleine Anzahl derselben zu geben, sich dabei zu entschuldigen, daß ihr Porcelaine rar geworden sei, und den Abgang durch einige Päcke Hirsch- und Rehfelle zu ersetzen, wofür man ihnen allerhand schlechte Waren gibt. Auf diese Art sind die Unterhandlungen zwischen den Europäern und ihnen zu einer Handelschaft geworden [...].

Lucas Fernández de Piedrahita
Tötungs-, Sexual- und Eigentumsdelikte
bei den Muisca

Als nun Nemequene die Größe, zu der sein Reich gelangt war, sah [und erkannte], daß alle Sicherheit der Monarchien auf den zwei Grundsätzen Belohnung und Bestrafung beruht, diese wiederum lebendig sind und sich behaupten durch die Kraft der Gesetze, mit denen die Verdienste und Vergehen entsprechend ihrem und der Menschen Charakter gewogen werden, erließ er viele Gesetze und prägte sie im Gedächtnis seiner Vasallen ein, auf daß sie sich von ihnen leiten ließen. Die Gesetze wurden so sorgfältig und strikt erfüllt, daß sie Wurzeln schlugen und einige sogar bis in unsere Zeit lebendig geblieben sind und bewahrt werden, obwohl sie mit der Zeit verblassen werden, leben doch die Einheimischen [Kolumbiens] schon unter unseren Gesetzen. Von folgenden Gesetzen Nemequenes berichten sie:

Er befahl, daß, wenn jemand einen anderen tötete, er mit dem Leben bezahlen sollte, auch wenn ihm die Frau, der Vater oder die Verwandten des Getöteten Verzeihung gewährten; denn Gott allein gebe das Leben, und die Menschen hätten keine Macht, jemandem das Leben zu schenken, der es für dasjenige schulde, das er genommen habe.

Wenn ein Mann einer Frau Gewalt antue, solle er für dieses Verbrechen sterben, falls er ledig sei; wenn aber der Schuldige verheiratet sei, sollten zwei ledige Männer mit seiner Frau schlafen, damit er in dem Gefühl der eigenen Entehrung die Schwere seiner Schuld erkenne und so die Strafe schwerer sei als der Tod.

Wenn ein Mann mit seiner Mutter, Tochter, Schwester oder Nichte Inzest begehe, solle er in eine enge Grube voll Wasser und Gewürm gesteckt und mit einer großen Steinplatte bedeckt werden, wodurch er elendig umkomme. Dieselbe Strafe solle auch auf die Frauen angewendet werden, damit, wenn das Feuer der Geilheit sie dazu gebracht habe, die Verwandtschaftsbeziehungen niederzureißen, dieser Brand mit der Kälte des Wassers und der Erde gelöscht werde und damit unter der steinernen Platte sowohl die Menschen als auch die Erinnerung an solche Untaten begraben würden.

Für den Sodomiten [Homosexuellen] setzte er die Todesstrafe fest, die unverzüglich unter gräßlichen Foltern vollzogen werden sollte. In diesem Gesetz ließ er genügend Spielraum, damit spätere Zipas [Herrscher] die Bestrafung um weitere Qualen, die sie für richtig hielten, ausweiten könnten, reichten doch seiner Meinung nach selbst noch so große Qualen für ein solches Delikt nicht aus. [...]

Den Dieb befahl er mit Feuer vor den Augen zu blenden. Wenn der Diebstahl schwer gewesen oder wiederholt vorgekommen sei, sollten dem Dieb die Augen mit Dornen zerstochen werden. Da so die Strafen vorbeugend sein sollten, wurde auf diese Weise die gegenwärtige Straftat gesühnt, eine zukünftige aber verhütet, ohne dem Angeklagten das Leben zu nehmen.

Claude François Baudez und Pierre Becquelin

Die Kunst der Maya

Im Jahre 1839 besichtigte der amerikanische Reisende und Diplomat John Stephens die Ruinen der klassischen Maya-Kultur. Er war nicht der erste. Denn vor ihm hatten bereits Missionare, Beamte, Soldaten, Abenteurer und Neugierige in Briefen oder Berichten im Wald verborgene Tempel und Skulpturen beschrieben, ohne sich jedoch aus einer ethnozentrisch geprägten, phantasielosen Vorstellungswelt lösen zu können. Man braucht nur die von Johann Friedrich von Waldeck im reinsten „ägyptischen" Stil ausgeführten Zeichnungen der Ruinen von Uxmal anzuschauen. Luciano Casta-

ñeda, der Zeichner von Guillermo Dupaix, der zu Beginn des
19. Jahrhunderts mehrere Fundorte erforschte, arbeitete
zwar technisch besser, „sah" aber auch nicht, was er abbil-
dete. Hier wird die Unfähigkeit deutlich, einen eigenständigen Stil wiederzugeben. Das gleiche gilt für die Denkweise
dieser Reisenden. Sie stellten weitschweifige Hypothesen in
der einen oder anderen Richtung auf. Die meisten betrachteten die Maya als Abkömmlinge der Ägypter, manche ließen
sich aber in ihrer Begeisterung auch zu der Ansicht hinreißen,
daß sie am Anfang jeder Kultur, ja sogar der Alten Welt
stünden.

Der Architekturzeichner Frederick Catherwood, der Stephens begleitete, verwandelte die Maya-Tempel nicht in griechische Tempel und machte die Maya-Würdenträger auch
nicht zu Pharaonen oder Bischöfen. Er verstand zu sehen,
was war, und gab wieder, was er sah. Auch Stephens betrachtete, vermaß und beschrieb; er war deshalb nicht trocken,
sondern konnte einfach seine Emotionen beherrschen. [...]
Seiner Ansicht nach wies alles darauf hin, daß man es mit
einer Kultur und eigenen, bodenständigen Entwicklungen zu
tun hatte. Damit ermöglichte er eine moderne Sicht der
Maya-Kunst. Denn er hatte begriffen, daß sie vor allem deshalb so interessant ist, weil sie fern von den großen Kunst-
strömungen Europas, Asiens und Afrikas entstanden war.
Das gilt übrigens für alle amerikanischen Künste; ihre Entstehung und Entfaltung verlief ohne Berührung mit der Alten
Welt. [...] Wir haben keine Beweise für transpazifische oder
transatlantische Kontakte, die die amerikanische Kunstge-
schichte dauerhaft hätten beeinflussen können. [...]

Die Maya kannten auch keine Metalle; erst gegen Ende
ihrer Geschichte verwendeten sie fast ausschließlich das
Gold. Sie führten also alle ihre Arbeiten mit Hilfe von Werkzeugen aus – behauenem und poliertem – Stein, Holz, Knochen oder Muscheln durch. Man muß sie deshalb nicht bedauern, denn zum einen gab es auch andere geeignete Materialien – kein Messer aus Metall beispielsweise schneidet

schärfer als eine Obsidianklinge –, und zum andern glichen sie manche technologischen Schwächen durch Erfindungsgeist, Geduld und vereinte Kräfte aus. Während ein chinesischer Handwerker mehrere Monate brauchte, um mit geeignetem Werkzeug ein Jadestück zu schnitzen, so benötigte ein Maya-Steinschneider dafür sicher mehr als doppelt soviel Zeit und Energie, denn ihm standen nur weichere Steine, Wasser und natürliche Schleifmittel zur Verfügung. Durch diesen Aufwand kam zu dem symbolischen Wert der Jade ein zusätzlicher Wert hinzu, so daß sie zu einer besonderen Kostbarkeit wurde. Manche fragen sich, wie die Maya – so wie die Olmeken mehr als 1000 Jahre vor ihnen – riesige Monolithe mehrere Kilometer weit ohne Zugtiere transportieren konnten. Man muß keineswegs außerirdische Wesen, Riesen oder geheimnisvolle Kräfte beschwören, sondern sich lediglich viele Menschen während langer Zeit an der Arbeit vorstellen. Vermutlich waren mehr als 400 000 Arbeitstage nötig, um die Pyramide des Tempels IV von Tikal (ungefähr 230 000 m^3 Baumaterial) zu errichten. Das setzt eine blühende Wirtschaft mit Überschußproduktion voraus, aber auch eine breite, organisierte und gefügige Arbeiterklasse, die genügend Respekt oder Furcht vor der Oberschicht empfand. Manche jedoch sehen in der klassischen Maya-Gesellschaft lediglich den Herrschaftsbereich eines Stammeshäuptlings, andere wieder meinen, daß ihre materiellen und geistigen Leistungen nur auf der Basis einer vielschichtigen Sozialstruktur möglich waren, mit ständigen Einrichtungen – einer Verwaltung beispielsweise –, die einen Staat kennzeichnen.

Diese Kultur war bodenständig, erbrachte mit sehr begrenzten Mitteln große Leistungen, wies soziale Schichten und eine starke herrschende Klasse auf; sie schuf eine eigene Kunst, die heute mehr als alles andere ihr kurzes Dasein in der Geschichte bezeugt, und war gewiß das Werk der Vorfahren der heutigen Maya.

Die Insassen des Boots, das Christoph Kolumbus auf seiner vierten Reise in der Bucht von Honduras traf, erklärten,

Mexiko – Thronender Herrscher (Ausschnitt). Spätklassische Periode –
Keramik; Gesamthöhe 0,22 m.

sie kämen aus einer Provinz *Maiam*. Seither bezeichnet das Wort Maya zunächst alle Einwohner der mexikanischen Halbinsel Yucatán, dann alle Angehörigen ein und derselben Sprachfamilie, die im 16. Jahrhundert ein breites Gebiet bevölkerte. Dieses entsprach etwa dem Bereich der heutigen Ruinen, die erst Reisende, dann Archäologen auf eine einzige, ebenfalls mit dem Begriff Maya zu bezeichnende Kultur zurückführten. Und die Inschriftenforscher haben wirklich bestätigt, daß bei der in Stein gemeißelten Schrift eine oder mehrere Sprachen dieser selben Familie vorkamen.

Mireille Simoni-Abbat

Altmexikanische Kunst und was wir alles nicht über
sie wissen

„Toltecatl, der Künstler: der echte Künstler holt alles aus seinem Herzen..., arbeitet wie ein Tolteke. Der ungeschickte Künstler arbeitet aufs Geratewohl, macht die Dinge undurchsichtig, betrügt die Leute, er ist ein Dieb" [...]. So stellte man sich im alten Mexiko einen guten Künstler vor, für den nämlich moralische Werte genauso wichtig wie die Technik waren. Gleichzeitig tritt einer der vielen Widersprüche zutage [...]: obwohl die Azteken die Kunst zu leben und zu arbeiten *toltecáyotl* nannten, sind hier überraschend wenige toltekische Objekte abgebildet.

Die Spanier suchten Cipangu und fanden eine Welt, die sich ganz von der ihren unterschied, da sie andere Werte und Normen setzte. Es war eine Welt, in der Mythen und Götter im Mittelpunkt standen, als Glaubensobjekte, aber auch als Werkzeuge im Dienste einer bestimmten Politik. Tula, die legendäre Hauptstadt Quetzalcoatls, diente zur Legitimierung der letzten Dynastien. [...] Dort herrschte eine merkwürdige Vertrautheit mit der Angst vor dem Jenseits, mit dem

Tod und den freundlich gesonnenen oder furchterregenden Göttern. Eine sicherlich bedrückende, aber auch eine verheißungsvolle Welt, die man unmöglich in einem Augenblick zu greifbarer Gestalt gerinnen lassen kann. Wenn wir nun versuchen wollen, eine Vorstellung von einigen Kulturen – mit langer oder kurzer Geschichte – zu erhalten, dürfen wir nicht vergessen, daß Mesoamerika ständig in Bewegung war und immer wieder andere Götter und Sitten annehmen mußte. Die Eroberung erfolgte auf militärischer, aber auch auf religiöser Ebene so gewaltsam, daß die mexikanische Kunst, die von den Neuankömmlingen zunächst bewundert wurde, später als häretisch galt und erst im ausgehenden 19. Jahrhundert wieder Anerkennung fand. Erst nach dem Zweiten Weltkrieg beispielsweise wurde Tula geographisch lokalisiert und erkannte man den Olmeken eine eigene Kunst zu. Die archäologischen Forschungen stehen fast noch am Beginn.

Im präkolumbischen Mexiko geschah es immer wieder, daß die Metropolen ein gewaltsames Ende nahmen; vielleicht kann die Wissenschaft eines Tages herausfinden, weshalb. Schon in vorchristlicher Zeit wurden die Werke der Olmeken vorsätzlich zerstört und vergraben, ein Phänomen, das sich in der ausgehenden klassischen und nachklassischen Periode mehrfach wiederholen sollte. Eine Eroberung folgte auf die andere, und die letzte, durch die Spanier, drängte die noch lebendigen Götter in verborgene Familienheiligtümer. Denn Götter und Kunst waren hier eins. Man hat über dieses Land unendlich viel geschrieben und seine Kunst in den letzten Jahren gründlich studiert, aber – und das ist ein weiterer Widerspruch – keine Antwort auf die Fragen wer, was, wo, wann, wie gefunden, die [...] grundsätzlich jeder ethnologischen Untersuchung vorausgehen sollten.

Die amerikanischen Künstler arbeiteten völlig anonym. Lediglich die Namen einiger Dichter aus der ausgehenden Spätzeit sind uns übermittelt worden. Die plastisch geformten Kunstobjekte – ob Auftragsarbeiten oder nicht – wurden nie signiert. Man weiß lediglich, vor allem dank Sahagún, daß die eine oder andere Kunstart ausschließlich in einem Stadtviertel betrieben wurde. In der Spätzeit lebten die Handwerker einer bestimmten „Zunft" in einem gesonderten Stadtteil und hatten ihre eigenen Götter, Tempel und Kultfeste. Diese räumliche Trennung scheint auf die klassische Periode zurückzugehen. Schon in Teotihuacán sollen die Viertel der einen oder anderen Körperschaft zugeteilt gewesen sein.

Die Chronisten haben uns mehr Einzelheiten über das Leben der Großen dieser zerstörten Welt hinterlassen als über das der unteren sozialen Schichten. Wir wissen zum Beispiel nicht, wie die Handwerker organisiert waren. Arbeiteten sie in Familienbetrieben oder in Körperschaften? Wurde die Arbeit gemeinsam mit anderen oder von einem einzelnen allein geleistet? Praktizierte man eine Art Endogamie? [...] Wer bestellte die Keramiken, die Federarbeiten, die Stücke aus Jade und Gold, und wer führte sie aus? In den Texten heißt es übereinstimmend, daß die kunsthandwerklichen Objekte aus Mixteca kamen, aber man weiß nicht, ob sie gekauft, getauscht oder Tributleistungen dieser Provinz waren, oder ob die Handwerker selbst, freiwillig oder gezwungenermaßen, in die Hauptstadt gingen, um dort im Dienst der Fürsten und Priester zu arbeiten.

Ebenso schwierig ist die Datierung der meisten Stücke. Das liegt daran, daß zum einen das Land so ungeheuer groß ist und zum andern die archäologische Forschung erst sehr spät einsetzte. Dazu kommt die unermüdliche Aktivität der Raubgräber, die auf der Jagd nach Schätzen viele Gräber zerstören; das hat zur Folge, daß sowohl öffentliche als auch private Sammlungen von Stücken überquellen, über die man nichts weiß. Im Gegensatz zum Maya-Gebiet, wo man die Gedenkstelen datierte und mit genauen Angaben versah, war man in Zentralmexiko mit dieser Art von Information sehr sparsam. Selbst aus Teotihuacán und Monte Albán sind keine Daten auf uns gekommen, obwohl man dort eine perfekte Stadtplanung und Gesellschaftsorganisation kannte, und wir sind daher nach wie vor auf Hypothesen angewiesen. Die

Daten zu den Tolteken aus der beginnenden „historischen" Zeit haben wir mehr der Überlieferung oder den Codices entnommen als den Monumenten selbst. Die aztekischen Stücke schließlich sind nur zu einem relativ begrenzten Teil datiert. [...] Obwohl diese Daten eine Erinnerungsfunktion haben – am häufigsten kommt die Jahreszahl 1507 vor, als der große Tempel von Mexiko renoviert wurde –, befinden sie sich seltsamerweise nur an einigen Monumenten oder auf vereinzelten Objekten, Statuetten oder Masken, ohne daß erkenntlich wäre, aus welchem Grund, denn in stilistischer Hinsicht unterscheiden sich diese Stücke überhaupt nicht von vergleichbaren Gegenständen.

Ignacio Bernal y García Pimentel
Der Stein als Material und Werkzeug der Kunst

Für die Großplastik hat man offensichtlich stets den Stein gewählt. Man verwendete alle Arten, die es in der Umgebung gab, von recht weichen in Oaxaca und bei den Maya bis zu sehr harten Gesteinen bei den Olmeken und den Völkern des zentralen Hochtals. Bis zur Entdeckung des Metalls hatte man sie mit Meißeln bearbeitet, die ebenfalls aus Stein waren, und häufig nach verschiedenen Methoden geglättet. Bei den riesigen Monolithen bestand das große Problem im Transport, denn bekanntlich gab es weder das Rad noch Zugtiere. Man hat hier und da Steinbrüche entdeckt, aus denen diese ungeheuren Massen herkamen, und einiges weist darauf hin, daß Menschen sie mit Hilfe von Rundhölzern und Seilen zogen, wie es in Tula der Fall war. Vielleicht schüttete man eine Rampe aus Erde auf, um sie darüber bis zum Pyramidengipfel hinaufzuschaffen. Die Künstler ließen sich anscheinend von dieser Schwierigkeit im allgemeinen nicht entmutigen, denn es gibt ziemlich viele hohe Statuen aus Monolithen;

Isla de los Sacrificios (Veracruz) – Gefäß in Gestalt eines Affen. Totonakische
Kultur, späte nachklassische Periode – Alabaster; Höhe 0,25 m.

und sogar in der Architektur fanden gewaltige Steinblöcke
Verwendung, beispielsweise in Mitla. Die Skulpturen standen
entweder vereinzelt oder [...] gehörten zu einem Bauwerk;
sie waren sowohl im Hochrelief als auch im Flachrelief gearbeitet, und nicht selten [...] findet man nur eine in den
Stein gekerbte Zeichnung, die keinen Anspruch auf Tiefen-
wirkung erhebt, wie die *danzantes* und andere Figuren in
Monte Albán zeigen. Manchmal ist auch das ganze Monu-

ment eine einzige Skulptur: Malinalco wurde nicht errichtet, sondern in den Felsen selbst gehauen. Seltsamerweise stammen nur wenige Steinstatuen im Hochtal aus der Zeit vor der Endphase; vielleicht waren damals die Plastiken in Holz oder anderen vergänglichen Materialien gearbeitet.

Die ältesten uns bekannten Werkzeuge bestehen aus Stein: Äxte, Hobel, Bohrer, Kratzer, Mörtelstampfer, Schlägel, Kugeln, Wurfwaffen, Punzen, Pfrieme, Meißel, um nur die wichtigsten zu nennen. Sie traten nicht alle zur selben Zeit auf und besaßen auch nicht die gleiche Bedeutung. Sie waren offensichtlich nicht immer für den gleichen Gebrauch bestimmt. Man kann darüber streiten, ob sie als Kunstwerke zu betrachten sind. Wir stellen lediglich fest, daß sie aus weichem, aber auch aus härterem und sehr hartem Gestein gemacht sind: Silex, Quarzit, Obsidian, Diorit, Jadeit, Basalt und Fibrolith waren am häufigsten verwendet und auf ihre künftige Funktion hin ausgesucht worden.

Aus diesen Gesteinen wurden nicht nur Gebrauchsgegenstände, sondern auch viele Schmuckstücke und Kunstwerke gefertigt. Der Obsidian, ein vulkanisches, glasartiges Gestein, ist am schwierigsten zu bearbeiten, und aus ihm hat man einige besonders schöne Stücke geschaffen, zum Beispiel den Affen, der sich heute im Nationalmuseum für Völkerkunde von Mexiko befindet. Er wurde mit Schleifmitteln, hauptsächlich Sand, poliert, so wie auch die Ohrringe aus Obsidian, die derart vollkommen geformt sind, daß man sich eine Bearbeitung ohne Drehbank gar nicht vorstellen kann.

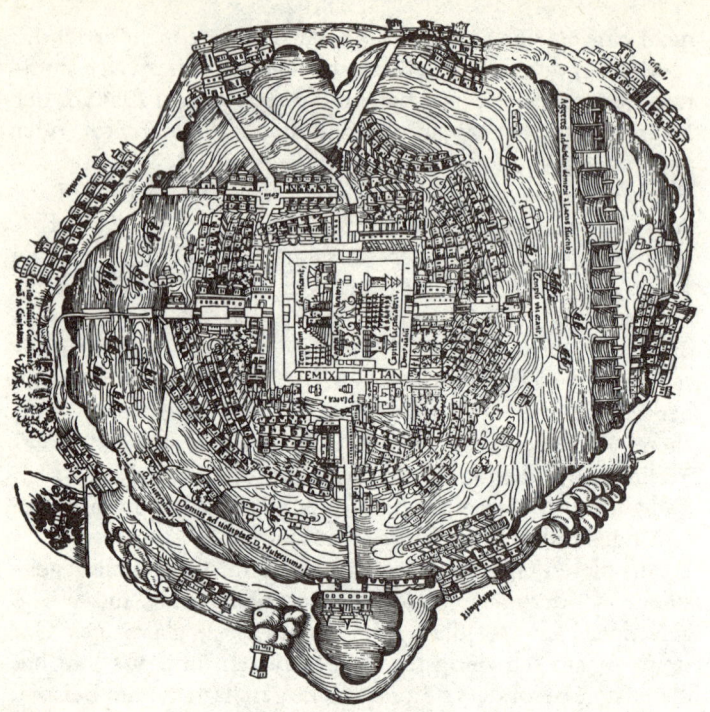

Plan der Stadt Tenochtitlán, der „schwimmenden" Hauptstadt der Azteken.

Egon Friedell
Der Reichtum der altmexikanischen Kultur

Es ist tragisch und grotesk, mit welchem Dünkel diese Spanier, Angehörige der brutalsten, abergläubischsten und ungebildetsten Nation ihres Weltteils, eine Kultur betrachteten, deren Grundlagen sie nicht einmal ahnen konnten. Die Kultur Mexikos haben wir uns ungefähr auf einer Entwicklungsstufe vorzustellen, die von der der römischen Kaiserzeit nicht allzuweit entfernt war. Sie war offenbar schon in jenes letzte Stadium getreten, das Spengler als „Zivilisation" bezeichnet und das durch Großstadtwesen, raffinierten Komfort, autokratische Regierungsform, expansiven Imperialismus, Massigkeit der Kunstbauten, gehäufte Ornamentik, ethischen Fatalismus und Barbarisierung der Religion charakterisiert ist. In der Hauptstadt Tenochtitlán, die auf Pfählen in einem wunderschönen See gebaut war, sahen die Spanier riesige Tempel und Spitzsäulen; ausgedehnte Arsenale, Krankenhäuser und Kriegsasyle; große Menagerien und botanische Gärten; Barbierläden, Dampfbäder und Springbrunnen; Teppiche und Gemälde aus prachtvollem Federmosaik; köstliche Goldschmiedearbeiten und kunstvoll ziselierte Geräte aus Schildpatt; herrliche Baumwollmäntel und Lederrüstungen; Plafonds aus wohlriechendem Schnitzwerk; Thermophore für Speisen, Parfümzerstäuber und Warmwasserleitungen. Auf den von Hunderttausenden besuchten Wochenmärkten war eine Fülle aller erdenklichen gediegenen Waren zum Kauf ausgebreitet. Eine bewundernswert organisierte Post beförderte durch Schnelläufer auf sorgfältig ausgebauten Wegen und Stufengängen, die das ganze Land durchzogen, jede Nachricht mit unglaublicher Geschwindigkeit und Präzision; Polizei und Besteuerungsapparat funktionierten mit der größten Genauigkeit und Zuverlässigkeit. In den Küchen der Wohlhabenden dufteten die erlesensten Speisen und Getränke: Wildbret, Fische, Waffeln, Eingemachtes, zarte Brühen, pikante Gewürzgerichte; dazu kamen noch eine Reihe Genüsse, die der alten Welt neu waren: der delikate Truthahn; *chocolatl*, das Lieblingsgericht der Mexikaner, kein Getränk, sondern eine feine Creme, die, mit Vanille und anderen Spezereien gemischt, kalt gegessen wurde; *pulque*, ein berauschender Trank aus der Aloe, die den Azteken außerdem ein schmackhaftes artischockenähnliches Gemüse und ausgezeichneten Zucker lieferte; und *yetl*, der Tabak, der entweder, mit flüssigem Ambra vermischt, aus reich vergoldeten Holzpfeifen oder in Zigarrenform aus schönen silber-

nen Spitzen geraucht wurde. Die Sauberkeit der Straßen war
so groß, daß, wie ein spanischer Bericht sagt, ein Mensch, der
sie passierte, sicher sein konnte, sich die Füße ebensowenig
zu beschmutzen wie die Hände. Ebenso erstaunlich war die
Ehrlichkeit der Bevölkerung: alle Häuser standen vollkommen offen; wer seine Wohnung verließ, legte zum Zeichen
seiner Abwesenheit ein Rohrstäbchen vor die Türmatte, und
nie gab dies Anlaß zu Diebstählen; überhaupt sollen die
Gerichte fast niemals genötigt gewesen sein, über Eigentumsdelikte zu judizieren. Die Aufzeichnungen geschahen auf
piktographischem Wege, das heißt: mit Hilfe einer sehr aus-
gebildeten Bilderschrift; außerdem gab es Schnellmaler, die
mit unglaublicher Geschwindigkeit alle Ereignisse sprechend
ähnlich festzuhalten wußten. Der mathematische Sinn der
Azteken muß sehr entwickelt gewesen sein, denn ihr arithme-
tisches System war auf dem schwierigen Prinzip der Poten-
zierung aufgebaut: die erste Grundzahl war 20, die nächst-
höhere $20^2 = 400$, die nächste $20^3 = 8000$ und so weiter; auch
sollen die Maya, unabhängig von den Indern, die Null erfun-
den haben, jenen ebenso fruchtbaren wie komplizierten Begriff, der sich in Europa nur sehr langsam durch die Araber
eingebürgert hat.

Claude Le Beau

Wiegenbrett und Kindererziehung bei den Irokesen

Die Wiege für die Kinder der Wilden in Neufrankreich ist
vollkommen artig und gemächlich. Sie besteht aus einem oder
zwei sehr dünnen Brettern von sehr leichtem Holz, ist zween
und einen halben Fuß lang, am Rand ausgezieret, unten etwas
schmäler und an dem Fuß rund gemacht, damit man gemächlich wiegen könne. Das Kind ist in gutes Pelzwerk eingewik-
kelt und liegt auf diesen ebenen Brettern wie angeleimt, und

zwar auf eine solche Weise, daß es sich auf ein klein hervor-
ragendes Holz stützet, welches das Vorderteil seiner Füße
inwendig hinein gewendet hält, damit sie nicht verwundet
werden und auch die Krümme bekommen, die Rackette
[Skier] wohl zu tragen. Die Windeln oder das Pelzwerk sind
breite Bänder von einer gemalten Haut, die sich nicht viel
biegen läßt und an den Enden in Riemen geschnitten ist,
welche durch ein anderes starkes Leder, so an den beiden
Seiten der Wiege ist, durchgezogen und sehr fest angebunden
werden. Sie lassen diese Windeln oder vielmehr diese Pelze
über die Wiege hinaus hangen. Wenn sie aber dem Kind zu
trinken geben oder es frische Luft wollen schöpfen lassen, so
schlagen sie solche zurück. Über das ist noch ein halber Reif
von Holz an der Wiege, der vier oder fünf Finger breit ist, die
beiden Enden der Bretter fasset und alle die Windeln empor-
hält, damit das Kind Atem holen könne, ohne daß es im
Winter der Kälte noch im Sommer den Stichen der Marin-
gouins ausgesetzt sei und damit ihm auch nichts Böses begegnen möge, wenn es etwa fallen sollte.

Man henkt auch noch an diesen halben Reif kleine Armbänder von Porcelaine und andere geringe Kleinigkeiten,
welche beides zum Zierat und zum Spielwerk dienen, die
Kinder damit zu belustigen. Mit einem Wort, die Gestalt
einer solchen Wiege gleichet nicht übel einer Leier. Zween
große Riemen von starkem Leder, welche oberhalb derselben
herausgehen, machen es den Müttern leicht, sie allenthalben
hinzutragen und auf alle ihre Lasten zu binden, wenn sie in
das Feld gehen oder aus demselben zurückkommen. Sie hen-
ken sie auch vermittelst dieser Riemen in die Zweige der
Bäume, wo das Kind während der Zeit, als sie arbeiten, von
dem Wind gleichsam gewieget und eingeschläfert wird.

Wenn man die Kinder aus der Wiege läßt, so fangen sie
mehr an, zu rutschen, als zu gehen. Die Eltern lassen sie in
den ersten Jahren gemeiniglich nackend in der Hütte, weil sie
sich einbilden, daß der Körper sich dadurch besser forme,
oder damit sie bei guter Zeit gegen die rauhe Witterung hart

gemacht werden mögen. Sobald sie ein wenig groß geworden sind, so gehen sie mit ihren Müttern und arbeiten für die Familie. Sie gewöhnen sie zu dem Ende, Wasser im Fluß zu holen, kleine Holzläste zu tragen, die sich für ihre Größe schicken und welche mehr für ein Spielwerk als für eine Last können angesehen werden. Nach und nach richten sie dieselben ab, diejenigen Dienste zu verrichten, wozu sie tüchtig sind. Übrigens sind die kleinen Knaben, solange bis sie imstande sind zu heiraten, so schlecht gekleidet, daß man allezeit dasjenige an ihnen siehet, was die Natur nicht zu entblößen erlaubet. Denn sie dürfen sich nicht eher schmücken, als wenn sie die Jünglingsjahre erreichet haben und unter die Zahl der jungen Leute aufgenommen worden sind. Die kleinen Mägdchen fangen erstlich an, sich zu kleiden, wenn sie fünf oder sechs Jahr alt sind, und alsdann tragen sie eine Binde von Zeug, die ihnen von den Lenden bis auf die Knie gehet.

Die kleinen Wilden üben sich beständig im Kämpfen durch Fußstöße und Faustschläge, welches sie miteinander spielen heißen. Ich habe öfters gesehen, daß einige unter ihnen sich auf engländische Art, das ist, einer mit dem andern, geschlagen, da indessen die andern, die einen Kreis um die beiden Kämpfer herumgemacht, ihnen zusahen, ohne Friede zu machen, es wäre dann, daß das Spiel zu weit getrieben worden. Der Schwächste wurde dabei allezeit ausgelacht.

Die Väter wissen nicht, was es heißt, die Kinder zu schlagen, wenn sie Böses tun. Sie sagen, sie werden, wenn sie groß geworden sind, ebenso viele Vernunft haben als sie und werden sich bessern. Die ganze Strafe, die sie von ihren Müttern empfangen, solange sie noch jung sind, bestehet darin, daß dieselben ihnen Wasser an die Nase spritzen oder sie nur damit bedrohen. Wenn sie ein wenig groß sind, so geben sie ihnen Ermahnungen oder, wenn es ja bis zu Vorwürfen kommt, so sagen sie: „Du bist ein böser Bube" – „Du wirst nicht so viel Verstand als dein Großvater haben; derselbe hatte kein so verderbtes Gemüt wie du, usw." Gleichwohl sind sie sehr gelehrig, und dieses gibt zu erkennen, daß die

Art, die Kinder mit Gelindigkeit zu erziehen, öfters weit mehrern Eindruck macht als die Bestrafungen und vornehmlich die allzuweit getriebenen Züchtigungen.

Alle Lehren, die sie ihnen bei ihrer Erziehung geben, gehen nur dahin, sie zur Herzhaftigkeit anzureizen. Sie sagen ihnen z. B.: „Dein Großvater konnte gut springen und geschwind laufen. Er schoß einen Pfeil vollkommen wohl ab, er konnte so viele Tage lang fasten, er hat diesen und jenen getötet, er hat so und so viele Haupthaare von einer solchen Völkerschaft weggenommen, usw." Hierdurch werden die Knaben gereizt und angefrischet, sich nach dem Beispiel ihrer Voreltern zu üben, damit sie sich durch ihre Geschicklichkeit auch Ruhm erwerben mögen. Man gibt ihnen zu dem Ende den Bogen und Pfeil in die Hand, sobald sie ihn halten können. Sie führen ihn lange als ein Spielzeug. Wenn aber ihre Kräfte mit dem Alter wachsen, so machen sie aus diesem Zeitvertreib ihres Müßiggangs eine notwendige Übung und werden in kurzer Zeit darin sehr geschickt.

‹Nahua/Azteken›

Brief eines Vaters an seinen Sohn:
Ein indianischer Knigge

Mein teuerster Sohn! Von Gott bist du erschaffen worden und hast das Licht der Welt erblickt. Auf deine Geburt haben wir, deine Eltern und Erzieher, die Augen gerichtet: Du bist hervorgekrochen wie ein Küken aus den Eierschalen. Wie jenes sich mit dem Fliegen vertraut macht, so machst du dich mit der Arbeit vertraut. Wir kennen nicht die Zeit, die Gott uns deiner erfreuen läßt. Mein Sohn, empfiehl dich Gottes Schutz an, damit er dir zur Seite steht. Er erschuf dich und er ist dein Vater, der dich mehr liebt als ich. Flehe zu ihm Tag und Nacht und auf ihn richte deine Gedanken. Stehe ihm liebevoll zu Diensten und er wird dich belohnen und vor jeder Gefahr bewahren. Habe große Ehrfurcht vor dem Abbild Gottes und vor allen Dingen, die ihn betreffen. Bete vor ihm hingebungsvoll und bereite dich auf die Feste vor. Wer Gott erzürnt, wird eines schlimmen Todes sterben und er trägt selbst die Schuld dafür.

Grüße ehrerbietig die Erwachsenen. Die Armen und Bedrängten tröste mit guten Worten und Taten.

Ehre und liebe, gehorche und diene deinen Eltern, denn der Sohn, der dies nicht tut, wird sich keinen Vorteil verschaffen.

Liebe und ehre alle Menschen und du wirst selbst in Frieden leben.

Eifere nicht den Törichten nach, die weder Vater noch Mutter ehren. Sie sind wie Tiere, die einen guten Rat weder annehmen noch hören wollen.

Achte darauf, mein Sohn, daß du dich nicht über die Alten lustig machst, nicht über die Kranken, die Krüppel und auch nicht über denjenigen, der in irgendeiner Sünde lebt. Verspotte solche Menschen nicht und verabscheue sie nicht. Erniedrige dich vor Gott und hoffe, daß dir nicht dasselbe passiert. [...]

Mein Sohn, sei ehrlich und rechtschaffen, falle einem anderen nicht zur Last, sei nicht ärgerlich und mische dich nicht in Dinge ein, die dich nichts angehen. So bereitest du keinen Kummer und wirst nicht für ungezogen gehalten.

Verletze nicht einen anderen, sei kein Ehebrecher und kein Lüstling. Dies ist nämlich ein schlimmes Laster, das diejenigen zugrunde richtet, die sich ihm hingeben. Außerdem erzürnen sie Gott.

Gib kein schlechtes Beispiel, sprich nicht taktlos, unterbrich nicht andere bei einer Unterhaltung und störe sie nicht. Wenn sie schlecht oder unwahr reden, dann achte darauf, es ihnen nicht gleich zu tun. Wenn es nicht deine Aufgabe ist zu reden, dann schweige. Frägt man dich etwas, so antworte vernünftig, ohne Erregung, ohne Schmeichelei und nicht zum Schaden anderer. Dann wird die Unterhaltung mit dir geschätzt werden.

Mein Sohn, gib dich nicht Übertreibungen, Spöttereien oder Lügen hin und säe keine Zwietracht unter Leuten, die in Frieden miteinander leben. Wer sich derartigen Dingen hingibt, den bringen sie in Verwirrung und richten ihn zugrunde.

Schweife nicht auf den Marktplätzen umher, bummle nicht durch die Straßen, halte dich nicht zu lange auf dem Markt oder im Bad auf. Der Dämon könnte sich sonst deiner bemächtigen und dich verschlingen.

Falle nicht allzusehr durch deine Kleider auf, denn dies zeugt von wenig Verstand.

Wo immer du auch hingehst, halte deine Augen ruhig, schneide keine Grimassen und mache keine unschicklichen Bewegungen – das sind Schlingen des Dämonen –, denn du wirst sonst als ein leichtfertiger Mensch angesehen.

Packe den anderen nicht an der Hand und nicht an der Kleidung, denn dies zeugt von Lüsternheit. [...]

Wird dir irgendein Amt anvertraut, bei dem man dich vielleicht auf die Probe stellen möchte, dann entschuldige dich höflich und lehne es anschließend ab – auch wenn du anderen damit einen Vorteil verschaffst. Man wird dir Besonnenheit und Klugheit zuerkennen.

Tritt nicht vor Erwachsenen [in ein Haus] ein und gehe auch nicht vor ihnen hinaus. Überquere auch nicht vor ihnen den Weg, sondern gewähre ihnen immer den Vortritt. Sprich nicht zuerst und nimm ihnen nicht ihr Vorrecht, es sei denn, du bekleidest irgendein Amt. Andernfalls wirst du für ungezogen gehalten werden. [...]

Wenn du ißt, dann gib einen Teil davon dem Notdürftigen, der zu dir kommt. Dadurch wirst du dich verdient machen. [...]

Hat man dir ein Geschenk gegeben, dann schätze es nicht gering ein, auch wenn es klein sein sollte. Ärgere dich nicht und meine nicht, du verdientest mehr. Du verlörest sonst vor Gott und den Menschen an Ansehen.

Vertraue dich ganz Gott an, denn aus seiner Hand wird dir das Gute kommen und du weißt nicht, wann du sterben wirst.

Ich trage Sorge für das, was dich betrifft. Sei geduldig und hab' Hoffnung. Wenn du heiraten möchtest, dann teile es zuerst uns mit, denn du bist unser Sohn. Wage nicht diesen Schritt, mein Sohn, ohne zuvor die Eltern davon in Kenntnis zu setzen.

Sei kein Spieler und kein Dieb, denn das eine kommt vom anderen und ist eine große Schande. Dann wirst du auf den Marktplätzen und auf den Märkten nicht in schlechten Ruf geraten.

Mein Sohn, trachte nach dem Guten. Säe aus und du wirst ernten. Ernähre dich von deiner Arbeit. Auf diese Weise wirst du zufrieden und angesehen leben und deine Eltern werden dich lieben. [...]

Habe nichts mit einer fremden Frau zu schaffen. Lebe vielmehr redlich, denn man lebt nicht zweimal in dieser Welt; das Leben aber ist kurz, es vergeht unter Mühsal, und alles geht zu Ende.

Beschimpfe niemanden. Nimm ihm nicht seine Ehre weg und raube sie ihm nicht. Mache bei dir Verdienste ausfindig, denn Gott kommt es zu, einem jeden nach Gutdünken zu geben. Nimm an, mein Sohn, was immer er dir gibt und sag' ihm Dank. [...]

Mein Sohn, solltest du die Ratschläge deines Vaters nicht beherzigen, wirst du ein schlimmes Ende nehmen und du selbst wirst die Schuld daran haben. [...]

Wenn du so bist, wie du sein sollst, dann wird man zu dir kommen und andere mit Schimpf beladen, um sie zu tadeln und zu bestrafen. Als Vater, der dich liebt, habe ich dir, mein Sohn, diese Ratschläge gegeben. Ich bin nun am Ende. Beachte meine Hinweise und schlage sie nicht in den Wind, denn mit ihnen wird es dir gut ergehen.

Jean Liedloff

Wo Arbeit keine Last ist

Einige schwache Lichtblitze drangen dennoch zu meinem zivilisationsblinden Verstand durch: beispielsweise, was den Begriff von Arbeit betraf. Wir hatten unser etwas zu kleines Aluminiumkanu gegen einen viel zu großen Einbaum eingetauscht. In diesem aus einem einzigen Baumstamm geschnitzten Gefährt reisten siebzehn Indianer auf einmal mit uns. Auch mit all ihrem Gepäck zusätzlich zu unserem, und bei vollzähliger Besatzung sah das Kanu noch immer recht leer aus. Es war eine entmutigende Vorstellung, wie wir es – diesmal mit nur vier oder fünf Indianern, die helfen konnten – fast einen Kilometer über Felsgestein an einem riesigen Wasserfall vorbei transportieren sollten. Es bedeutete, daß wir Baumstämme quer über den Weg vor das Kanu legen und es zentimeterweise in der gnadenlosen Sonne voranziehen mußten, wobei wir jedesmal unvermeidlich in die Spalten zwischen den Stämmen abrutschen und uns Schienbeine, Knöchel oder worauf wir sonst immer landeten am Granit abschürfen würden, wenn das Kanu außer Kontrolle geraten und sich drehen würde. Wir hatten den Transport mit dem kleinen Kanu schon einmal bewerkstelligt; und die beiden Italiener und ich waren im Bewußtsein des vor uns Liegenden mehrere Tage in Angst vor der schweren Arbeit und den Schmerzen. An dem Tag, an dem wir die Arepuchifälle erreichten, waren wir darauf vorbereitet zu leiden und begannen, mit grimmigem Gesicht und jeden Augenblick hassend, das Ding über die Felsen zu zerren.

Die vermaledeite Piroge war so schwer, daß sie mehrmals [...] einen von uns gegen den brennendheißen Felsen quetschte, bis die anderen sie wegziehen konnten. Schon nach einem Viertel des Weges waren alle Fußknöchel blutig. Als ich mich einmal für einen Augenblick entschuldigte, ergriff ich die Gelegenheit, auf einen hohen Felsen zu springen, um die Szene zu fotografieren. Von meinem Aussichtspunkt und aus dem momentanen Abstand beobachtete ich eine äußerst interessante Tatsache. Hier vor mir waren mehrere Männer mit ein und derselben Aufgabe beschäftigt. Zwei von ihnen, die Italiener, waren angespannt, verzogen das Gesicht und verloren bei allem die Beherrschung; sie fluchten ununterbrochen in der für Toskaner charakteristischen Art. Die übrigen, alles Indianer, unterhielten sich prächtig. Sie lachten über die Schwerfälligkeit des Kanus und machten ein Spiel aus dem Kampf, sie entspannten sich zwischen den Stößen, lachten über die eigenen Kratzer und waren besonders erheitert, wenn das Kanu beim Vorwärtsschwanken mal den einen, mal den anderen unter sich festnagelte. Der Betroffene, mit nacktem Rücken gegen den sengenden Granit gepreßt, lachte aus Freude über seine Befreiung unweigerlich am lautesten, sobald er wieder atmen konnte.

Alle verrichteten die gleiche Arbeit, alle erfuhren Mühe und Schmerz. Es gab keinen Unterschied in unseren Situationen, nur hatte uns unsere Kultur den Glauben eingepflanzt, eine derartige Kombination von Umständen stelle auf der Skala des Wohlbefindens ein unbezweifelbares Tief dar; daß uns in der Angelegenheit eine Wahl blieb, war uns gar nicht bewußt.

Die Indianer andererseits, denen ebenfalls nicht bewußt war, daß sie eine Wahl getroffen hatten, befanden sich in besonders fröhlicher Geistesverfassung und genossen das kameradschaftliche Zusammenspiel; und natürlich waren ihnen die vorangegangenen Tage nicht durch lange angestaute Beunruhigung verdorben worden. Jede Bewegung nach vorn war für sie ein kleiner Sieg. Als ich mit dem Fotografieren fertig war und mich wieder der Gruppe anschloß, gab ich freiwillig die zivilisierte Haltung auf und genoß den letzten Teil des Transportes wirklich. Sogar die Abschürfungen und blauen Flecke, die ich erlitten hatte, schrumpften mit bemerkenswerter Leichtigkeit auf das zurück, was sie tatsächlich waren: kleine Verletzungen, die bald heilen würden und weder eine unfreundliche Gefühlsreaktion wie Wut, Selbstmitleid oder Groll nötig machten noch die Sorge, wieviel es davon wohl bis zum Ende des Schleppens noch geben würde. Im Gegenteil: ich empfand plötzlich Anerkennung für meinen ausgezeichnet konstruierten Körper, der sich ohne Anweisungen oder Entscheidungen meinerseits wieder zurechtflicken würde.

Schon bald jedoch wich mein Gefühl der Befreiung wieder der Tyrannei der Gewohnheit, dem schweren Gewicht kultureller Konditionierung, dem allein fortwährende bewußte Anstrengung entgegenwirken kann. Ich unternahm die notwendige Anstrengung nicht und kehrte daher von der Expedition auch in dieser Hinsicht ohne großen Gewinn aus meiner Entdeckung zurück.

Claude Le Beau

Bei den Irokesen tun die Frauen alle Arbeit

Weil ich bereits von der angebornen Art und Eigenschaft der Wilden geredet habe, so ist es Zeit, daß ich hier auch etwas von ihren Weibern und Töchtern melde. [...]

Ihre Leibesbeschaffenheit hat gar nicht das Ansehen, als ob sie schwächer als diejenige der Männer wäre. Sie scheint im Gegenteil auf einige Weise noch stärker und dauerhafter zu sein, weil sie ihren Männern zu Lastträgerinnen dienen und so viele Kraft haben, daß es wenig Männer in Europa gibt, die so stark sind. Sie tragen solche Lasten, die wir mit großer Mühe kaum von der Erde würden aufheben können. Ich habe bemerkt, daß sie sich gemeiniglich mit einer zwei- oder dreihundert Pfund schweren Last beladen und überdas noch ihre Kinder darauf setzen [...]. So gehen sie vier bis fünf, zuweilen auch wohl mehr Meilen. Sie gehen zwar langsam, sie kommen aber doch auf dem Sammelplatz an.

Diese Weiber [...] bearbeiten die Felder, wie noch heutzutage die Weiber in Lothringen tun, die man vom Aufgang der Sonne an mit ihren Männern das Feld bestellen und auch öfters den Pflug ziehen siehet, während im Gegenteil die Wildinnen keine Mannspersonen haben, die sie ihrer Hülfe würdigen. Das Korn, welches sie säen, heißt Mais, der sonst auch unter dem Namen des indianischen, spanischen oder türkischen Korns bekannt ist und eigentlich die Hauptnahrung fast aller stillsitzenden Völker von Amerika, von einem Ende bis zum andern, ausmacht. Sobald der Schnee geschmolzen ist, so fangen die Weiber ihre Arbeit an, denn sie säen nicht in dem Herbst, weil sie nach dem Säen nur drei Monate nötig haben, um ihre Ernte zu machen.

Die erste Arbeit, die sie auf den Feldern verrichten, ist, die Stoppeln zusammenzulesen und zu verbrennen. Hernach bearbeiten sie die Erde, um dieselbe geschickt zu machen, das Korn einzunehmen, welches sie hineinwerfen. Sie bedienten sich vormals hierzu eines schlichten gekrümmten Stück Holzes, welches drei Finger breit und an einem langen Stiel festgemacht gewesen. Dasselbe war ihnen genug, das Land damit zu jäten und umzuarbeiten. Itzt aber bedienen sie sich kleiner Karste oder Hacken, die sie von den Europäern kaufen und ihnen weit gemächlicher sind.

Ich kam in eben der Jahreszeit zu Naranzouac an, als sie ihre Feldarbeit verrichteten. Den andern Tag nach meiner Ankunft hörete ich gegen zwei Uhr des Nachmittags einen Alten im Dorf schreien. Als ich mich nun bei einem, Jacques genannt, welcher französisch redete, erkundigte, was dieser Schreier sagen wollte, so antwortete mir dieser Wilde: „Dieser Mensch ist ein Sonnenträger, der den Rücken der Weiber in Bewegung setzt." Ich würde diese Worte des Irokesen nicht sogleich verstanden haben, wenn ich nicht alsbald die Weiber und Töchter mit ihrem Werkzeug haufenweise aus ihren Hütten hätte gehen sehen. Ich konnte sodann gar leicht begreifen, daß besagter offentliche Schreier ihnen ohne Zweifel statt einer Uhr diente, um sie zu benachrichtigen, daß sie gehen und das Feld bestellen sollten, weil sie keine andere Uhr als die Sonne haben. Ich sah sie auch wirklich den Augenblick darauf in vielen Nachen alle über den Fluß fahren, der unten an dem Fuß des Dorfs hinfloß. Weil ich müde war, den Müßiggang der Männer anzusehen und schon mit den Töchtern und Weibern umzugehen gelernet hatte, so trat ich ohne Umstände in einen von ihren Nachen, damit ich sie könnte arbeiten sehen. Eine jede lachte und gab mir ein Zeichen, daß ich in den ihrigen treten sollte, also daß ich alle Ursache hatte, zufrieden zu sein.

Als alle diese Weibspersonen in einer Art von Ebene angelanget waren, so sonderten sie sich nach denen verschiedenen Lagern, wo sie ihre Felder hatten, in großen Haufen ab. Diejenigen, welche ihr Tagwerk am ersten geendiget hatten, gingen von ihrem Feld auf ein anders, oder besser zu sagen, sie gingen fröhlich zu ihren Nachbarinnen, denn da war weder Gehege noch Gräben, noch Grenzen, welche die geringste Abteilung an diesen Feldern anzeigen konnten. Ich verwunderte mich gleich anfangs darüber. Ich erfuhr auch nachher, daß deswegen niemals einiger Zank entstanden sei, weil eine jede ihr Feld gar wohl zu erkennen wüßte. [...]

Wenn die Wilden in einem schändlichen Müßiggang leben, so kann man im Gegenteil sagen, daß ihre Weiber von einer ganz und gar bewundernswerten Geschäftigkeit sind, indem sie sich unaufhörlich mit der Arbeit, entweder im Feld oder in ihrer Haushaltung [...] beschäftigen. Denn außer der Sorge ihrer Haushaltung, für welche sie das indianische Korn zurichten, klein mahlen, kochen usw., haben sie noch allerlei kleine Arbeit, womit sie sich beschäftigen.

Jean Liedloff

Die Wiederentdeckung der „Richtigkeit"
bei den Tauripan

Ich begab mich in die südamerikanischen Urwälder, ohne eine Theorie beweisen zu wollen, mit nicht mehr als normaler Neugier über die Indianer und einer vagen Hoffnung, dort irgend etwas Bedeutsames zu lernen. [...] Das Wort „Urwald" war es, das allen Zauber in sich trug, vielleicht wegen eines Erlebnisses, das mir als Kind widerfuhr.

Es geschah, als ich acht war, und es schien große Bedeutung zu haben. Immer noch betrachte ich es als eine wertvolle Erfahrung; doch wie die meisten solcher Augenblicke der Erleuchtung, gewährte es einen flüchtigen Blick auf die Existenz einer Ordnung, ohne ihre Struktur aufzudecken oder anzuzeigen, wie sich ein solcher Einblick über die Verwirrungen des Alltags hinwegretten ließe. [...]

Das Ereignis trug sich zu auf einer Wanderung in den Wäldern von Maine, wo ich in einem Sommerzeltlager lebte. Ich war die letzte der Gruppe; ich war ein wenig zurückgeblieben und beeilte mich gerade, den Abstand aufzuholen, als ich durch die Bäume hindurch eine Lichtung erblickte. Eine prächtige Tanne stand an ihrem Außenrand und in der Mitte ein kleiner Erdhügel, bedeckt von glänzendem, fast leuchtendem, grünem Moos. Die Strahlen der Nachmittagssonne fielen schräg auf das blauschwarze Grün des Nadelwaldes. Das kleine Dach, das vom Himmel zu sehen war, war von vollkommenem Blau. Das ganze Bild war von einer Vollständigkeit, einer solchen Vollkommenheit konzentrierter Kraft, daß es mich abrupt stehenbleiben ließ. Ich trat an den Rand der Lichtung und dann, behutsam wie an einen magischen oder heiligen Ort, in ihre Mitte, wo ich mich setzte und dann hinlegte, die Wange gegen das frische Moos gepreßt. „Hier ist es", dachte ich, und ich fühlte die Angst, die mein Leben durchzog, von mir abfallen. Dies endlich war der Ort, wo die

Dinge so waren, wie sie sein sollten. Alles war an seinem Platz – der Baum, die Erde darunter, der Felsen, das Moos. Im Herbst würde er richtig sein; im Winter unterm Schnee vollkommen in seiner Winterlichkeit. Der Frühling würde wiederkehren, und Wunder auf Wunder würde sich entfalten, jedes zu seiner Zeit; manches wäre abgestorben, anderes entfaltete sich im ersten Frühling; aber alles von gleicher und vollkommener „Richtigkeit".

Ich spürte, daß ich die fehlende Mitte der Dinge entdeckt hatte, den Schlüssel zur Richtigkeit selbst, und daß ich mir dieses Wissen, das an jenem Ort so klar war, bewahren müsse. [...] Im Laufe der Jahre jedoch stellte ich oft fest [...], daß mir die Bedeutung der *Lichtung* verlorengegangen war. [...]

Als endlich nach vielen Vorbereitungen und Verzögerungen die [Venezuela-]Expedition begann, reisten wir den Carcupi-Fluß hinauf, einen kleinen unerforschten Nebenfluß des Caroni. In einem Monat legten wir eine beträchtliche Strecke flußaufwärts zurück [...].

Es war unser erster Rasttag, seit wir auf dem Carcupi fuhren. Nach dem Frühstück entfernten sich der italienische Führer und die beiden Indianer, um die geologische Lage zu erkunden, während der andere Italiener sich dankbar in seiner Hängematte räkelte.

Ich nahm eins der zwei Taschenbücher, die ich unter den wenigen englischen Titeln auf dem Ciudad Bolivar Flughafen ausgewählt hatte, und suchte mir einen Sitzplatz zwischen den Wurzeln eines breiten Baumes, der den Fluß überspannte. Ich las das erste Kapitel zum Teil durch, nicht etwa gedankenverloren, sondern der Geschichte mit normaler Aufmerksamkeit folgend, als mich plötzlich mit ungeheurer Wucht eine Erkenntnis durchfuhr: „Hier ist es ja! Die *Lichtung*!" Die ganze mit der Einsicht des kleinen Mädchens verbundene Erregung kehrte zurück. Ich hatte sie verloren; und jetzt, in einer ausgewachsenen *Lichtung*, im größten Urwald der Erde, war sie zurückgekommen. Die Mysterien des Urwaldlebens, die Lebensweise seiner Tiere und Pflanzen, seine dramatischen Gewitter und Sonnenuntergänge, seine Schlangen, seine Orchideen, seine faszinierende Jungfräulichkeit, die Schwierigkeit, ihn zu durchdringen, und seine verschwenderische Schönheit ließen ihn mir sogar in noch lebhafterem und tieferem Sinne „richtig" erscheinen. Es war Richtigkeit in großartiger Dimension. [...]

In meiner Freude meinte ich an jenem Tag, ich sei am Ende meiner Suche angelangt, mein Ziel sei erreicht: der klare Einblick in das Wesen der Dinge, so, wie sie unverfälscht und am besten sind. Es war die „Richtigkeit", die ich durch die Verunsicherungen meiner Kindheit hindurch zu erkennen versucht hatte, wie auch in den Jahren des Heranwachsens – in den Gesprächen, Diskussionen, Auseinandersetzungen, die oft bis zur Morgendämmerung geführt wurden, in der Hoffnung, einen Blick davon zu erhaschen. Es war die Lichtung – verloren, gefunden, und jetzt wiedererkannt, diesmal für immer. Um mich herum, über mir, unter meinen Füßen war alles richtig – Geborenwerden, Leben, Sterben und Erneuerung, ohne Bruch in der Ordnung des Ganzen.

Liebevoll streichelte ich mit den Händen über die mächtigen Wurzeln, die mich wie ein Sessel umfaßten, und ich begann mit dem Gedanken zu spielen, bis an mein Lebensende im Urwald zu bleiben. [...]

Als die Monate jedoch verstrichen waren, war ich bereit, den Urwald zu verlassen. Meine blühende Gesundheit war durch Malaria heruntergekommen und meine Moral durch Hunger auf Fleisch und grünes Gemüse untergraben. [...]

Aber nach siebeneinhalb Monaten hatte ich eine weit genauere Vorstellung von der Richtigkeit des Urwaldes. Ich hatte die Tauripan Indianer gesehen, nicht nur die beiden, die wir angeheuert hatten, sondern ganze Sippschaften, Familien daheim in ihren Hütten, oder solche, die in Gruppen umherzogen, jagten, ein artspezifisches Leben in ihrer natürlichen Umgebung führten, ohne nennenswerte äußere Unterstützung, abgesehen von Machete und Stahlaxt, die ihre ursprüngliche Steinaxt ersetzten. Es waren die glücklichsten

Menschen, die ich je gesehen hatte, aber damals bemerkte ich es kaum. Sie waren so anders als wir: kleiner, weniger muskulös, und doch imstande, schwerere Lasten über viel längere Strecken zu tragen als die besten von uns. Ich fragte mich einmal, warum das so war. Sie dachten in anderen Denkmustern. [...] Selten nur war mir deutlich bewußt, daß sie von der gleichen Art waren wie wir, obwohl, danach gefragt, ich das natürlich ohne Zögern bejaht hätte. Die Kinder waren durchweg gut erzogen: sie stritten sich nie, wurden nie bestraft, gehorchten immer willig und sofort; unser abschätziges Urteil „So sind eben Kinder" paßte auf sie nicht, doch fragte ich mich nie, wieso nicht. Ich hatte keine Zweifel daran, daß der Urwald „richtig" war, auch nicht, daß, wonach immer ich suchte, am ehesten dort gesucht werden müßte. Aber die Richtigkeit und Lebensfähigkeit seines Ökosystems, der Pflanzen, Tiere, Indianer usw. fügten sich nicht, wie ich anfangs noch glaubte, automatisch zu einer Antwort und damit zu einer persönlichen Lösung für mich zusammen.

Auch dies war mir damals noch nicht klar. Ich schämte mich ein wenig meiner wachsenden Gier nach Spinat, Orangensaft und Ruhe. Ich empfand eine wildromantische Liebe und Ehrfurcht für den großen, gleichgültigen Wald, und schon während der Vorbereitungen für die Abreise erwog ich Möglichkeiten einer Rückkehr. In Wahrheit hatte ich für mich persönlich überhaupt keine Richtigkeit gefunden. Ich hatte sie nur von außen wahrgenommen, und es war mir gelungen, sie zu erkennen, aber auch das nur sehr oberflächlich. Irgendwie sah ich nicht das Offensichtliche: daß die Indianer, als Menschen wie ich und als Teilhabende an der Richtigkeit des Urwaldes, der gemeinsame Nenner waren, das Bindeglied zwischen der mich umgebenden Harmonie und meiner Sehnsucht danach.

N. Scott Momaday

Der Freudengesang des Tsoai-talee

Ich bin eine Feder am strahlenden Himmel
Ich bin das blaue Pferd, das in der Ebene läuft
Ich bin der Fisch, der glitzernd im Wasser sich rollt
Ich bin der Schatten, der einem Kinde folgt
Ich bin das Abendlicht, das Leuchten der Wiesen
Ich bin ein Adler, der mit dem Winde spielt
Ich bin eine Traube glitzernder Perlen
Ich bin der fernste Stern
Ich bin die Kühle des Morgens
Ich bin das Prasseln des Regens
Ich bin das Glitzern auf dem Harsch des Schnees
Ich bin die lange Spur des Mondes auf einem See
Ich bin eine Flamme von vier Farben
Ich bin ein Hirsch, der abseits in der Dämmrung steht
Ich bin ein Feld von Färberbäumen und von Drüsenklee
Ich bin ein Pfeil von Gänsen am Winterhimmel
Ich bin der Hunger eines jungen Wolfs
Ich bin der Traum all dieser Dinge

Ihr seht, ich lebe, ich lebe
Mein Verhältnis zur Erde ist gut
Mein Verhältnis zu den Göttern ist gut
Mein Verhältnis zu allem Schönen ist gut
Mein Verhältnis zur Tochter Tsen-taintees ist gut
Ihr seht, ich lebe, ich lebe

III. Religion

Das religiöse Denken der Indianer

Sam D. Gill

Die Suche der Zuni nach dem Mittelpunkt der Welt

Am Anfang war, nach den Entstehungsmythen der Zuni, nur Awonawilona, eine androgyne Schöpfergestalt, die man sich als so etwas wie eine Mischung aus allen übermenschlichen Wesen vorstellte und mit dem großen Himmelsgewölbe identifizierte. Aller Nebel erhob sich wie Dampf, als Awonawilona aus seinem/ihrem Herzen atmete und die Wolken und die Gewässer schuf. Mit Hilfe weiterer Schöpfergestalten schuf Awonawilona das Universum, wie es die Zuni kannten. Zu dieser Zeit des Anfangs „war die Erde weich", und die Ahnen der Zuni lebten dicht gedrängt unter der Oberfläche in den dunklen Höhlen des Erdschoßes. Der Sonnenvater schuf zwei Söhne, zwei Kriegsgötter. Diese beiden reisten auf Regenbögen und Pfeilen aus Blitzen und stiegen hinunter in die vierte Welt unter der Oberfläche der Erde, um das Volk der Zuni ans Licht der Sonne zu bringen. In der Sprache der Zuni bedeutet das Wort *tekohananee* Leben, wörtlich jedoch Sonnenlicht, und *tse'makwin*, die Essenz des Lebens, bedeutet wörtlich ‚Gedanken' und ist eng verbunden mit Kopf, Herz und Atem. Nachdem sie die Unterwelt verlassen hatten, blieben die Zuni nahe bei diesem Erscheinungsort. In Abständen von vier Jahren grollte dort dann die Erde, und es kamen andere Völker – die Hopi, die Navajo, die Mexikaner – aus den unteren Welten hervor. Sie waren ihre jüngeren Geschwister.

Die Zuni erhielten den Befehl, sich aufzumachen und nach dem „Mittelpunkt der Welt" zu suchen. Viele Jahre lang zogen sie hierhin und dorthin, immer auf der Suche nach diesem Mittelpunkt. Da sie in einzelnen Gruppen reisten, befahlen ihnen die Götter, zur besseren Kenntlichkeit sich

Namen zu geben. Dies ist der Ursprung der Zuni-Clans und der Clan-Zugehörigkeit. Jedes Mal, wenn sich die Zuni niederließen, zerstörte ein Unglück ihr Dorf und zwang sie weiterzuziehen, und zeigte ihnen so, daß ihre Suche nach dem „Mittelpunkt" noch nicht beendet sei. Schließlich stießen die Zuni auf einen alten Mann, einen Regenpriester, der im Besitze eines sehr heiligen Gegenstandes war. Ihr eigener Regenpriester betete mit diesem Mann, und zusammen ließen sie viel Regen fallen. Dies nahm das Volk als Zeichen, daß es den „Mittelpunkt" gefunden hatte, und ihre Besorgnis wurde noch mehr beschwichtigt, als ein Wasserläufer des Weges kam, seine Beine weit ausstreckte und erklärte, daß die Mitte der Welt sich direkt unter seinem Herzen befinde. Dort errichteten die Zuni ihre Dörfer: eines an dem Ort unter dem Herzen und eines überall dort, wo der Wasserläufer die Erde mit seinen sechs Füßen gekennzeichnet hatte. Der esoterische oder zeremonielle Name der Stadt Zuni ist *Itiwana*, was so viel wie „die Mitte" heißt. Ganz im Mittelpunkt wurden die heiligen Gegenstände der Regenpriester in einem Schrein verwahrt, an einem Ort also, der genau die Mitte der Welt bezeichnet. In der Vorstellung der Zuni ist ihre Welt eine große, auf allen Seiten von Wasser umgebene Erdinsel. Seen und Quellen auf dieser Insel führen zu einem unterirdischen Wassersystem, durch das die Ozeane miteinander verbunden sind.

Die sieben Zuni-Städte, die Coronado entdeckte, mögen nach diesem Archetyp angelegt gewesen sein. Allerdings überlebten sie die spanische Eroberung nicht. Die heutige Zuni-Siedlung wurde 1683 gegründet; sie blieb die einzige [...]. Erst Mitte des 19. Jahrhunderts begannen die Ethnographen zu erkennen, daß es nach Vorstellung der Zuni eine siebenteilige kosmologische Ordnung gab, nach der Dorf wie soziale Organisation des Stammes sich grundsätzlich gliederten. Die Zuni sind der Meinung, daß ihr Dorf die eigentliche Ordnung des Kosmos spiegelt, deren Grundform auf sieben Punkte ausgerichtet ist, die vier Himmelsrichtungen, den

Zenit (das Oben), den Nadir (das Unten) und das Zentrum. Es ist jedoch anzumerken, daß in der heutigen Zuni-Siedlung diese Entsprechung eine gedankliche und keine physische ist; das Dorf ist nämlich nicht in sieben fein getrennte Ortsteile gegliedert. Lassen Sie uns nun die Grundgrößen dieser kosmologischen Ordnung, wie die Zuni sie verstehen, näher betrachten.

Das siebenfache Muster bildet ein Orientierungssystem innerhalb von Zeit und Raum und ist so definiert, daß jeder Ort sich sinnvoll von allen anderen unterscheidet und zugleich mit allen verbunden ist. Es ist ebenso wichtig, die Wechselbeziehungen zwischen ihnen zu bestimmen wie die Unterschiede. Den Zuni sind bestimmte Rollen zugewiesen, die auf komplizierte Art verwoben sind mit den Ortsbegriffen innerhalb dieses Siebenerschemas. Die Clans der Zuni sind in sieben Gruppen organisiert. Jeder Gruppe, insbesondere jenen, die mit den Himmelsrichtungen übereinstimmen, eignen Unterscheidungsmerkmale und soziale Rollen, die zeitlich und räumlich in Verbindung mit dem jeweiligen Ort definiert sind. So haben beispielsweise der Kranich-, Waldhuhn- und Immergrün-Eichen-Clan ihren Sitz im Norden, sind also verbunden mit dem Winter und mit Gelb, der Farbe des winterlichen Morgen- und Abendlichts wie auch der des Nordlichts. Die Clan-Symbole stimmen überein mit Ort und Eigenschaften: Der Flug des Kranichs kündet den kommenden Winter an, das Waldhuhn bekommt im Winter ein weißes Federkleid, und die Immergrüne Eiche bleibt im Winter so grün, wie die anderen Bäume nur im Sommer es sind. Dieser Bereich steht in Beziehung zu Wind, Luft und Atem wie zu allen Tätigkeiten, in deren Mittelpunkt Krieg und Zerstörung stehen. Die anderen Himmelsrichtungen folgen diesem Beziehungsmuster.

Wir erkennen nun, daß diese Ordnung insgesamt eine Vollständigkeit besitzt, die mit den Lebensabläufen identisch ist. Während der Jahreszyklus des Lebens sich mit der Abfolge der Jahreszeiten entfaltet, übernehmen die verschiedenen

Himmelsrichtungen, zusammen mit den ihnen Zugehörenden und mit deren Eigenschaften, eine nach der anderen die zentrale und dominierende Rolle. Ohne den Beitrag, den sie zum Ganzen leistet, ist eine jede von ihnen bedeutungslos.

Auf der Grundlage dieser sehr einfachen Einführung in eine Ordnung, die *de facto* vielschichtig und wesentlich komplexer ist, können wir die Bedeutung des Mittelpunktes ins Auge fassen. Wir können uns ihr auf wenigstens zwei Wegen nähern: Der Mittelpunkt ist (1) einer von sieben Orten, der sich von den anderen sechs unterscheidet und zugleich auf sie bezieht; (2) jedoch ist er zugleich Gesamtsumme, Mischung oder Symbol aller Einzelglieder. Er ist derjenige Punkt, an dem alle anderen Bereiche, alle anderen Einzelorte teilhaben. Er ist der Ort, mit dem alle anderen zusammenhängen und zu dem sie alle in Wechselbeziehung stehen. Diesen Mittelpunkt erkennt man nur mit dem Herzen, dem Sitz des Lebens, dem heiligsten Lebensspender. Folglich ist der Mittelpunkt zugleich der eingeschlossene heilige Ort, das Dorf (dessen Name ‚Mittelpunkt‘ bedeutet) und der Kosmos als Ganzes. Selbst die Schöpfergottheit besitzt diese Ambivalenz, ist sowohl ein bestimmtes göttliches Wesen wie eine Mischung aus allen anderen Göttern. Vom Standpunkt der Ursprungs- und Wandermythen der Zuni ist der Mittelpunkt der Ort, der Leben ermöglicht, im Gegensatz zu jenen Orten, die unerträglich sind oder wo kein Leben existieren kann. [...]

Die Vorstellung der Zuni vom *itiwana* oder Mittelpunkt läßt sich besser verstehen, wenn wir ihren Kalender näher betrachten. Er wird durch Winter- und Sommersonnenwende in zwei Teile geteilt, von denen jeder wiederum in sechs Monde unterteilt ist. Die Monde jedes Halbjahres tragen den gleichen Namen; daher heißen Dezember und Juni, die Sonnenwendmonate, *Ikopu*, was „Um- und Rückkehr" bedeutet und sich darauf bezieht, daß die Sonne ihren entferntesten Punkt erreicht hat und nun zurückkehrt. In diesen Winter- und Sommersonnenwendmonaten gibt es eine 20tägige Periode, die als *itiwana* bezeichnet wird. Diese Mittelpunkte des Jahres sind wichtige Zeiten für die Feier und die zeremonielle Schöpfung eines neuen Jahresabschnitts. Dem Erschaffen einer neuen Zeit wird der Mittelpunkt zugewiesen, weil er das Zusammenkommen all jener zeremoniellen Gesellschaften bezeichnet, die im Rest des Jahres ihre jeweiligen zeremoniellen Aufgaben übernehmen. Es ist das Verstehen dieser Ganzheit, des Vorgangs der Integration, das dem Mittelpunkt Bedeutung verleiht. In einem gewissen Sinne ist die *itiwana*-Periode eine Periode, die in machtvoller und höchst symbolischer Form Zeit insgesamt verkörpert; so betrachtet sind solche Perioden offensichtlich von äußerst großer Bedeutung für das Volk der Zuni. Sie glauben, daß das Leben selbst von diesen Mittelpunkten der Zeit abhängt und aus ihnen hervorgeht.

Selbst bei einer so vereinfachten Darstellung ihres Weltbildes können wir die reiche Komplexität des Symbolsystems würdigen, durch welches die Zuni sich in eine Lage versetzen, die es ihnen erlaubt, individuelles Leben, Clan-Leben, Dorfleben und (profane wie heilige) Geschichte zu einem Ganzen zu integrieren. Diese menschlichen Angelegenheiten werden mit dem innersten Wesen der Welt identifiziert. Wir können auch verstehen, warum für die Zuni der Wert des menschlichen Lebens bestimmt und gewogen wird durch seine Ausrichtung in Zeit und Raum [...]. Das Dorf ist gedanklich, wenn auch nicht physisch, ein kosmisches und religiöses Symbol.

Claude Le Beau

„Sie haben einen Begriff von einem Gott und Schöpfer aller Dinge“

Wenn diejenigen, welche am ersten in die amerikanischen Länder gekommen sind, nicht so eilfertig gewesen wären, der Welt die Berichte von ihren gemachten Entdeckungen kundzumachen, als wodurch sie sich eine Ehre zu erwerben vermeinten, so würden sie gewiß eine andere Sprache geführet haben als diejenige lautet, wenn sie uns die Wilden abmalen als Leute, welche wie das Vieh leben, ohne alle Kenntnis eines anderen Lebens, die keinem sichtbaren noch unsichtbaren Ding die geringste göttliche Verehrung erweisen, sondern aus ihrem Bauch einen Gott machen und ihre ganze Glückseligkeit in das gegenwärtige Leben setzen. Weil diese Schriftsteller weder Tempel noch Altäre noch Götzen bei ihnen gesehen, so haben sie sich bei dem ersten Augenblick eingebildet, daß diese Leute ebenso wären, wie ich itzt gesagt habe. [...]

Auch die barbarischsten Völker haben zu allen Zeiten einen Begriff von einem Gott und Schöpfer aller Dinge gehabt. Überhaupt alle amerikanischen Völker, diejenigen sowohl, welche ein stillsitzendes, als die, so ein herumschweifendes Leben führen, haben so starke und nachdrückliche Benennungen, die nichts anders als einen Gott bezeichnen können. Sie nennen ihn den Großen Geist, zuweilen auch den Herrn und den Urheber des Lebens. Selbst die Outaouas, die doch unter allen diesen Völkern für das roheste und dümmste gehalten werden, nennen ihn oft den Schöpfer aller Dinge.

Dieser Große Geist ist bei den algonkinischen Völkerschaften unter dem Namen Manitou und Okki bekannt. Die Huronen und Irokesen aber, die sich auch dieser Namen bedienen, haben noch einen weit besonderen Ausdruck, der nur dem höchsten Wesen beigeleget wird. Es ist der Name Areskoui bei den Huronen, und bei den Irokesen Agriskoue, den sie der Sonne geben, die vor ihrer Bekehrung zum Christentum ihre sowohl als aller andern Amerikaner Gottheit war. Weil sie eine Zuschauerin ihrer Schlachten zu sein schien, so richteten sie auch ihre Gebeter zu derselben, ehe sie in den Krieg zogen. Dieses Areskoui oder Agriskoue ist ein so altes Wort, daß die Missionarien niemals die Ableitung desselben haben erforschen können. Ja, die Irokesen und Huronen wissen es selbst nicht. Sie geben der Sonne noch andere

Namen, unter welchen aber einige mehr ein allerhöchstes Wesen als die Sonne ausdrücken. [...]

Wenn ich mich zuweilen bei denenjenigen, mit welchen ich umgegangen bin, befraget habe, was sie vormals für einen Gott angebetet hätten, so antworteten sie mir ganz beherzt, sie hätten jederzeit eben den Gott angebetet, welchen wir anbeteten. Ihr Agriskoue müßte zwar ein Gott oder ein allerhöchster und vollkommener Geist sein, allein sie hätten die Vollkommenheiten desselben nicht so wohl erkennen können als wie wir, weil er sich in ihrem Lande nicht also offenbaret hätte als wie in dem unsrigen. Wenn ich nun hierauf versetzete, daß wir niemals die Sonne angebetet hätten, so antworteten sie, daß sie dieser Sache oftmals nachgedacht und mit leichter Mühe begriffen hätten, daß, weil zween Agriskoue gewesen wären, der jüngste derselben namens Tharonhiaouagon, welcher unter ihnen gelebet hätte, wohl der Sohn desjenigen sein könnte, welchen wir den Ewigen, den Herrn der Sonne oder den Vater Jesu Christi nenneten, weil dieses Gestirn, so wie wir sagten, sich verfinstert oder gelitten hätte, als der Sohn des Schöpfers aller Dinge von einigen Bösewichtern, die ihn nicht hätten erkennen wollen, wäre an ein Kreuz aufgehenkt worden. Ich weiß nicht, ob sie nur aus Scherz also geredet haben [...].

Die Wilden streiten übrigens wenig über Religionssachen. Sie vertreiben sich viel lieber die Zeit mit Lachen über dasjenige, was wir ihnen davon sagen, denn es geschiehet sehr selten, daß man sie uns widersprechen höret. Sie gestehen sogar alles, was auf die Vernunft gegründet ist, gar leicht ein. Sie sind aber deswegen keine ehrlicheren Leute, wenn sie keine Lust haben, solche zu sein. Sie lassen genugsam sehen, daß sie mehr aus einer Verderbnis der Sitten, welche durch die Wirkung der menschlichen Schwachheit hervorgebracht wird, als aus einer Halsstarrigkeit, so auf den Mangel der Einsicht und der Erkenntnis gegründet ist, sündigen. Es fehlet also viel, daß sie die Übernaturlehre haben sollten, welche der Baron de La Hontan in seinen Gesprächen ihnen beileget und wo er einem Wilden eine solche Rede in den Mund leget, welche vielmehr diejenige Meinung, welche er selbst von der Religion heget, als die Meinung dieser Barbaren über diese Materie beweiset.

Die Rede, welche ich in dem vorhergehenden Hauptstück von meinem irokesischen Redner mitgeteilet habe, und die Worte des alten Wilden, der von dem Pater Joseph auf seinem Todbette ist bekehret worden, geben genugsam zu erkennen, daß die Wilden zu allen Zeiten ein höchstes und unbegreifliches Wesen, von dem sie aber niemals eine deutliche Beschreibung haben geben können, angebetet haben. Man darf sich demnach nicht verwundern, daß diese rohen und dummen Völker, deren Sitten über die Maße verderbet waren, und die überdas auch Träumer und Tiefsinnige gewesen sind, den Aberglauben so weit getrieben haben, daß sie auch den geringsten Kleinigkeiten, welche die Fähigkeit des Verstandes übertrafen, eine Göttlichkeit zugeschrieben haben.

Sie verehrten Geister von allerlei Gattungen. Unter den guten begriffen sie alle unbegreiflichen Dinge, welche ihnen nichts Böses tun konnten. Die bösen hingegen waren der Donner, der Hagel, der auf ihr Getreide fiel, ein großes Ungewitter, die Winde, welche die Flüsse in Bewegung setzten, mit einem Wort, alles, was ihnen schädlich sein konnte und wovon ihnen die Ursachen unbekannt waren. [...] Wenn etwa ein Zweig von einem Baum einem Jäger das Aug ausstieß, so sagten sie gleich: „Dieses hat der böse Geist getan." Wenn ein Sturmwind bei ihrer Überfahrt über die Seen sie überfiel, so hieß es: „Der böse Geist beweget die Luft." Wenn jemand durch eine Krankheit den Gebrauch seiner Vernunft verloren, so sagten sie: „Der böse Geist plagt ihn." Mit einem Wort, der böse Geist tat alles Böse, so ihnen widerfuhr. [...]

Diese Völker sind anbei jederzeit einfältig genug gewesen, mehr die bösen Geister als die guten anzurufen und ihnen Geschenke zu geben, wie ich solches bei der oben mitgeteilten Beschreibung der vier Berge gewiesen habe, wo meine

Wilden und ich so viele unnütze Sachen aufgeraffet haben, welche sie ohne mir nimmermehr würden angerühret haben. Es haben mir etliche Franzosen, die unter ihnen herumgereiset sind, gesagt, daß sie dieselben hätten zuweilen Tobak in das Feuer oder Wasser werfen sehen, wenn sie vor einem Felsen vorübergegangen wären und daß, wenn sie von ihnen die Ursache, warum sie solches täten, hätten wissen wollen, die Wilden ihnen nichts als Fabeln gesagt oder gar geantwortet hätten, daß sie die Sache nicht verstünden. Sie sagen auch, daß, weil sie uns zuhöreten, wenn wir mit ihnen von unserer Religion redeten, ohne daß sie uns dabei in die Rede fielen, wir sie auch anhören müßten. Man kann sagen, daß die Furcht vor dem Bösen oder die Hoffnung zum Guten die einzigen Bewegursachen sind, welche sie zu solchen aberglaubischen Handlungen antreiben. [...]

Die Gedanken von einer Gottheit führen notwendigerweise eine gottesdienstliche Verehrung mit sich. Gleichwohl ist kein Anschein da, daß die Huronen, die Irokesen, die Abenakis und andere kanadische Völkerschaften, sie mögen nun entweder ein herumschweifendes oder stillsitzendes Leben führen, andere Tempel als ihre Hütten gehabt haben. Man siehet wenigstens heutzutage keine Spuren, und die alten Berichte melden auch nichts hiervon. Allein die Herde des Feuers, welche die alten Heiden zu ihren Hausgöttern gemacht hatten, dieneten ihnen statt eines Altars, so wie die größten Hütten, worin sie sich noch heutzutage, wenn sie Beratschlagungen anstellen wollen, zu versammeln pflegen, ihnen wie den alten Persern zu Tempeln dienten. Das Feuer der Beratschlagung hat in ihren verblümten Ausdrücken etwas so Geheiligtes, daß es als immerbrennend betrachtet wird. Es ist sogar gleichsam das Sinnbild aller Sachen, welche die Religion und die Regierung angehen. [...]

Es ist nicht eine einzige Völkerschaft, bei welcher die Opfer nicht im Gebrauch und zugleich ein Beweistum ihrer Religion gewesen wären. Diese Opfer waren anfangs schlicht, denn sie bestunden nur in einigen Tieren, die man aus den

Herden nahm, in etlichen Pflanzen, Früchten, Kräutern und Wurzeln, welche den Menschen zu ihrer Nahrung oder sonst zu einigem Gebrauch dieneten. In solcher Absicht opfern auch noch die Wilden nach dieser alten Gewohnheit das Korn ihrer Felder und die Tiere, die sie auf der Jagd gefangenneh-men. Sie warfen auch vor Alters ohne Zweifel aus ebendieser Ursache Tabak oder andere Kräuter, deren sie sich anstatt des Tabaks bedieneten, der Sonne zu Ehren in das Feuer. Und diejenigen, welche nicht recht zum Christentum bekehret sind, werfen desselben noch heutzutag in die Seen und Flüsse zum Opfer für diejenigen Geister, welche darin ihren Sitz haben sollen.

Unsere Irokesen henkten vormals Zweige, Porcelaine-Halsbänder, Strohzöpfe von ihrem indianischen Korn, ja sogar solche Tiere, welche sie der Sonne geweihet hatten, oben an ihre Hütten in die Luft. Die Montagnais und die mitternächtlichen Völker henkten lebendige Hunde mit Schleifen an die Spitze einer Stange und ließen sie in diesem Zustand ihren Gottheiten zu Ehren sterben.

Werner Arens und Hans-Martin Braun

Traum und Traumlieder als Wege zum Übernatürlichen

Die meisten Offenbarungen seitens übernatürlicher Mächte wurden nach Auffassung der Indianer in Träumen und Visio-nen vermittelt. Durch sie erlangte der Träumer magische Kräfte und die Fähigkeit, die Zukunft vorherzusehen, Krankheiten zu beherrschen und das Amt eines Priesters oder Führers auszuüben. Solche Träume und Visionen ließen sich aber nur aufgrund persönlicher Opfer und Entbehrungen und bei Beachtung bestimmter Riten herbeiführen. Im allge-meinen fanden solche Initiationsriten im Zusammenhang mit der üblichen Pubertäts-Fastenzeit statt; die empfangene Vision wurde dann zum Medium übernatürlicher Hilfe und übernatürlichen Wissens und konnte sogar die späteren Beziehungen des Jugendlichen bestimmen. Der in einer Vision erblickte heilige Gegenstand war in seiner Wirkweise von rein persönlichem Belang; er wurde im Gebet zur Hilfe bei der Lenkung des eigenen Tuns. Jeder Traum, in dem der Gegenstand erschien, hatte Bedeutung für den Visionär, der die gegebenen Hinweise genau beachtete. Aus Männern mit einer natürlichen Neigung zum Geheimnisvollen wurden oft Schamanen und Vorsteher bei Riten, die mit dem Okkulten zu tun hatten. Solche Personen kultivierten ihre Fähigkeit, zu träumen und Visionen zu empfangen, zumal man generell davon ausging, daß sie selbst durch direkte Verbindung zur transzendenten Welt Unglück bringen oder abwenden konnten. Peyote wurde neben Mescal besonders bei den Stämmen des Südwestens und in Mexiko benutzt, um Visionen künstlich herbeizuführen, und spielt heute in der *Native American Church* eine große Rolle. Ganz allgemein gilt, daß die mentalen Bilder des mit geschlossenen Augen Sehenden als Präfigurationen der Wirklichkeit gedeutet wurden, die in den Urbildern der Dinge, in der dem gewöhnlichen Auge unsichtbaren Welt, ihren Ursprung haben.

Traumlieder („dream songs") sind bei zahlreichen indianischen Stämmen der wertvollste Besitz des einzelnen. Sie werden dem Visionen suchenden Jugendlichen gewährt, nachdem er sich unter großer Gefahr und in absoluter Einsamkeit auf seine Traumreise begeben hat. Die Suche selbst war eine Verpflichtung für jeden jungen Indianer. Man war überzeugt, daß die gewährte Vision in Einklang stand mit dem Charakter des Suchenden; Visionen verbanden den einzelnen mit jenen, die eine ähnliche Traumerscheinung gehabt hatten.

Die folgenden *Traumlieder Siya'kás* fassen vignettenartig in Bilder, was es heißt, durch die Gewährung von Träumen oder Botschaften aus einer dem bloßen Auge nicht sichtbaren Welt innere Sicherheit und Kraft zu gewinnen. Siya'ká ist im

Traum mit Eule, Krähe und Elch, der namentlich nicht genannt wird, eins geworden.

> Nachts kann ich umherziehen,
> gegen die Winde kann ich ziehen,
> nachts kann ich umherziehen,
> wenn die Eule schreit,
> kann ich umherziehen.

> Im Morgengrauen kann ich umherziehen,
> gegen die Winde kann ich ziehen,
> im Morgengrauen kann ich umherziehen,
> wenn die Krähe ruft,
> kann ich umherziehen.

> Wo der Wind bläst,
> der Wind brüllt,
> stehe ich fest.
> Gen Westen bläst der Wind,
> der Wind brüllt –
> ich stehe fest.

Alice C. Fletcher und Francis La Flesche
Wakonda und das Verhältnis von Mensch und Tier bei den Omaha

Wakonda ist kein moderner Begriff und daher für eine Worterklärung ungeeignet. Das Wort *wanonxe* bedeutet „Geist". Die durch die Begriffe *wakonda* und *wanonxe* ausgedrückten Ideen sind verschieden und haben nichts gemein. Es ist daher unangemessen, von Wakonda als dem „Großen Geist" zu sprechen. Es wäre gleichermaßen unpassend, den Begriff als Synonym der Natur aufzufassen oder als Synonym eines objektiven Gottes, eines von der Natur losgelösten Wesens.

Es ist nicht leicht, die in diesem indianischen Wort ausgedrückte Idee in Worte zu fassen. Der europäische Verstand verlangt nach einer Art intellektueller Kristallisierung der Begriffe, die für die Omaha unwesentlich ist und die, wenn man sie in Angriff nimmt, dazu neigt, die ursprüngliche Bedeutung des Begriffes abzuwandeln. Wakonda steht für die geheimnisvolle Lebenskraft, die alle natürlichen Formen und Kräfte und alle Phasen des menschlichen Bewußtseins durchdringt. Die Idee des Wakonda hat daher für den Omaha grundsätzliche Bedeutung für sein Verhältnis zur Natur, einschließlich des Menschen und aller übrigen Lebensformen. Wie ein Weiser des Stammes sagte: „Es ist bedeutungslos, wie weit ein Omaha in seinen abergläubischen Überzeugungen gehen und göttliche Kräfte natürlichen Objekten zusprechen mag, er kehrt, wenn er sich in tiefe und nüchterne Gedanken über religiöse Vorstellungen versenkt, ohne Ausnahme zu Wakonda zurück, zum Ursprung aller Dinge."

Es scheint, als ob im Denken der Omaha die sichtbare Natur schon immer das stets gegenwärtige Handeln des unsichtbaren und geheimnisvollen Wakonda gespiegelt habe und ein Lehrer in Sachen Religion und Moral gewesen sei. Die das Individuum betreffenden Riten offenbaren deutlich die Lehre von der Einheit des Universums, an welcher der Mensch teilhat. Die verschiedenen Wewaçpe-Riten [die den einzelnen mit dem Kosmos und mit sich selbst in Einklang bringen] betonen die Abhängigkeit des Menschen von einer Macht, die größer ist als er selbst, sowie die Vorstellung, das dem Ungehorsam gegenüber dieser Macht übernatürliche Strafen folgen werden. Naturphänomene hatten die Aufgabe, moralischen Normen Geltung zu verschaffen. Die Alten sagten: „Nach fester Regel läßt Wakonda der Nacht den Tag folgen und dem Winter den Sommer; auf Veränderungen, die diesen Regeln folgen, können wir bauen und so unser Leben einrichten. Auf diese Weise lehrt uns Wakonda, daß unsere Worte und unsere Taten wahrhaftig sein müssen, auf daß wir miteinander in Frieden und in Glück leben mögen. Über all dies haben unsere Väter nachgedacht, sie haben die Werke Wakondas studiert, und ihre Worte sind auf uns gekommen." Wahrhaftigkeit in Wort und Tat war die Grundlage des Moralsystems, wie es bei den Omaha gelehrt wurde. Auf das Handeln angewandt, bedeutete dies das Ideal der Ehrlichkeit und der Gewissenhaftigkeit gegenüber einer auferlegten Pflicht, was immer sie auch sei, ob die eines Kundschafters, eines Läufers auf der Suche nach einer Büffelherde oder eines Zeremonienmeisters beim Vollzug eines Ritus. Kein unwahrer Bericht, kein Ausweichen vor der Verantwortung sollte straflos bleiben, wobei die Vorstellung herrschte, die Bestrafung erfolge auf übernatürlichem Wege. Beispiele, wie etwa Berichte über das Schicksal der Hüter des Heiligen Kriegszeltes, die ihrer Verantwortung ausgewichen waren und vom Blitzschlag getötet wurden, zitierte man als Beweis dafür, wie genau Wakonda über die Wahrhaftigkeit bei solcher Art Handeln wachte. Aus gleichem Grunde mußten alle Schwüre gehalten werden. Gelegentlich schwor ein Mann beim Gebet um Jagderfolg, er werde das erste Stück Wild Wakonda geben, und niemand, der einen solchen Schwur getan hatte, würde ihn brechen, selbst wenn er und seine Familie darob Hunger leiden sollten. [...]

Man war [im übrigen] der Überzeugung, alle Lebenserfahrung sei von Wakonda geleitet, ein Glaube, der einer Art Fatalismus den Boden bereitete. Angesichts eines Unglücks setzte der Gedanke, „Wakonda will es so!" jeder Rebellion gegen dasselbe und oft sogar jeder Anstrengung, es zu bewältigen, ein Ende. Nicht nur die Ereignisse im Leben eines Menschen waren von Wakonda vorherbestimmt und lagen in seiner Hand, auch den menschlichen Gefühlen wurde derselbe Ursprung zugeschrieben. Ein alter Mann sagte: „Die Tränen sind von Wakonda geschaffen worden, damit unsere menschliche Natur Erleichterung hat; Wakonda schuf die Freude, und er schuf ebenfalls die Tränen!" Ein Greis sagte im Angesicht des Todes: „Von meiner frühesten Jugend an erinnere ich mich an den Klang des Weinens; mein ganzes Leben habe ich ihn gehört, und ich werde ihn hören, bis ich sterbe. Solange die Menschen auf Erden leben, müssen sie voneinander Abschied nehmen; Wakonda hat bestimmt, daß es so sei!"

Die Verwendung des Begriffs *wakonda* in den Liedern der Washiska athin (der Muschel-Gesellschaft) und der Ingthun (der Donner-Gesellschaft) bedarf einer Erklärung, da er zu Mißverständnissen, was den Glauben der Omaha angeht, geführt hat. Man hat seinen Gebrauch den Autoren des öfteren erklärt und sie gebeten, keinem Irrtum hinsichtlich der Bedeutung von Wakonda zu erliegen. Diese Erklärungen kamen von Mitgliedern jener Gesellschaften, denen die Lieder gehören, in denen Wakondas Name vorkommt, wie auch von Männern, die Mitglied keiner dieser Geheimgesellschaften waren. Daher sind die Autoren davon überzeugt, daß die Omaha zwischen verschiedenen Bedeutungen des Wortes *wakonda* unterscheiden. Der Wakonda, der in den Gebeten und religiösen Zeremonien angerufen wird, die das Wohl des ganzen Stammes betreffen, ist der Wakonda, der alles Leben der sichtbaren Natur durchdringt: Er ist eine unsichtbare Wesenheit und Kraft, die sich überall hin und in alles erstreckt und an die der Mensch sich mit der Bitte um Hilfe wenden kann. Aus dieser zentralen Vorstellung einer alles durchdringenden Wesenheit leitet sich einerseits die Verwendung des Wortes *wakonda* auf alles Geheimnisvolle und Unerklärbare ab, sei es Gegenstand oder Geschehnis, und andererseits der Glaube, daß die besonderen Gaben eines beseelten oder unbeseelten Wesens auf den Menschen übertragen werden können. Die Mittel, durch welche diese Übertragung geschieht, sind geheimnisvoll: sie betreffen Wakonda, ohne Wakonda selbst zu sein. So mag man die Hilfsmittel – die Muschelschale, den Kieselstein, den Donner, das Tier, das mythische Monster – als Wakondas bezeichnen, ohne sie jedoch als *den* Wakonda zu betrachten.

Persönliche Gebete wurden an Wakonda direkt gerichtet. Ein Mann pflegte seine Pfeife zu nehmen und allein hinaus in die Berge zu gehen; dort brachte er dann sein Rauchopfer dar und rief laut *wakonda ho!*, während der Beweggrund, der Anlaß seines Gebetes nicht in Worten ausgedrückt wurde. Wenn der Gefühlsdruck besonders stark war, pflegte der Betende die Pfeife dort niederzulegen, wo er Wakonda angefleht hatte. Diese Form des Gebets wurde nur von Männern ausgeführt und hieß *Ninibaha* (*niniba*: Pfeife): „Anruf mit der Pfeife".

Frauen benutzten beim Beten keine Pfeife; sie brachten ihre Bitten direkt vor, ohne Mittler. Es wurden, wenn überhaupt, nur wenige Worte benutzt; für gewöhnlich wandte sich die sorgenbeladene Frau an jene geheimnisvolle Kraft, von der sie glaubte, sie habe alles in ihrer Hand, kenne alle Wünsche, alle Nöte und könne die erbetene Hilfe gewähren.

In welcher Beziehung Tiere zu den verschiedenen Stammesriten standen, ist deshalb schwierig zu erklären, weil die Einstellung der weißen Rasse zu Natur und allem Lebendigen so anders ist als die der Indianer. Daran gewöhnt, Tiere als zahm oder wild zu klassifizieren und sie als dem Menschen untergeordnet und ihm dienend zu betrachten, fällt es schwer, unserem Verstand beim Nachdenken über die Natur eine Einstellung nahezubringen, die den Menschen nicht mehr als Herrn der Natur ansieht, sondern als eine ihrer vielen Manifestationen, die physisch wie psychisch alle mit ähnlichen Fähigkeiten ausgestattet und von einer Lebenskraft beseelt sind, die vom geheimnisvollen Wakonda ausstrahlt.

Um es mit den Worten eines alten Indianers zu sagen: „Alle Daseinsformen sind Zeichen dafür, wo Wakonda innegehalten und sie ins Leben gebracht hat." Diese Bemerkung des alten Mannes verweist auf den Glauben, daß die Macht Wakondas jener richtungsweisenden Kraft verwandt ist, die der Mensch in sich fühlt. Jede Daseinsform war Ergebnis eines „Innehaltens", eines Willens- und Schöpfungsaktes Wakondas. Wenn man die Natur von diesem Gesichtspunkt aus betrachtet, dann sind Mensch, Tier, Erde, Himmel und alle Naturphänomene nicht nur beseelt, sondern sie stehen auch in einer Beziehung zueinander, die sich von jener unterscheidet, die wahrzunehmen wir uns angewöhnt haben. Der Mensch steht nicht außerhalb der Natur, sondern hat, durch Körper und Seele mit ihr verbunden, im wahrsten Sinne des Wortes teil an ihr. Wie der alte Mann weiter sagte: „Der Mensch lebt von den Früchten der Erde; dies trifft auch zu, wenn er sich von Tieren ernährt, denn alles erhält seine Nahrung von der Mutter Erde. Unser Körper wird gestärkt vom Fleisch der Tiere, und die uns innewohnenden Kräfte können immer dann Stärkung erfahren, wenn die Tiere uns an den ihnen eigenen Gaben teilhaben lassen; denn jedes Tier hat von Wakonda eine besondere Gabe erhalten. Wenn ein Mann Wakonda um Hilfe bittet, wird Wakonda dem Bittenden jenes Tier schicken, das die Gabe besitzt, die dem Mann in seiner Not helfen wird." Dieses Verständnis der Wechselbeziehung zwischen Mensch und Tier, nach dem auf irgendeine geheimnisvolle Weise, vergleichbar etwa der Anverwandlung der Nahrung, die Fähigkeiten und Kräfte des Menschen durch das Tier verstärkt werden können, mag hilfreich sein zu erklären, warum Tiere eine so hervorragende Rolle in den Riten der Omaha spielen. [...]

Obwohl der Mensch nach Auffassung der Omaha den Tieren so eng verbunden ist, sind sie nicht seine Ahnen [...]; kein Omaha glaubt, sein Vorfahr sei ein Elch, ein Büffel, ein Hirsch oder eine Schildkröte gewesen, genausowenig wie er glaubt, der Wind, der Donner oder der Himmel seien seine Vorfahren. Mythen, die von der Vereinigung von Himmel und Erde sprechen, scheinen der Versuch zu sein, der Idee konkrete Gestalt zu verleihen, daß eine dualisierende Kraft, wie sie in den Erscheinungsformen des Männlichen und des Weiblichen zum Ausdruck kommt, allen schöpferischen Vorgängen zugrunde liegt und von Wakonda so gewollt wurde. Die Erkenntnis dieser bipolaren Naturkraft scheint allen Rassen gemeinsam zu sein, wurde von den verschiedenen Völkern jedoch unterschiedlich stark betont. Für die Omaha besaß diese Vorstellung zentrale Bedeutung.

Mireille Simoni-Abbat
Die vielen Gesichter des Quetzalcoatl

Im Bereich der Kunst ist Quetzalcoatl das bezeichnendste Beispiel, weil in ihm alle Mehrdeutigkeiten und Widersprüche der verschiedenen [altmexikanischen] Religionen vereint sind. Im Gegensatz zu anderen Göttern, wie Tlaloc, mit ziemlich gleichbleibenden Attributen, ist Quetzalcoatl im Laufe der Jahre immer wieder von andern für sich beansprucht worden, von der vorklassischen Periode bis zum Christentum, das in ihm eine Verkörperung des heiligen Thomas sah. Sein Name, mit dem man die meisten seiner Darstellungen benennt, ist aztekisch (*quetzal*, wertvoller Vogel; *coatl*, Schlange); aber entspricht er auch immer dem gleichen Bild des Gotts? Seit der vorklassischen Periode ist die Schlange im Bild dargestellt worden, wenn sie für Erde und Wasser stand und für die Erneuerung der Vegetation, weil sie sich häuten kann. Im klassischen Teotihuacán ist die gesamte Fassade eines Tempels abwechselnd mit ihrem Maul und einem stilisierten Gesicht geschmückt, das an Tlaloc erinnert, aber vielleicht auch ihr eigenes nächtliches Gesicht darstellen soll; hier ist sie das doppelköpfige Ungeheuer. Ihr mit Seemuscheln verzierter, gewundener Körper umgibt den gesamten Bau. Man weiß nur wenig über die Bewohner von Teotihuacán, denn über Sprache und Mythos geben ausschließlich ihre Monumente Auskunft. Quetzalcoatl hat hier nicht mehr die Gestalt einer einfachen Schlange, weil sein Maul von einer Federkrause umgeben ist.

Später bei den Tolteken erhielt er ein Menschengesicht. Damals begann man, die Geschichte schriftlich niederzulegen, und Geschichte und Mythos mußten miteinander in Einklang gebracht werden. Eines Tages wurde ein Fürst geboren, der *ce acatl* („1 – Schilf"), *Topiltzin* („unser Fürst"), *Quetzalcoatl* hieß. Sein Kalendername „1 – Schilf" und das Patronat des Gottes Quetzalcoatl waren bestimmend für sein

Quetzalcoatl in seiner Gestalt als gefiederte Schlange (hinter seinem Kopf die Glyphe seines Geburtsdatums ,1 – Schilf'). Aztekische Kultur, späte nachklassische Periode – Andesit; Höhe 0,29 m.

Schicksal als Fürst. Den meisten Quellen zufolge war er Sohn eines Chichimeken, also eines „Barbaren", und einer Nonoalaca-Prinzessin von einem der zivilisiertesten Völker im Tal von Mexiko, die die Zerstörung von Teotihuacán überlebt hatten. In ihm stießen zwei Traditionen aufeinander, und seine Geschichte bestand nur aus Widersprüchen. Als weiser Herrscher, Freund der Künste, Feind der Menschenopfer förderte er die Tugenden und die edelsten Künste. Aber er unterlag seinem Rivalen Tezcatlipoca, dem ersten der Götter ohne Gesicht, die im mexikanischen Abenteuer eine Rolle spielten. Nun triumphierten die Kälte, der Norden, der Krieg, die Finsternis in den Hochtälern. Jener friedfertige Herrscher jedoch zog ans atlantische Ufer und verbreitete Macht und Blutvergießen im Maya-Gebiet. In Zentralmexiko hingegen verkörperte er alle kulturstiftenden Ideale.

Mireille Simoni-Abbat

Macht durch Aneignung fremder Götter: Die Azteken

Die Azteken übernahmen Ideologie und Lebensweise der Völker, mit denen sie in Berührung kamen; sie schlüpften in eine Identität, die sie zur Zeit ihrer Wanderung noch nicht besaßen, und wurden so zum Sonnenvolk. Dieses Volk war zwar von Anfang an gewissermaßen „auserwählt", aber als es auf dem Höhepunkt seines Ruhms stand, machte es sich nachweislich Sitten, Gebräuche und Götter der unterworfenen oder benachbarten Völker zu eigen. Man darf nicht übersehen, mit welch unerhörter Härte und unerklärlicher Kombination von Eigenschaften die Azteken sich politisch in den Vordergrund spielten, während es anderen Stämmen nicht gelang, mit den gleichen Waffen – im konkreten wie im übertragenen Sinn – historische Größe zu erreichen. Im amerikanischen Raum sind nur die Inka einen vergleichbaren Weg gegangen. Seit der Eroberung durch die Spanier hat sich der trügerische Eindruck verfestigt, daß Azteken und Inka die präkolumbische Geschichte beherrscht hätten, womit jedoch viele andere, ebenso kurzlebige, aber weniger glanzvolle Kulturen unterschätzt werden.

Die Mythen der Azteken waren hochkompliziert und voller Widersprüche, was sich in ihrer Kunst, die wir die „offizielle Kunst" nennen möchten, niederschlug. Meißelt man einen Augenblick aus der Geschichte eines Gottes in Stein, preßt man das Flüchtige in eine starre Form. Wenn die Azteken sich eine bestimmte Kultur, die Kultur schlechthin aneigneten, nahmen sie zugleich auch deren Götter an. Ihre Glaubensinhalte sind für uns heute deshalb so kompliziert, weil wir deren Ursprünge nicht genau kennen, aber auch weil ihre Religion selbst ungereimt war. Welches Schema man auch immer annehmen möchte – unterworfene Götter und siegreiche Götter, Göttergestalten der Bauernvölker und Pantheon von kriegführenden Völkern, friedliebende Göttinnen und kriegerische Götter –, es ist stets eine Verschwommenheit und Doppeldeutigkeit religiöser Vorstellungen festzustellen, die durchaus von den Mexica selbst so empfunden wurden. Da sie sich als Herrscher legitimieren wollten, mußten sie sich mehr als alle anderen nach einem Dogma richten. Sie hatten aber viele Dogmen, die obendrein Veränderungen unterworfen waren, ebenso wie die Gesellschaft, die sie aufstellte. Die Azteken vermittelten, wie übrigens viele ihrer Zeitgenossen, den Eindruck, einer feindlichen Welt ausgesetzt zu sein – ein Eindruck, der in ihrem historischen Abenteuer eine Rechtfertigung fand –, und versuchten, alle Mächte unter ihre Oberhoheit zu bringen, einschließlich des Gotts der Christen, was allerdings zu ihrem Scheitern führte. Die Götter ihrer Vorfahren, Nachbarn, Freunde und Feinde fanden alle Eingang in ihr Pantheon und erhielten somit das Recht auf einen Kult und auf Darstellung im Bild; aber Dogma und Glaubensinhalt klafften immer mehr auseinander.

Werner Arens und Hans-Martin Braun

Mythos, Magie und Ritus in der Dichtung der nordamerikanischen Indianer

Religion – wenn man diesen Begriff überhaupt anwenden kann – hat in der indianischen Welt eine Bedeutung, die ihr in der säkularisierten Welt von heute nicht mehr zukommt. Das Religiöse durchdringt alle Bereiche des Lebens, sowohl des einzelnen wie des Stammes, und auch alle Erscheinungsformen der Natur und des Universums. Wegen dieser Allgegenwart des Religiösen gibt es in den verschiedenen indianischen Sprachen auch keinen Begriff für Religion; denn ein solcher würde das Religiöse ausgrenzen und zu einer Teilerfahrung des Lebens machen.

Die religiösen Vorstellungen der Indianer sind äußerst vielfältig. Hier interessieren vornehmlich drei Aspekte: Mythos, Magie und Ritual. Sie spielen im Leben jedes Indianers, zumindest, wenn er in der Welt der indianischen Tradition aufgewachsen ist, eine zentrale Rolle. Jeder dieser Aspekte hat [...] in das Weltbild moderner indianischer Autoren Eingang gefunden und sich bei dieser Wiederaneignung verändert.

Mythen befassen sich mit Anfang und Ende von Welt und Zeit, so z. B. in Ursprungs- und Endzeitmythen, sie befassen sich mit Göttern und mythischen Wesen wie den Kulturheroen, Urahnen und prototypischen Tieren, den sogenannten Ahnentieren. Handlungsort dieser Götter und Wesen ist die übernatürliche Welt, in der Mythen festgelegten Handlungsmustern folgen. Die im Mythos Handelnden schaffen die Welt und die Dinge in ihr. So wird z. B. bei den Laguna Pueblo die Welt von dem Ahnenwesen Spinne erschaffen, während bei den Mohawk die Schildkröte als Schöpferin der Welt gilt. Eine modern eingefärbte mythische Erklärung für die Anwesenheit der Indianer in Amerika besteht darin, daß sie auf dem Rücken einer Schildkröte von China über den Pazifik in ihre neue Heimat gebracht wurden. Himmel und Erde sind mythische Wesen, von deren Mithilfe das Wohlergehen des Stammes wie des einzelnen abhängt. Gleiches gilt bei den Plains-Indianern für den Büffel. Daher werden diese Wesen um Beistand angefleht und in Liedern verehrt und gepriesen. Die mythische Welt setzt, was für den modernen Menschen nur noch schwer nachvollziehbar ist, die Gesetze, Beschränkungen und Mächte der alltäglichen Welt außer Kraft und schafft sich aufgrund von Glaubensakten ihre eigene Realität.

Um der mythischen Kraft teilhaftig zu werden, müht sich der einzelne Indianer, oft unter großen Entbehrungen und Schmerzen, um den Empfang einer Vision. In ihr findet er selbst und manchmal auch der ganze Stamm einen Wegweiser für seinen künftigen Lebensgang. Die Suche nach einer Vision ist das Herzstück vieler indianischer „Religionen". Während man früher durch selbstgewählte Abgeschiedenheit in der Natur, durch Fasten und Selbstkasteiung Visionen herbeizuführen hoffte, wird heute in der *Native American Church* ein Extrakt des Peyote-Kaktus benutzt, um sich in eine Visionen begünstigende seelische Verfassung zu versetzen.

Magie stützt sich auf den Glauben bzw. die Annahme, daß transzendente Wesen oder übernatürliche Kräfte, die beispielsweise einem Gegenstand innewohnen können, den Wunsch des sie Anrufenden aufgrund seiner Gebete, Beschwörungen oder magischen Formeln Wirklichkeit werden lassen. Zu den magischen Praktiken zählen der Gebetsruf, das Tragen des Traumrades, d. h. das Tradieren von Mythen und Stammesgeschichten, um so die eigene Lebenswelt zu bewahren, wie auch die Beschwörung des Farbenrades, des Ablaufs der Jahreszeiten. Ein klassisches Beispiel für Magie ist die Namensgebung, denn der Name besitzt für den Indianer magische Kraft, weil er seinen Träger in Stamm und Welt integriert und weil mit seinem Besitz die in ihm zum Ausdruck gebrachten Eigenschaften Wirklichkeit erlangen.

Magisches Handeln bestimmt die Tätigkeit des Schamanen und des Medizinmannes und gelegentlich auch des einzelnen. Als Mittler zwischen der Welt der Geister und der des Menschen evozieren Schamane, Medizinmann und zuweilen auch der Priester magische Kräfte, um sie einem einzelnen, etwa einem Kranken, oder dem ganzen Stamm verfügbar zu machen. Von besonderer Wichtigkeit als Anlaß magischen Tuns sind auch die Riten und Zeremonien, die ohne magisches Handeln in seinen verschiedensten Formen nicht vorstellbar wären.

In der Welt der Indianer nehmen *Riten* einen hervorragenden Platz ein, denn sie bestimmen einen großen Teil ihres Tuns, indem sie alle wichtigen Unternehmungen und Lebensstadien vorbereiten und begleiten. Rituale sind ein System vorgeschriebener Verhaltensformen; sie gründen sich immer auf religiöse Erfahrungen und Glaubensannahmen, die in ihnen festgeschrieben sind, und bleiben in der Regel in sie eingebettet. Zahl und Komplexität der Rituale unter den nordamerikanischen Indianern hingen ab von der sozialen und kulturellen Höhe ihres Stammeslebens. So besaßen z. B. die Jäger- und Sammlerkulturen nur wenige Rituale, an denen der ganze Stamm teilnahm, weil es schwierig war, den aufgrund des kargen Nahrungsmittelangebotes weitverstreut lebenden Stamm an einem Ort zu versammeln. Im Gegensatz dazu hatten die Stadtkulturen der Pueblo-Indianer ein ausgeprägtes rituelles Leben, das den Stamm während des ganzen Jahres begleitete, zum Teil in viele Tage während Zeremonien.

In den Liedern und Gedichten der Indianer finden sich Geburts-, Initiations- und Grabesrituale, Rituale also, die das gesamte Leben umschließen. Ein Beispiel für ein solches Gemeinschaftsritual ist das Pubertätsritual der Apachen, bei dem in einer viertägigen Zeremonie junge Mädchen in die Welt der Frau eingeführt werden. Höhepunkt dieses Rituals ist die Bitte um Teilhabe an der Schöpferkraft und Fruchtbarkeit der Erde. In einem eintägigen Ritual wird bei den Omaha das Kleinkind am achten Tage nach seiner Geburt dem Kosmos vorgestellt, damit es bereitwillig in ihm aufgenommen werde, und später im achten Lebensjahr in einer großen Zeremonie in den Kosmos eingeführt. Schon diese Rituale zeigen, daß es in ihnen immer um das Miteinander des Wohls des einzelnen, des Stammes wie des gesamten Universums geht. Eine scheinbar individuellere Zielsetzung verfolgen jene Rituale, in denen Krieger sich auf einen bevorstehenden Kampf vorbereiten. Besonders deutlich wird das magische Element der Rituale im Kriegsgesang der Papago, bei dem der Stamm über dem Skalp des getöteten Feindes sich dessen materiellen und geistigen Besitz anzueignen trachtet.

Die in indianischen modernen Gedichten dargestellten Rituale sind nicht länger eingebettet in ein intaktes Stammesleben, sondern werden von einzelnen vollzogen. Sie scheinen daher eher individualistisch zu sein, sind aber in Wirklichkeit

Ausdruck des Verlangens des einzelnen, den Kontakt mit der nahezu vergessenen Stammeswelt wiederherzustellen und deren Werte zu bewahren.

Egon Friedell

Die mystische Erfahrung der „Primitiven" und die „prälogische" Struktur des Lebens

Wir haben uns an die usurpierte Suprematie der logischen Funktionen bereits derart gewöhnt, daß uns jede andere Geisteshaltung absurd oder minderwertig erscheint. Dies ist aber eine ganz willkürliche Auffassung. Vielmehr ist unsere Art, die Welt rationalistisch zu begreifen, die große Exzeption, das Absonderliche und Widernatürliche. Höchst lehrreich ist in dieser Hinsicht ein im Jahr 1910 erschienenes Werk des französischen Forschers Levy-Brühl „Les fonctions mentales dans les sociétés inférieures", das aufgrund sehr umfangreicher und gewissenhafter Beobachtungen eine Psychologie der sogenannten „primitiven Völker" unternimmt. Für diese haben sämtliche Dinge und Wesen: jeder Baum, jedes Tier, jeder Mensch, jedes Bild, jedes Gerät sowohl eine sichtbare wie eine unsichtbare Existenz, und gerade diese gilt für die wirksamere; auch die Traumerlebnisse gelten für wirklich, ja für wirklicher als die wachen. „Was für uns Wahrnehmung ist, ist für den Naturmenschen hauptsächlich Verkehr mit den Geistern, mit den Seelen, mit den unsichtbaren und unberührbaren geheimnisvollen Kräften, die ihn von allen Seiten umgeben, sein Schicksal bestimmen und in seinem Bewußtsein einen größeren Platz einnehmen als die festen, tastbaren und sichtbaren Elemente seiner Vorstellungen. Demnach hat er keinen Grund, dem Traum die niedrige Stellung einer verdächtigen subjektiven Vorstellung anzuweisen, auf die man sich nicht verlassen dürfe: dieser ist im Gegenteil eine privilegierte Form der Wahrnehmung, weil in ihr der Anteil der materiellen Elemente minimal und daher die Kommunikation mit den unsichtbaren Kräften die unmittelbarste und vollkommenste ist." „Daher auch die Willfährigkeit und Hochachtung, die man Visionären, Sehern, Propheten, bisweilen auch Verrückten entgegenbringt. Man schreibt ihnen die spezielle Fähigkeit zu, mit der unsichtbaren Wirklichkeit zu verkehren." „Für uns besteht das wesentlichste Merkmal für die Objektivität einer Wahrnehmung darin, daß sie unter gegebenen identischen Bedingungen von allen Beobachtern gleichzeitig und auf gleiche Weise gemacht wird. Aber bei den Primitiven geschieht es im Gegenteil fortwährend, daß Wesen oder Gegenstände sich gewissen Leuten mit Ausschluß aller Anwesenden manifestieren. Niemand ist darüber erstaunt, alle Welt findet es natürlich." „Die Primitiven bedürfen nicht der Erfahrung, um sich von den unsichtbaren Eigenschaften der Dinge zu überzeugen, und deshalb bleiben sie auch durch die Widerlegungen, die die Erfahrung diesen Beobachtungen entgegensetzt, gänzlich ungerührt. Denn die Erfahrung, auf das Sichtbare, Tastbare, Faßbare der Wirklichkeit beschränkt, läßt sich gerade das Allerwichtigste: die geheimen Kräfte und Geister entschlüpfen." Kurz: der Primitive lebt in einer für die Sinne nicht wahrnehmbaren und dennoch wirklichen, in einer mystischen Welt. „Wenn der Arzt eine Heilung vollbringt, so ist es der Geist des Mittels, der auf den Geist der Krankheit wirkt. Die physische Tat wird ohne die mystische gar nicht begriffen. Oder richtiger: es gibt keine eigentlich physische Tat; es gibt nur mystische Taten."

Leider ist der ausgezeichnete Verfasser des Werks ein moderner „Wissenschaftler", der seine Untersuchungen an den Naturvölkern von oben herab macht und in den Anschauungsformen dieser Gesellschaften nur unvollkommene Vorstufen seines eigenen Denkens erblickt. Er nennt daher ihre Geistesverfassung, und zwar, wie er selbst zugibt, „in Ermangelung eines besseren Namens", prälogisch, wobei er ausdrücklich betont, daß sie weder antilogisch noch alogisch sei. „Mit der Bezeichnung, ‚prälogisch' will ich nur sagen, daß nicht wie bei uns die Verpflichtung gefühlt wird, sich des Widerspruchs zu enthalten. Diese Denkart gefällt sich nicht in willkürlichen Widersprüchen (dadurch würde sie für uns einfach absurd werden), aber sie bemüht sich auch nicht, Widersprüche zu vermeiden." Gleichwohl bleibt das Wort irreführend, weil es den Eindruck erweckt, daß es sich hier um eine Art Vorstudie und Vorübung zum logischen Denken handle, die dazu bestimmt sei, durch die bei uns herrschende Denkart überwunden zu werden. Man könnte aber mit weit größerer Berechtigung von einem überlogischen Denken reden. Und in der Tat ist ja auch diese Art, die Welt zu begreifen, keineswegs auf die Primitiven beschränkt: sie vollziehen diese Vorstellungen nur leichter und selbstverständlicher, weil sie noch der Natur näher stehen. Es hat wohl kaum jemals ein Kulturvolk gegeben, in dem der Seher, der Halluzinierende nicht eine ähnliche privilegierte Stellung eingenommen hätte. Auch in der Anschauung der Griechen, die doch wohl nicht zu den „Primitiven" gehörten, ist der Mensch zweimal vorhanden: in seiner wahrnehmbaren Erscheinung und in seinem unsichtbaren Abbild, der „Psyche", die erst nach dem Tode frei wird; und die Gestalten der Träume gelten auch ihnen für vollwertige Realitäten. Ferner ist die prälogische Form des Denkens das Merkmal aller schöpferischen Betätigungen: aller Kunst, aller Religion, aller wirklichen Philosophie, ja sogar aller echten Wissenschaft; denn das Leben selber ist „prälogisch". Die ganze Natur ist wunderbar. Jede in die Tiefe gehende Erklärung einer empirischen Tatsache ist nichts anderes als die Feststellung eines Wunders. Der Philologe beschäftigt sich mit dem Wunder der Sprache, der Botaniker mit dem Wunder des Pflanzenlebens, der Historiker mit dem Wunder des Weltlaufs: lauter Geheimnisse, die noch kein Mensch zu entziffern vermocht hat, ja selbst der Physiker, wenn er nämlich genial ist, stößt fortwährend auf Wunder. Je tiefer eine Wissenschaft in die Sphäre des Wunderbaren einzudringen vermag, desto wissenschaftlicher ist sie.

Wenn wir heute keine Wunder mehr erleben, so zeigt dies nicht, daß wir klüger, sondern daß wir temperamentloser, phantasieärmer, instinktschwächer, geistig leerer, kurz: daß wir dümmer geworden sind. Es geschehen keine Wunder mehr, aber nicht, weil wir in einer so fortgeschrittenen und erleuchteten, sondern weil wir in einer so heruntergekommenen und gottverlassenen Zeit leben.

Paula Richardson Fleming und Judith Luskey

Die Geistertanz-Religion und der Ethnologe James Mooney

Als die Auswirkungen des Dawes Act und die Veränderungen des indianischen Lebens das Land immer mehr beherrschten, tauchte ein Anthropologe auf, der das besondere Talent besaß, die gesamte Geschichte mehrerer Indianerstämme aufzuschreiben, mit Fotos zu illustrieren und zu bewahren. Für die Menschen wurde er zur Legende, noch heute erinnert man sich an James Mooney.

Als Kind hatte Mooney ein unersättliches Interesse an der Welt, die ihn umgab. Mit zehn Jahren fing er an, Listen zu machen, mit allen Informationen, die er über Indianer bekommen konnte: Ursprung, Stämme, Namen, Sprachen, Grenzen, Verträge, wer sie waren, wo sie lebten, was mit ihnen geschehen war. Die gesamte Geschichte der nordamerikanischen Indianer interessierte ihn brennend. Im Alter von 16 hatte er seine Klassifikationen fertig. Ironischerweise waren sie denen von Powell [John Wesley Powell, Direktor des Ethnologischen Büros in Washington, DC, von 1879–1902] äußerst ähnlich, der mit seinem wissenschaftlichen Stab seit Jahren daran gearbeitet hatte. [...]

Powell war zwar von Mooneys unabhängiger Forschung und seiner Liste von 3000 Indianerstämmen beeindruckt, verfügte jedoch nicht über die genügenden Gelder, um Mooney auf Expeditionen zu schicken oder gar bei sich einzustellen. Mooney schloß sich daher dem Büro als Freiwilliger an und brachte es irgendwie fertig, sich ein Jahr lang durchzubringen. Dann wurde durch Zufall ein Posten frei.

1886 wurde Mooney offizieller Angestellter des Büros. Er begann, die Geschichte einer indianischen Nation zu rekonstruieren, so wie sie sich ihm darstellte.

1888 nahm er erstmals eine Kamera auf seine Forschungsreisen mit und fotografierte den Corn Dance der Cherokee, das jährliche Erntedankfest. Er fotografierte auch ihr Ball-Game sowie den Going-to-water-Ritus. [...]

1889 fing er an, Pflanzen und Gesänge zu sammeln, die die Schamanen der Cherokee bei ihren Heilszeremonien anwendeten. Während seiner Untersuchungen stellte er fest, daß die Rituale, die die Schamanen einander heimlich weitergaben, auf einem sorgfältig ausgearbeiteten System beruhten. Dank seiner Freundschaft mit einem Medizinmann, Ayyuini (Swimmer) erhielt er als erster Weißer eine Zusammenstellung der heiligen Heilsanweisungen, die in der Sprache der Cherokee geschrieben war. Swimmer wurde Mooneys Hauptvertrauter und eröffnete dem jungen Anthropologen den Reichtum der Geschichte seines Stammes.

Im Sommer 1890 arbeitete Mooney in North Carolina und in den Bergen von Tennessee mit dem östlichen Zweig der Cherokee. Er hatte vor, im Winter die westlichen Cherokee im Indianergebiet zu besuchen, um Vergleiche anzustellen. In der Zwischenzeit war jedoch bei den Stämmen eine messianische Religion entstanden, die sich immer mehr ausbreitete. Mooney wurde von der Regierung beauftragt, sie zu untersuchen und Bericht zu erstatten. Mit offiziellen Fotos sollte den aufkommenden Gerüchten entgegengewirkt werden. Was als vorläufige Studien für einige Wochen gedacht war, wurde für Mooney zur lebenslangen Beschäftigung mit den Plains-Indianern.

Die indianische Kultur drohte durch die weiße Zivilisation

vernichtet zu werden. In dieser Endphase ihres Überlebenskampfes taucht ein Phänomen auf, das sich stets in ähnlicher Weise äußert. Ein „Prophet" erschien und schürte irreale Hoffnungen bei den Indianern. Dieser Schamane hatte eine Vision, in der sich ihm eine höhere Gottheit offenbarte, die ihm eine Botschaft zur Rettung seines Volkes verkündete: Die Verzweiflung der Menschen werde enden, sie könnten eine Wandlung erreichen, indem sie bestimmte Rituale befolgten und zum Teil in Trance verfielen, wenn sie einen besonderen Tanz im Kreis ausführten.

Die Enteignung des Indianerlandes, gebrochene Verträge und die Durchsetzung des Assimilierungsprogrammes durch die Bundesregierung löste 1890 eine der größten Erneuerungsbewegungen nordamerikanischer Indianer aus. Die Indianer, besonders die Stämme in den Plains, waren zu diesem Zeitpunkt vollkommen demoralisiert. Die Bewegung wurde nach einem traditionellen Tanz, der lebende wie tote Indianer vereinigen sollte, Geistertanz genannt. Die neue Religion versprach eine Rückkehr zu den idealisierten früheren Zeiten vor dem Eintreffen der weißen Zivilisation. Alle Indianer sollten sich in Brüderlichkeit vereinen.

1870 tauchte der Geistertanz-Kult bei den Paviotso, einem Unterstamm der Ute, in Walker Lake, Nevada, das erste Mal auf. Wodziwob war der erste Prophet. Der Kult griff von Nevada nach Kalifornien über und dann nach Oregon, wo schon um 1850 ähnliche Erscheinungen aufgetreten waren. Der erste Geistertanz dauerte nur fünf Jahre, weil Wodziwob zwei verhängnisvolle Fehler machte, die oft den Niedergang eines Eingeborenenkultes einleiten: Erstens nannte er ein festes Datum für das Eintreffen des Millenniums, und zweitens versäumte er, für seine eigene Auferstehung zu sorgen.

Im Januar 1889 ließ ein junger Paiute den Kult des Geistertanzes wiederaufleben und wurde als der zurückgekehrte Messias empfangen. Er war der Sohn von Tavivo, einem Apostel Wodziwobs. Nach dem Tod seines Vaters wurde er von dem weißen Farmer David Wilson adoptiert und Jack

Wilson genannt. Sein indianischer Name war Wovoka. Als Wovoka sich von seinem Scharlachfieber erholte, hatte er eine Reihe von Visionen, die die messianische Botschaft der Brüderlichkeit zum Inhalt hatten.

Die Ethnologin Ruth Underhill beschrieb das so: „Ein Funke zündete in Nevada, der religiöse Flammen schlug." Die Botschaft Wovokas breitete sich wie ein Strohfeuer in den Plains aus. Es legte große Entfernungen zurück über Sprach- und Kulturbarrieren hinweg. Sogenannte Apostel trugen die Botschaft zu anderen Stämmen und bereiteten den Auftritt des Propheten vor, Wovokas Lehre war dehnbar genug, um viele Interpretationen zuzulassen. Die Indianer, die sie übernahmen, ließen ihre eigenen Glaubensbekenntnisse miteinfließen. Im Herbst 1890 waren ca. 20 000 Indianer praktizierende Anhänger der Geistertanz-Religion.

Die bemerkenswerteste Interpretation von Wovokas Prophezeiungen war die der Sioux aus den Pine Ridge, Rosebud und Standing Rock Reservaten in Dakota. Die Sioux fügten der Lehre neue und kriegerische Gedanken hinzu: Ihre Ahnen würden zurückkehren und mithelfen, die Welt von den Weißen zu befreien. Sollte es zum Kampf kommen, würden Geistertanzhemden die Träger beschützen. All das sollte sich im Frühling 1891 ereignen.

Als der Geistertanz von den kriegerischen Sioux aufgegriffen wurde, reagierte die Bundesregierung mit dem Massaker von Wounded Knee (siehe S. 135 ff.). Die Sioux kapitulierten am 15. Januar 1891, dem Jahr der Prophezeiung Wovokas. Black Elk, ein Medizinmann der Oglala Sioux, bezeichnete das als das Ende seiner Nation. Es war ebenso das Ende des Geistertanz-Kultes.

Aber die Bewegung fuhr fort, bei den anderen Plains-Stämmen Fuß zu fassen. Diesmal hatte die Regierung mit James Mooney einen eigenen Anthropologen, der die Entwicklung dieser Religion beobachtete und darüber genau Buch führte. Mooney hatte Anweisungen, fotografisch festzuhalten, wo Geistertänze aufgeführt wurden und wer daran teilnahm. Vier Tage nach der Niederlage der Sioux schrieb Mooney an das Büro:

„Bitte schickt sofort ein paar Dutzend 5 × 8 Platten. Die Indianer tanzen den Geistertanz Tag und Nacht, und es gehört zu ihrer Lehre, alles abzulegen, was mit dem weißen Mann zu tun hat. Sie tragen Kostüme, die sie seit Jahren nicht getragen haben ..."

Jaime de Angulo
Coyotes zwei Gesichter

An jenem Abend erzählte mir Wild Bill [vom Stamme der nordkalifornischen Pit-River-Indianer] viel über Coyote und die Coyote-Sage. Die Coyote-Geschichten bilden einen regelrechten Zyklus, eine Saga. Das gilt für ganz Kalifornien, ja, sogar für das Gebiet ostwärts bis zu den Pueblo-Indianern Arizonas und Neumexikos. Coyote ist eine Doppelpersönlichkeit. Er ist beides: Schöpfer und Narr. Diese Antinomie ist sehr wichtig. Wer sie nicht versteht, wird nichts von der Psychologie der Indianer begreifen – zumindest wird ihm die Bedeutung ihrer Literatur entgehen [...].

Alter Mann Coyote: der Weise und der Possenreißer; dies sind die zwei Gesichter Coyotes. Man beachte, daß ich sie nicht das Gute und das Böse nenne, denn eine solche Moralauffassung scheint in der Lebenseinstellung der Pit-River-Indianer keine große Rolle zu spielen. Ihre Sitten haben kaum mit Gut und Böse zu tun. Wir, die Weißen, haben eine feste Einstellung zu dem, was moralisch richtig und moralisch falsch ist. Ich glaube, ein Pit-River-Indianer hat eine solche Einstellung nicht. Jedenfalls, wenn er sie hat, versucht er nicht, auf ihr zu bestehen. Ich habe Indianer sagen hören: „Das, was er da tut, ist nicht richtig ..." – „Was meinst du mit ,ist nicht richtig'?" – „... na ja, ... man tut das eigentlich nicht... man hat das noch nie so getan... es wird Ärger geben." – „Warum hältst du ihn dann nicht davon ab?" – „Ihn davon abhalten? Wie kann ich ihn davon abhalten? Es ist seine Sache."

Den Pit-River-Indianern (abgesehen von den jüngeren, die zur Regierungsschule in Fort Bidwell gegangen sind) scheint es nie gelungen zu sein, sich eine klare Vorstellung von dem zu machen, was man unter dem Begriff „Gott" versteht. Das gilt selbst für jene, die, wie Wild Bill, fließend amerikanisch sprechen. Er sagte zu mir: „Was ist das für ein Ding, das die Weißen Gott nennen? Sie sprechen ununterbrochen davon. Es ist Gott dies und Gott das, und im Namen Gottes, und Gott schuf die Welt. Wer ist jener Gott, Doc? Sie sagen, daß Coyote der indianische Gott ist, doch wenn ich zu ihnen sage, daß Gott Coyote ist, fallen sie über mich her. Warum?"

„Paß auf, Bill, sag mir... Glauben die Indianer, glauben sie wirklich, daß Coyote die Welt geschaffen hat? Ich meine, glauben sie das wirklich? Glaubst du das wirklich?"

„Natürlich glaube ich das... Warum nicht?... Schließlich haben die Alten das stets gesagt... allerdings erzählen sie nicht immer die gleiche Geschichte. Hier hast du eine Fassung, die ich gehört habe: es scheint, daß überall Nichts war, nur eine Art Nebel. Nebel und Wasser vermischt, sagen sie, nirgendwo festes Land, und da kommt Silberfuchs..."

„Du meinst Coyote?"

„Nein, nein, ich meine Silberfuchs. Coyote kommt später. Wart's ab! Im Augenblick jedoch wanderte Silberfuchs, sagen sie, im Nebel und fühlte sich einsam. [...] Er fühlte sich einsam, der Silberfuchs. Wenn ich doch nur jemandem begegnen würde, sagte er bei sich, sagte der Silberfuchs. Er wanderte im Nebel herum. Da traf er Coyote. ‚Dacht' ich mir's doch, daß ich jemanden treffen würde', sagte er. Der Coyote schaute ihn an, sagte aber nichts. ‚Wohin bist du unterwegs?' sagte Fuchs. ‚Wohin wanderst DU denn? Warum wanderst du überhaupt?' – ‚Weil ich beunruhigt bin.' – ‚Ich reise auch', sagte Coyote, ‚ich bin auch beunruhigt und wandere.' [Wenn ein Indianer beunruhigt ist, wandert er umher – in den Bergen –, er schreit, bricht Zweige ab, schleudert Steine. Seine Verwandten beobachten ihn aus der Ferne, kommen ihm jedoch nie nahe.] ‚Ich dachte, ich würde jemanden treffen; ich dachte, ich würde jemanden treffen. Wandern wir doch zusammen, wir beide. Es ist besser, wenn zwei zusammen wandern, das sagt man jedenfalls immer...‘"

„Einen Augenblick, Bill... Wer hat das gesagt?"

„Der Fuchs hat das gesagt. Ich weiß allerdings nicht, wen er meinte, als er sagte: ‚*Das sagt man jedenfalls immer*‘. Komisch, nicht? Wie konnte er von *anderen* Menschen sprechen, wo es doch davor niemanden gab? Ich weiß es nicht... Ich frage mich das selbst manchmal. Ich habe einige Alte gefragt, und die sagen: Das habe ich mich selbst schon gefragt, doch wir haben die Geschichte immer nur so gehört. Und dann hörst du die Paiute sie ganz anders erzählen! Und unsere eigenen Leute weiter unten am Fluß erzählen sie auch etwas anders als wir. Mag sein, Doc, daß das alles nie passiert ist... Mag aber auch sein, daß es doch passierte und nur jeder es anders erzählt. Leute tun das oft, weißt du..."

„Komm, erzähl die Geschichte weiter. Also, Fuchs hat Coyote getroffen..."

„O ja! ... Also, dieser Coyote sagt: ‚Was machen wir jetzt?‘ – ‚Mach’ einen Vorschlag!‘ sagt Fuchs. ‚Mir fällt nichts ein‘, sagt Coyote. ‚Also‘, sagt Fuchs, ‚ich sag dir was: LASS UNS DIE WELT SCHAFFEN!‘ – ‚Und wie machen wir das?‘ – ‚WIR WERDEN SINGEN‘, sagt der Fuchs."

„Da sind sie nun oben im Himmel und singen. Sie singen und stampfen und tanzen umeinander im Kreis. Da dachte der Fuchs bei sich: RASENSTÜCK, komm! Und so ließ er es kommen: *in Gedanken*. Bald darauf hielt er es in der Hand. Und er sang die ganze Zeit, während er es in Händen hielt. Sie sangen beide und tanzten. Ganz plötzlich nun warf der Fuchs das Rasenstück [...], warf es hinunter in die Wolken. ‚Schau nicht hinunter!‘ sagte er zu Coyote. ‚Sing weiter! Schließ die Augen und halte sie geschlossen, bis ich’s dir sage.‘ Und so sangen sie und tanzten noch eine ganze Weile im Kreise umeinander. Dann sagte der Fuchs zum Coyoten: ‚Jetzt schau nach unten! Was siehst du?‘ – ‚Ich sehe etwas... ich sehe etwas... aber ich weiß nicht, was es ist.‘ – ‚Gut! Mach die Augen wieder zu!‘ Dann begannen sie wieder zu singen und zu tanzen, und der Fuchs sprach in Gedanken: Streck dich! Streck dich! ‚Jetzt schau noch mal nach unten. Was siehst du nun?‘ – ‚Oh, es wird größer!‘ – ‚Schließ die Augen noch einmal und schau nicht nach unten!‘ Und sie sangen und tanzten wieder, dort oben im Himmel. ‚Jetzt schau wieder hin!‘ – ‚Ooooh! Nun ist es groß genug!‘ sagte der Coyote.“

„So haben sie die Welt gemacht, Doc. Dann sprangen sie beide auf sie hinunter und dehnten sie noch ein wenig. Dann machten sie Berge und Täler; sie machten Bäume und Felsen und alles. Sie brauchten ganz schön lange, um das alles zu schaffen!“

„Und die Menschen, haben sie die nicht auch gemacht?“

„Nein. Keine Menschen. Keine Indianer. Die Indianer kamen viel später, nachdem die Welt von Seetaucher, einer verrückten Frau, ruiniert worden war. Doch das ist eine lange Geschichte... ich erzähl’ sie dir später einmal.“

„Okay, Bill. Doch eine Sache noch: es gab nun eine Welt, und es lebten eine Menge Tiere auf ihr, doch Leute gab es damals nicht...“

„Was soll das heißen, es gab keine Leute? Sind Tiere etwa keine Leute?“

„Klar sind sie Leute... doch...“

„Sie sind keine Indianer, doch sie sind Leute, sie sind am Leben... Was meinst du überhaupt mit ‚Tier‘?“

„Also... wie sagt ihr denn zu ‚Tier‘ auf Pit-River?“

„...ich weiß nicht...“

„Angenommen, du wolltest es sagen?“

„Also, ich glaube, ich würde etwas ähnliches sagen wie *teeqaade-wade toolol aakaadzi* (die ganze Welt, alles Lebendige)... Das heißt, glaub’ ich, Tiere, Doc.“

„Mir ist das nicht klar, Bill. Das heißt auch Leute. Leute sind auch lebendig, oder etwa nicht?"

„Zweifellos! Das will ich dir ja gerade sagen. Alles ist lebendig, selbst die Felsen, selbst die Bank, auf der du gerade sitzt. *Die Bank ist von irgend jemandem für einen bestimmten Zweck gemacht worden,* oder? Also *ist sie lebendig.* Alles ist lebendig. Das ist es, woran wir Indianer glauben. Für die Weißen, für sie ist alles tot..."

„Paß auf, Bill. Was sagt ihr für ‚Leute‘?"

„Ich weiß nicht...; einfach *ist,* nehme ich an."

„Ich dachte, das hieße ‚Indianer‘."

„Also... sind wir etwa keine *Leute*?!"

„Ja, aber das sind die Weißen auch!"

„Und ob sie das sind!! Wir nennen sie *inillaaduwi,* ‚Vagabunden‘, einfach Vagabunden. Für sie gibt es nichts Lebendiges. Sie selbst, sie sind tot. So was nenne ich nicht ‚Leute‘. Sie sind gerissen, doch wissen tun sie gar nichts..."

Die Indianer und das Christentum

‹Maya›

Sie kamen aus dem Osten

Sie kamen aus dem Osten, als sie eintrafen.
Da begann auch das Christentum.
Seine Prophezeiung erfüllt sich im Osten, so sagt man.
Dies ist ein Bericht über ihre Taten:
… mit dem wahren Gott, dem wahren *Dios*
begann auch unser Elend.
Es war der Beginn von Tributzahlungen,
der Beginn von Kirchenabgaben,
der Beginn von Zwietracht mit Taschendiebstahl,
der Beginn von Zwietracht mit Feuerbüchsen,
der Beginn von Zwietracht durch Herumtrampeln
    auf Menschen,
der Beginn von Raub und Gewalt,
der Beginn von erzwungenen Schulden,
der Beginn von Schulden, eingetrieben durch
    falsche Zeugnisse,
der Beginn von Zwietracht zwischen den einzelnen,
ein Beginn der Schikanen,
ein Beginn von Raub und Gewalt.

Palacios Rubios

„Den Folgsamen S. M. Gnade, den Aufsässigen Gewalt und Sklaverei"

Im Namen S. M., Don N., des Königs von Kastilien etc.,
gebe ich, N., sein Diener, Bote und Hauptmann, euch, so gut

ich vermag, kund und zu wissen, was folgt [1513]: Gott, unser Herr, der Einige und Ewige, schuf Himmel und Erde, einen Mann und eine Frau, von denen wir und ihr alle Menschen auf der Welt abstammen, wie auch alle, die künftig nach uns kommen werden. Aber wegen der Menge der Völker und Stämme, die aus ihnen seit Erschaffung der Welt vor 5000 und mehr Jahren hervorgingen, mußten sich die einen hier-, die anderen dorthin wenden und in viele Reiche und Provinzen verteilen, da sie in einem Lande sich nicht alle ernähren und erhalten konnten. Unter allen diesen Menschen beauftragte Gott unser Herr einen, den heiligen Petrus, daß er über alle Menschen auf Erden Herr und Meister sei, dem alle zu gehorchen hätten, und machte ihn zum Oberhaupt des ganzen menschlichen Geschlechtes, wo immer Menschen leben und wohnen, welchem Gesetz, welcher Sekte und welchem Glauben sie auch angehören. Und er gab ihm die ganze Erde als sein Reich und Herrschaftsgebiet und befahl ihm, seinen Sitz in Rom aufzuschlagen als einem Ort, der besonders geeignet ist, die Welt zu beherrschen, stellte es ihm aber auch frei, seinen Sitz an jedem anderen Ort der Erde zu nehmen und alle Völker zu lenken und zu richten, Christen, Mauren, Juden, Heiden und Angehörige jeglicher Sekten oder Glaubensbekenntnisse. Den haben sie Papst genannt, das heißt verehrungswürdigen höchsten Vater und Bewahrer, denn er ist Vater und Herrscher über alle Menschen. Diesem Sankt Petrus haben die Menschen gehorcht und ihn als Herrn, König und Oberen der ganzen Welt anerkannt, und so auch alle anderen, die nach ihm zum Pontifex gewählt wurden. So hat man es bis heute gehalten und wird es halten bis zum Ende der Welt. Einer der letzten Päpste, die an seiner Stelle zu dieser Würde und auf diesen Thron gekommen sind, hat kraft seiner Herrschaft über die Welt diese Inseln und dieses ozeanische Festland den Katholischen Königen von Spanien, damals Don Fernando und Doña Ysabel glorreichen Angedenkens, und ihren Nachfolgern in diesen Königreichen, unseren Herren, mit allem, was darin ist, zum Geschenk gegeben, wie es in gewissen, darüber ausgestellten Urkunden geschrieben steht, die ihr einsehen könnt, so ihr wollt.

Nachdem nun S. M. dank dieser Schenkung König und Herr dieser Inseln und Festlandsgebiete ist, und da einige Inseln mehr, ja fast alle, diesem solchermaßen installierten König und Herrn Gehorsam geleistet haben und ihm nun dienen, wie es Untertanen obliegt, mit gutem Willen, ohne Widerstand und das geringste Zögern, da sie ferner, instruiert durch alles vorher Gesagte, die zu ihrer Missionierung zu unserem heiligen Glauben gesandten Ordensbrüder aufnahmen und ihnen gehorchten, und das alles dankbar und aus freiem Willen, und sich ohne Belohnung oder sonstige Bedingungen zu Christen bekehrten und es noch sind, und S. M. sie froh und wohlwollend annahm und sie dementsprechend wie die anderen Untertanen und Vasallen behandeln ließ, so seid ihr zu dem Gleichen gehalten und verpflichtet. Deswegen bitten und ersuchen wir euch nach bestem Vermögen, daß ihr auf unsere Rede hört und eine angemessene Weile darüber beratet, daß ihr die Kirche als Oberherrn der ganzen Welt und in ihrem Namen den Hohenpriester, Papst genannt, sowie an seiner Statt Seine Majestät als Herrn und König dieser Inseln und dieses Festlandes kraft der erwähnten Schenkung anerkennt und euch einverstanden erklärt, daß die hier anwesenden Ordensbrüder euch das Gesagte erklären und verkünden. Handelt ihr danach, dann tut ihr recht und erfüllt eure Pflicht; dann werden Seine Majestät und ich in Ihrem Namen euch mit Liebe und Güte behandeln, euch eure Frauen und Kinder frei und ohne Dienstbarkeit belassen, damit ihr über sie und über euch selbst nach eurem Belieben und Gutdünken verfügen könnt. Man wird euch in diesem Falle nicht zwingen, Christen zu werden; es sei denn, daß ihr, in der Wahrheit unterwiesen, selbst den Wunsch habt, euch zu unserem heiligen katholischen Glauben zu bekennen, wie es fast alle Bewohner der anderen Inseln getan haben. Darüber hinaus wird Seine Majestät euch viele Privilegien und Vergünstigungen geben und euch viele Gnaden erweisen.

Wenn ihr das aber nicht tut und böswillig zögert, dann werde ich, das versichern wir euch, mit Gottes Hilfe gewaltsam gegen euch vorgehen, euch überall und auf alle nur mögliche Art mit Krieg überziehen, euch unter das Joch und unter den Gehorsam der Kirche und Seiner Majestät beugen, eure Frauen und Kinder zu Sklaven machen, sie verkaufen und über sie nach dem Befehl Seiner Majestät verfügen. Wir werden euch euer Eigentum nehmen, euch schädigen und euch Übles antun, soviel wir nur können, und euch als Vasallen behandeln, die ihrem Herrn nicht gehorsam und ergeben, sondern widerspenstig und aufsässig sind. Wir bezeugen feierlich, daß das Blutvergießen und die Schäden, die daraus erwachsen, allein euch zur Last fallen, nicht Seiner Majestät, nicht mir und nicht diesen Rittern, die mit mir gekommen sind. Alles, was ich euch hier gesagt und gefordert habe, bitte ich den anwesenden Notar schriftlich zu beurkunden.

Pater António Pires
Die Bekehrung der Kannibalen Brasiliens

Ehrwürdiger Vater [Provinzial des Jesuiten-Ordens in Lissabon], Ihr werdet bereits aus den beiden Mitteilungen, die im Verlauf dieses Jahres 1558 von hier abgegangen sind, entnommen haben, was Unser Herr in Seinem bedürftigen Weinberg durch die Patres und Brüder der Gesellschaft Jesu getan hat. Aber obwohl es nicht sehr von dem abweicht, was in der Vergangenheit bereits berichtet wurde, möchte ich [...] etwas über die Früchte sagen, die in der Folgezeit mit göttlicher Hilfe und Gnade eingebracht werden konnten. [...]

Vor allem, Ehrwürdiger Vater, müßt Ihr wissen, daß wir allezeit die größtmögliche Mühe darauf verwenden, den hiesigen Indios die wahre Kenntnis unseres Heiligen Glaubens zu vermitteln. Zu diesem Zweck suchen wir die einfachste und angenehmste Weise [der Vermittlung], denn wir erhoffen längerfristig bessere Ergebnisse unserer Bemühungen, als wir sie bisher vorfinden. [...]

So haben wir nach Wegen gesucht, damit mehr Indios als bisher unterrichtet und intensiver im Glauben unterwiesen werden können. Um aber diese Absicht auszuführen, ist es zunächst notwendig, mit einigen Hindernissen fertig zu werden, die die Indios selbst aufgerichtet haben. Dabei war der erste Schritt – und er bedeutete schon einen großen Erfolg –, die Indios aus vier verstreuten Ansiedlungen zu einem großen Dorf zusammenzufassen. Während zuvor viele von uns notwendig waren, um sie zu lehren und zu unterweisen, da sie verstreut waren, werden nunmehr nach der Zusammenlegung wenige von uns gebraucht. Darüber hinaus ist es auf diese Weise einfacher, ihre Irrungen und Sünden zu bekämpfen, denen sie zuvor noch nachhingen, als sie räumlich so verteilt waren. Wir hoffen, mit dieser von Gott gegebenen guten Ordnung und Harmonie mehr Erfolg bei ihnen zu haben. Und das wird zu Ehre und zum Ruhm Seines Heiligen Namens und zum genaueren Verständnis [Seines Glaubens] gereichen.

Behinderungen, die wir inständig hofften überwinden zu können, waren die andauernden und grausamen Kriege, die sie untereinander austragen. Ihre Unrast war das Haupthindernis für eine gegenseitige Verständigung. Ihre ständigen kriegerischen Auseinandersetzungen hatten viele Tote zur Folge, und sie würden sich gegenseitig verspeisen, ein [Brauch], der sehr schwer zu unterbinden war, auch wenn sie ihm nicht länger anhängen. Zumindest ist kein Fall bekannt, daß sie es getan hätten, denn wenn es herauskommt, werden sie dafür sehr streng bestraft, wie sie es für eine solche schwerwiegende und menschlichen Gebräuchen zuwiderlaufende Sünde verdienen. Wenn dieser Fortschritt weiter so verläuft, wie er dies mit Gottes Gnade zu tun scheint, dann werden wir in der Lage sein, in der Zukunft eine noch größere Ernte einzubringen.

Ganz zu Anbeginn, als der Gouverneur beschloß, das Land zu befrieden und alle jene verbrecherischen Kriegsbräuche, wie Mord und das Essen von Menschenfleisch, zu verbieten, und als er ein Gesetz verabschiedete, um all dieses zu unterbinden, machten sich einige Indios darüber lustig. Zuvor waren sie nämlich nicht sehr [streng] für Verstöße bestraft worden, und sie stellten den Verzehr von Menschenfleisch nicht ein, auch wenn sie vortäuschten, dies zu tun. Aber sobald der Gouverneur davon erfuhr, befahl er, den nächstbesten, der Menschenfleisch aß, gefangenzusetzen. Ohne jemand weiter um Rat zu fragen außer den Heiligen Geist [...], befahl er, Soldaten und Boote bereitzustellen. Und er ordnete an, zwei Häuptlinge, Vater und Sohn, festzunehmen. Alle Indios überkam daraufhin große Angst, und noch viel größer war der Kummer des Teufels, weil ihm so viele verlorene Seelen entrissen worden waren.

Als die Dinge so standen, trug sich ein ähnliches Vorkommnis zur Zeit des Gouverneurs Dom Duarte da Costa zu. Ein anderer Indio, und zwar der hochmütigste in der ganzen Gegend, in dessen Dorf wir ein Missionsgebäude errichten wollten, lebte in solcher Ungebundenheit, daß es schien, als fürchte er niemanden. Und er war dagegen, daß das Gebäude dort errichtet würde. Darüber hinaus mißdeutete er die Zeichen der Zeit, verachtete die Gesetze und aß mit seinen Anhängern an großen Festtagen Menschenfleisch.

Der Gouverneur befahl ihn aus diesem Grunde zu sich und sagte, andernfalls wolle er seine Gefangennahme anordnen. Als der Indio dies vernahm, kam er sofort. Er glaubte, er werde nunmehr hingerichtet, wie es ihm der Bote, der ihm den Befehl des Gouverneurs überbracht hatte, gesagt hatte. Bevor er seine Leute zurückließ, sprach er zu ihnen und sagte, sie sollten sich anstrengen, um gut zu werden. Sie sollten aber bleiben, wo sie waren, denn er würde für sie alle bezahlen. Als der Indio dann in der Residenz des Gouverneurs ankam, wurde er von diesem unfreundlich empfangen. Der Indio aber warf sich dem Gouverneur zu Füßen, küßte diese, bat ihn um Vergebung und bot an, die Patres in seinem Dorf aufzunehmen und alle ihre Anordnungen auszuführen. Er brachte dies alles so bußfertig vor, daß er Gnade verdiente. [Einige Zeit später] kam ein weiterer Häuptling und tat das gleiche. Dies sind die Früchte, die der Herr von einem Acker erntet, der bisher brach lag, und im Dienste Gottes wurde beschlossen, sofort zum Dorf des Indios aufzubrechen und dort ein Gebäude zu errichten, wo die Indios unterrichtet werden konnten.

Bartolomé de Las Casas
Der Kampf der Dominikaner gegen Unterdrückung und Versklavung der Indios

Zu dieser Zeit [1511] hatten die Mönche [Dominikaner] in Santo Domingo [auf La Española] das traurige Leben und die harte Knechtschaft der Eingeborenen dieser Insel beobachtet. Sie sahen, wie sie zugrunde gingen, ohne daß ihre spanischen Herren sich darum kümmerten, als seien es unnütze Lebewesen. Von ihrem Hinsterben nahmen sie nur insoweit Notiz, als sie ihnen in den Goldminen und bei anderen einträglichen Arbeiten fehlten; aber deshalb dachten sie nicht etwa daran, den Überlebenden mehr Mitgefühl und Menschlichkeit entgegenzubringen, sondern fuhren fort, sie in der gewohnten Weise zu unterdrücken, auszubeuten und zu verderben. Gewiß gab es unter den Spaniern Unterschiede [...]; aber allen, den einen wie den anderen, waren ausgesprochen oder unausgesprochen ihre eigenen, privaten und diesseitigen Interessen wichtiger als das Heil, das Leben und die Errettung dieser Unglücklichen. [...]

Als nun die Mönche lange Zeit hindurch sahen, beobachteten und feststellten, was die Spanier den Indios zufügten, wie wenig sie sich um deren leibliches und seelisches Wohl kümmerten und wie groß die Unschuld, die nicht geachtete Geduld und Sanftmut der Indios war, begannen sie als geistlich gesinnte gottesfürchtige Männer die Wirklichkeit am Gesetz zu messen und miteinander über dieses schändliche und unerhörte schreiende Unrecht zu reden. Sie fragten sich: „Sind das nicht Menschen? Muß man nicht an ihnen das Gebot der Liebe und Gerechtigkeit erfüllen? Hatten sie nicht ihre eigenen Länder, ihre angestammten Herren und Obrigkeiten? Haben sie uns irgend etwas zuleide getan? Sind wir nicht verpflichtet, ihnen das Gesetz Christi zu predigen und mit aller Kraft an ihrer Bekehrung zu arbeiten? Wie ist es möglich, daß die zahlreiche Bevölkerung, die, wie man uns berichtet hat, auf dieser Insel gelebt haben soll, in der kurzen Zeit von fünfzehn oder sechzehn Jahren so grausam vernichtet werden konnte?" [...] In ihrem Entsetzen über solche aller Menschlichkeit und allem christlichen Handeln hohnsprechenden Taten faßten die Brüder Mut, dieser schrecklichen Form tyrannischen Unrechts von Anfang bis Ende den Kampf anzusagen. Getragen von Eifer und Sorge für die Ehre Gottes und schmerzlich berührt über die schmähliche Mißachtung der Gesetze und Gebote Gottes, über den Schaden, der dem Christentum zugefügt wird durch die Taten, die zum Himmel stinken, und voller Erbarmen für die große Zahl von Seelen, die, da sich niemand ihrer annahm, gestorben waren und weiterhin stündlich starben, flehten sie Gott an und befahlen sich ihm, beteten, fasteten und wachten, um nicht irre zu gehen in einer so wichtigen Sache; denn ihnen war klar bewußt: Diese in einen so abgrundtiefen Schlaf gesunkenen Menschen aus ihrer Gefühllosigkeit aufzuwecken war völlig neu und mußte einen gewaltigen Skandal hervorrufen. Schließlich wurden sie nach wiederholter gründlicher Beratung einig, öffentlich in der Predigt von den Kanzeln zu verkündigen und zu erklären, diejenigen unserer Landsleute, die diese Menschen in ihrer Gewalt hatten und unterdrückten, befänden sich im Stand der Sünde; sie würden, wenn sie darin stürben, am Ende für ihre Unmenschlichkeit und Habsucht ihren Lohn empfangen.

Die Gelehrtesten unter ihnen einigten sich auf Anordnung des Paters Pedro de Córdoba, ihres Vikars, eines überaus klugen Dieners des Herrn, über eine Predigt, die als erste in dieser Sache gehalten werden sollte, und bestätigten sie alle mit ihrer Namensunterschrift, damit es klar sei, daß es sich hier nicht nur um eine Sache des dazu bestimmten Predigers, sondern um ein Vorgehen nach Beratung und mit Zustimmung und Billigung aller handle.

Der Vikar bestimmte, daß diese Predigt von dem Bruder Antón Montesinos, dem hervorragendsten Kanzelredner außer ihm, gehalten werden sollte. Er war der Zweite von den Dreien, die diesen [Dominikaner-]Orden hier einführten [...]. Dieser Pater Antón Montesinos hatte eine Gabe zum Predigen; schroff verurteilte er die Laster, farbig und wirkungsvoll waren seine Predigten und Worte, und so brachte er, oder man nahm es zumindest an, reiche Frucht. Weil er stark und aufrecht war, übertrugen sie ihm die erste Predigt über diese für die Spanier auf der Insel so neue Angelegenheit. Die Neuheit bestand in nichts anderem, als zu bekräftigen: Diese Menschen zu töten sei eine größere Sünde als Wanzen zu zertreten. [...]

Damit die ganze Stadt Santo Domingo zu der Predigt erscheine und niemand fehle, wenigstens von den Honoratioren, suchten sie den zweiten Admiral [Diego Colón, den Sohn des Kolumbus], der damals die Insel regierte, die königlichen Beamten und alle gelehrten Juristen, die dort wohnten, persönlich auf und luden sie zu ihrer Predigt am Sonntag in die Hauptkirche ein. Sie betonten, wie wichtig ihr Erscheinen ihnen sei; denn sie hätten etwas zu verkünden, was alle angehe. Alle sagten gerne zu, einerseits sowohl wegen der ehrerbietigen Aufwartung, die sie ihnen gemacht hatten, wie auch, weil man sie wegen ihrer Tugenden und bescheidenen Lebensweise und ihrer Strenge in Glaubenssachen hochschätzte, andererseits, weil jeder hören wollte, was es denn sei, was sie alle in so hohem Maße anginge. Hätten sie geahnt, um was es ging, man wäre nicht dazu gekommen, es ihnen zu predigen, denn so etwas wollten sie nicht hören, noch hätten sie es zugelassen, daß es gepredigt würde.

Als nun der Sonntag und die Zeit der Predigt gekommen war, bestieg Pater Antón Montesinos die Kanzel und nahm als Thema und Grundlage seiner schriftlich vorbereiteten und von den übrigen Brüdern gegengezeichneten Predigt das Wort: „Ego vox clamantis in deserto" [„Ich bin die Stimme eines Rufers in der Wüste"; Joh. 1,23]. Nach den einführenden Worten, die sich auf die Adventszeit bezogen, begann er ihnen eindringlich darzulegen, wie die Gewissen der Spanier dieser Insel eine unfruchtbare Wüste seien, wie blind sie dahinlebten, in welcher Gefahr ewiger Verdammnis sie stünden, weil sie die überaus schweren Sünden gar nicht bemerkten, in die sie, ohne es zu fühlen, versunken seien und in denen sie sterben müßten. Auf seinem Thema beharrend, fuhr er fort: „Um euch [eure Sünden] vor Augen zu führen, habe ich, der ich die Stimme Christi auf dieser Insel bin, die Kanzel bestiegen; euch aber tut not, daß ihr aufmerksam, von ganzem Herzen und mit all euren Sinnen auf sie hört; sie ist für euch so ungewohnt, so schroff, so hart, so schrecklich und gefährlich, wie ihr nie vermeintet, sie zu hören." Diese Stimme sprach über eine gute Weile eindringlich mit strafenden, erschrecklichen Worten auf sie ein; sie fingen an zu zittern, und sie fühlten sich wie am Tage des Jüngsten Gerichts. Es war eine große, allumfassende gewaltige Stimme, die ihnen erklärte, was es mit dieser Stimme auf sich habe und was sie aussage. „Diese Stimme", so fuhr er fort, „sagt: Ihr seid alle in Todsünde und lebt und sterbt in ihr wegen der Grausamkeit und Tyrannei, die ihr gegen jene unschuldigen Völker gebraucht. Sagt, mit welchem Recht und mit welcher Gerechtigkeit haltet ihr jene Indios in einer so grausamen und schrecklichen Knechtschaft? Wer hat euch Vollmacht gegeben, so verabscheuungswürdige Kriege gegen diese Menschen zu führen, die ruhig und friedlich ihre Heimat bewohnten, von denen ihr unzählige durch unerhörte Mord- und Gewalttaten ausgelöscht habt? Wie könnt ihr sie so unterdrücken und plagen, ohne ihnen zu essen zu geben noch sie in ihren Krankheiten zu pflegen, die sie sich durch das Übermaß an Arbeit, die ihr ihnen auferlegt, zuziehen, und sie dahinsterben lassen oder, deutlicher gesagt, töten, nur um täglich Gold zu graben und zu erschachern? Was tut ihr, um sie zu lehren, daß sie Gott, ihren Schöpfer, erkennen, getauft werden, Messe hören, Feiertage und Sonntage halten? Haben sie nicht vernunftbegabte Seelen? Seid ihr nicht verpflichtet, sie zu lieben wie euch selbst? Das versteht ihr nicht? Das fühlt ihr nicht? Was für ein tiefer Schlaf, welche Lethargie hält euch umfangen? Seid sicher, daß ihr in diesem Zustand, worin ihr euch befindet, genausowenig das Heil erlangen werdet wie Mauren und Türken, die den Glauben an Jesus Christus nicht haben und auch nicht danach fragen!" Solcher Art legte er ihnen die Stimme [Christi] aus. Viele waren sprachlos, einige wie von Sinnen, die anderen verstockt, manche sogar zerknirscht, aber keiner, wie ich später hörte, bekehrt. [...]

Urs Bitterli

Die Reduktionen in Paraguay

Ein Hauptmotiv für diese Gründung der südamerikanischen „Reduktionen" bildeten die häufigen Einfälle von Mestizen ins indianische Hinterland, die der Beschaffung von Sklaven für die Küstengebiete zu dienen hatten; es gelang den Missionaren, welche die Brutalität solcher Raids zutiefst abstieß, in Verhandlungen mit den Vertretern der spanischen Krone und dem zuständigen Gouverneur die Vollmacht zu erwirken, „alle ihre Christen in Dörfern zu sammeln, sie unabhängig von jeder spanischen Kontrolle und jedem Einfluß zu leiten, vor allem aber im Namen des Königs sich jedem widersetzen zu dürfen, der, unter welchem Vorwand auch immer, die Freiheit der Indianer anzutasten sich erdreisten würde".

Diese Lostrennung der Siedlungsgemeinschaften aus dem agrarwirtschaftlichen und kommerziellen Machtbereich weißer und farbiger Kolonisten wurde in administrativer wie menschlicher Hinsicht in der Folge strikt beibehalten, um jede korrumpierende Einwirkung von außen auszuschalten. „Dergleichen Umgang der gemeinen Spanier mit den Indianern", schreibt der österreichische Jesuit Florian Paucke um die Mitte des achtzehnten Jahrhunderts, „wurde von allen als unnutz, und, so nicht bald ein Abschnitt dieser gefährlichen Gemeinschaft geschehete, auch der Heiden Bekehrung schädlich zu sein erkennet. Der Commendant ließ auch verbreiten: Es solle kein Indianer in die Stadt hineingelassen werden, ohne daß er von seinem Missionario einen Erlaubnis-Zettel hätte."

Die Gunst des Klimas, die Fruchtbarkeit des Bodens, die Umgänglichkeit der Indianer und der entschiedene Wille der Jesuiten, ihre Autorität einfühlend und mit duldsamer Beharrlichkeit geltend zu machen, führten zu einem beispiellosen Aufschwung dieser überseeischen Siedlungsgemeinschaften: um 1750 gab es dreißig solcher Missionsstationen mit gegen 100 000 indianischen Bewohnern. Die Haupteinkünfte der „Reduktionen", die eine weitgehende Selbstversorgung und selbst gewisse Exporte sicherstellten, brachte die Landwirtschaft. Acker- und Weideland galten als Gemeinschaftsbesitz; daneben standen bestimmte Grundstücke der privaten Nutzung offen, wobei der betreffende Boden nicht als dauerndes Eigentum in den Besitz einer indianischen Familie überging, sondern je nach dem Erfolg der Bewirtschaftung neu verteilt werden konnte. Die Anpassung bisher nomadisch lebender Indianer an dieses seßhafte Dasein erwies sich als äußerst schwierig – daß sie offenbar gelang, obwohl den Eingeborenen der Sinn für persönlich zu leistende Arbeit, Speicherung überschüssiger Erträge und Planung abging, beweist die Geduld und das Einfühlungsvermögen der Jesuiten.

Neben dem Anbau von Getreide, Kartoffeln, Zuckerrohr und Tee bemühte man sich um die Ausbildung indianischer

Handwerker, die als Schmiede, Schreiner oder Weber oft großes Geschick zeigten und dazu beitrugen, den Eigenbedarf an Gerätschaften des täglichen Gebrauchs und Textilien zu decken. Die Patres waren bestrebt, ihre indianischen Schützlinge entsprechend deren Begabung und Neigungen einzusetzen, sei es als Ackerbauern und Hirten oder als Handwerker, Kontrollbeamte und Dienstpersonal. Bei der Zuteilung all dieser Aktivitäten bewiesen die Missionare im allgemeinen einen ausgeprägten Gerechtigkeitssinn, der durch viele objektive Zeugnisse bescheinigt wird; auch zögerten sie nicht, manche indianischen Praktiken vor allem bei der Jagd und in der Verwertung der Agrarprodukte zu übernehmen, und versuchten umgekehrt, die Indianer in der Benutzung einfacher technischer Hilfsmittel anzuleiten. Indem sie dies taten, verließen die Jesuiten zumindest partiell die Wirkungsebene des bloßen Kulturkontaktes und duldeten oder förderten einen gegenseitigen Austausch spezifischer Fertigkeiten, wie er für die Kulturverflechtung charakteristisch werden sollte.

Während die Tätigkeit auf dem Feld und in den Werkstätten der „Reduktion" die mit Absicht bescheiden gehaltenen Bedürfnisse der Siedler zu befriedigen hatte, sollte die religiöse Betreuung der Indianer für deren seelisches Wohl sorgen. Wie die Kirche sich als weithin sichtbares Symbol im Mittelpunkt der Siedlung erhob, so bestimmten christliche Unterweisung, Kirchgang und Gebet den Rhythmus des Tagesablaufes; Taufe, Erstkommunion, Hochzeit und Begräbnis gliederten das Leben des einzelnen, prunkvolle Zeremonielle und Festlichkeiten belebten das Kirchenjahr. Im Gegensatz zu Kanada gestattete hier die stabilere Siedlungsform eine dauernde religiöse Beeinflussung; ob aber von erfolgreicher Bekehrung gesprochen werden kann, ist auch hier höchst zweifelhaft. Der Guarani-Indianer paßte sich zwar äußerlich den Gepflogenheiten christlichen Daseins weit besser an als der skeptische Hurone; aber dieses doch sehr oberflächliche Einverständnis entsprang auch hier utilitaristischen Beweggründen und mußte von den Patres oft genug mit der Zuteilung von Sonderprivilegien, Extrarationen und der Veranstaltung spektakulärer Feste erkauft werden. Wohl zeigte man sich in Paraguay besonders bestrebt, in der indianischen Sprache zu unterrichten, und Florian Paucke berichtet davon, wie er während Monaten nächtelang und unter Tränen indianische Vokabeln gebüffelt habe, bevor er es habe wagen dürfen, in der Eingeborenensprache zu predigen; aber dem grundsätzlichen Mißverstehen war hier ebensowenig auszuweichen wie in Kanada [vgl. S. 295 ff. und 302 ff.].

Eleonore von Oertzen

„Götzendienst" und Synkretismus in Peru

Die katholische Religion erreichte Peru im unmittelbaren Gefolge der Eroberung. Unter den Begleitern Pizarros befand sich auch der streitbare Dominikanerpater Vicente Valverde, der zu den eifrigsten Befürwortern der Ermordung des Inka Atahualpa gehörte. Die Dominikaner waren der erste Mönchsorden, der sich in Peru der Indianermission widmete, ihnen folgten 1531 die Franziskaner. Bereits 1547 wurde Lima zum Erzbistum erhoben.

Die Vorstellungen darüber, auf welche Weise und unter wessen Verantwortung Indianer zum christlichen Glauben bekehrt werden sollten, gingen zwischen der spanischen Krone, den Eroberern und der Kirchenhierarchie weit auseinander. Die *encomienda,* eine Einrichtung, die den spanischen Siedlern Indianer als Arbeitskräfte zuteilte, um sie bei dieser Gelegenheit mit den Grundlagen des katholischen Glaubens vertraut zu machen, wurde von vielen Ordensleuten scharf kritisiert, denn den meisten *encomienderos* kam es vor allem darauf an, daß die ihnen „anvertrauten" Indianer soviel wie möglich arbeiteten, und Gebete erwiesen sich da eher als störend. Im Jahre 1720 wurde die *encomienda* abgeschafft. Allerdings waren auch Missionare und Ordensleute an der Ausbeutung der indianischen Arbeitskräfte beteiligt, obgleich ihnen wirtschaftliche Tätigkeiten und Handel untersagt waren.

1570 wurde Lima auch zum Sitz eines Inquisitionsgerichts. Dessen Aktivität beschränkte sich allerdings zunächst auf Protestanten und Juden. Zwar war den Angehörigen dieser Religionen die Ausreise in die Neue Welt von der spanischen Krone ausdrücklich verboten, aber viele formal getaufte portugiesische Juden waren nach Amerika gekommen, wo sie von den Inquisitionsbehörden argwöhnisch daraufhin beobachtet wurden, ob sie ihre alten religiösen Traditionen wieder aufnahmen.

Die Zuständigkeit des Inquisitionsgerichts erstreckte sich anfangs nicht auf die Indianer, da man der Meinung war, daß sie im Glauben ohnehin noch nicht genügend gefestigt seien. Die Missionare hatten bald bemerkt, wie hartnäckig die religiösen Traditionen der Einheimischen sich am Leben erhielten, und widmeten sich daher mit aller Kraft der „Ausrottung des Götzendienstes" *(extirpación de idolatrías)*. Alle Gegenstände, die an die traditionelle Religion der Indianer erinnerten und von ihnen verehrt wurden, suchten die Mönche und Priester zu zerstören.

Die Götterwelt der andinen Indianer umfaßte eine Vielzahl von übermenschlichen Wesen und hatte sich in einer langen Entwicklung des Zusammenstoßes und des Aneinanderfügens unterschiedlicher religiöser Traditionen herausgebildet. Während des Inka-Reiches genoß die Sonne *(inti)* höchste Verehrung; der Inka galt als ihr Vertreter oder Abkömmling. Für die ländliche Bevölkerung spielte aber die Anbetung der Erde und vieler Naturerscheinungen eine ebenso große Rolle; die Schlange oder das Katzenwesen galt als Teil oder Ausdruck der Erdmutter *(pachamama)*. Auch Berggipfel *(apu)* und Seen *(cocha)* galten als beseelt und empfingen Opfer, um sie freundlich zu stimmen. Schließlich gab es eine Reihe von

Regeln und Verhaltensweisen, die im Umgang mit dem Reich der Toten zu beobachten waren.

Die katholischen Götzenbekämpfer bemühten sich, die den Indianern als heilig geltenden Orte *(huacas)* ausfindig zu machen und zu zerstören. Alte Leute, die die „heidnischen" Zeremonien noch beherrschten, wurden bedroht, lächerlich gemacht und in späterer Zeit der Hexerei angeklagt. Auf diese Weise ist ein großer Teil der praktischen Kenntnisse aus vorspanischer Zeit verlorengegangen. Ihre religiösen Traditionen allerdings ließen sich die Indianer nicht so schnell rauben. Vielmehr entwickelten sie ein ausgeklügeltes System, um unter dem Deckmantel christlicher Bezeichnungen und Zeremonien ihren alten Überzeugungen treu zu bleiben. Heilige übernahmen dabei die Rolle früherer Naturgottheiten, so trat z. B. der Heilige Jakob an die Stelle von *illapa,* dem Donnergott. Wallfahrtsorte, die sich auf die Erscheinung von Heiligen begründen, liegen oft an Stellen, die auch schon in vorspanischer Zeit Verehrung genossen; Dorffeste für den Namenspatron fallen in eine Jahreszeit, in der schon immer ein mit der Landwirtschaft zusammenhängendes Ereignis gefeiert wurde. Am 2. November (Allerseelen) gehen die Bewohner der Hochlanddörfer noch heute auf den Friedhof, um den Tag mit den Toten zu verbringen und sie zu beschenken. Diese Bräuche haben heute längst nichts mehr mit dem vorsätzlichen Versuch zu tun, die Vertreter der Amtskirche in die Irre zu führen, sondern haben sich zu einer eigenständigen synkretistischen Volksreligiosität verfestigt, die katholische ebenso wie indianische Elemente enthält. Die Abgelegenheit vieler Andendörfer hat zu dieser Entwicklung beigetragen. Viele Gemeinden werden nur einige Male im Jahr von einem Priester aufgesucht, der Trauungen vornimmt und Kinder tauft, aber Begräbnisse und kleinere Kirchenfeste finden unter der Leitung der Dorfautoritäten statt.

In manchen Mythen der Andenbewohner wird ihre Armut und kulturelle Heimatlosigkeit deutlich mit der spanischen Eroberung in Zusammenhang gebracht; hier erscheint das

Christentum als Teil einer Geschichte der Unterdrückung und Mißhandlung. In der Sage von *Inkarrí*, die in verschiedenen Versionen an mehreren Orten des Hochlandes erzählt wird, stößt der Kulturheros oder Halbgott *Inkarrí* (der der Erde entsprungen ist und die Welt geschaffen oder zumindest geordnet hat) mit dem Repräsentanten der spanischen Eroberung zusammen, je nach Version Pizarro, der König von Spanien oder Jesus Christus. *Inkarrí* unterliegt, er wird getötet und zerstückelt. Aber er ist nicht wirklich tot; unter der Erde wächst sein Körper wieder zusammen. Eines Tages wird er wiederkommen und die Indianer befreien, und dann wird nicht nur das materielle Elend ein Ende haben, sondern auch der Zwang, sich einer fremden Religion zu beugen.

Unter den Kreolen, Mestizen und Schwarzen der Küstenstädte hat die katholische Religion wesentlich festere Wurzeln geschlagen. Allerdings ist auch hier die Heiligenverehrung sehr stark von dem Wunsch durchwirkt, die Naturkräfte zu beeinflussen. Vor allem die Angst vor Erdbeben ist die Wurzel vieler lokaler Feste zu Ehren eines bestimmten Patrons. Nach dem Erdbeben von 1687 wurde in Lima ein Christusbild verehrt, das die Katastrophe unbeschädigt überstanden hatte und dem seitdem nachgesagt wurde, zahlreiche Wunder bewirkt zu haben. Es wurde üblich, diesen *Señor de los Milagros* in einer Reihe von Prozessionen im Oktober von Kirche zu Kirche zu tragen und die anderen Heiligen „besuchen" zu lassen. Noch heute kommen zu diesen Prozessionen Tausende von Menschen zusammen, die Frömmsten von ihnen in lila Kutten gekleidet, um das wundertätige Bild zu begleiten.

Urs Bitterli

Auftrag und Problematik der Heidenmission

Im portugiesischen und spanischen Kolonialismus der Frühzeit war die Verbindung zwischen kommerzieller oder agrarischer Expansion und Mission außerordentlich eng. Nicht daß die römische Kirche in eigener Regie die Missionsarbeit in den Kolonien übernommen hätte; aber sie gab, ausgehend von der Idee der globalen apostolischen Vollmacht des Papstes, den missionarischen Auftrag ausdrücklich an die iberischen Monarchen weiter. „Ich schenke dem König Alfons von Portugal", heißt es in einer Bulle des Papstes Nikolaus V. vom Jahre 1454, „die bereits erworbenen und die zu erwerbenden Provinzen, Königreiche, Herzogtümer, Fürstentümer, Herrschaften und Besitzungen für alle Ewigkeit." Als Gegenleistung verpflichtete sich der katholische Monarch, in den besetzten überseeischen Gebieten die Heidenmission zu organisieren, und wenn diese Aufgabe von Ort zu Ort auch mit sehr unterschiedlichem Eifer in Angriff genommen und überall mit recht zweifelhaften Erfolgen ausgeübt wurde, stellte niemand die Notwendigkeit dieser Dienstleistung gegenüber dem Papst in Frage.

Neben dieser gleichsam lehensrechtlichen Verpflichtung zur Mission entsprang in der katholischen, wie später auch in der protestantischen Kirche die Motivation zur Heidenbekehrung der biblischen Offenbarung und den Überlegungen, welche die maßgebenden Dogmatiker aus dieser Offenbarung zogen. Bereits die im Alten wie im Neuen Testament oftmals bezeugte Ausschließlichkeit der jüdisch-christlichen Glaubensvorstellung, die den Polytheismus und den Pantheismus als falsch und dogmenwidrig ablehnte, forderte im Grunde gebieterisch die äußere Mission, es sei denn, man hätte Menschen anderer religiöser Gesinnung irgendwo außerhalb des Raumes der göttlichen Schöpfung angesiedelt. [...]

Die Rolle der christlichen Mission in der Phase des Kulturkontakts läßt sich besonders gut am Beispiel der französischen Wirksamkeit im Kanada des siebzehnten Jahrhunderts
beobachten. [...] Das Nomadentum der meisten kanadischen Indianerstämme bestimmte weitgehend den Charakter
der europäisch-überseeischen Begegnung in diesem Teile der
Welt. An der Küste gab es keine ständigen indianischen Siedlungen, die, wie etwa an der afrikanischen Westküste, als
stabile Zentren des kommerziellen Austausches hätten dienen
können. Obwohl es sich im Laufe der Zeit ergab, daß die
Indianer sich zu bestimmten Zeitpunkten mit ihren Handels-
waren in Quebec oder Montreal einfanden und vereinzelt
auch, von Geschäft und Branntwein festgehalten, blieben,
galt doch als Regel, daß man die Indianer, wenn man etwas
von ihnen wollte, seien es nun ihre Pelze oder ihre Seelen, in
ihren Wäldern aufsuchen und auf ihren Streifzügen begleiten
mußte.

Zweifellos lag darin [...] ein bedeutender Anreiz zur ent-
sagungsvollen Tätigkeit des Missionars. Manche Kirchen-
leute hatten Europa gerade deshalb verlassen, weil sie in der
klösterlichen Abgeschiedenheit der französischen Provinz,
im höfischen Umgang oder als Erzieher privilegierter Schichten weder ein taugliches Mittel sahen, den geistigen Elan der
Gegenreformation wirksam werden zu lassen, noch die Möglichkeit, sich selbst in aktivem christlichen Dasein zu ver-
wirklichen. In den kanadischen Wäldern dagegen konnte die
Missionsarbeit zu einem Akt der religiösen Selbstergründung
und Läuterung werden, der neue Kräfte befruchtender Wirksamkeit freilegte. Ein Zug zur Askese, ja bei einigen Missionaren ein Hang, sich geradezu masochistisch den vielfältigen
Gefahren ihrer neugewählten Lebensform zu stellen, in der
Erwartung, den Leidensweg Christi nachvollziehen zu dürfen, tritt uns aus den meisten Jesuitenrelationen entgegen.
„Man muß sein ganzes Leben und alles Besitztum", schreibt
der Jesuitenpater Le Jeune, „gleichsam von sich werfen, und
sich statt mit Reichtum mit der Last des Kreuzes zufrieden-

geben." „Es bedeutet ein unaussprechliches Glücksgefühl für uns", meint ein anderer Missionar, Le Mercier, „in der Mitte der Barbarei das Brüllen der Dämonen zu hören und zuzusehen, wie sich Hölle und Erde in ihrem Kampf gegen eine Handvoll Männer verbünden, die nicht einmal bereit sind, etwas für ihre Verteidigung zu tun." [...]

Dadurch, daß die französischen Missionare willentlich auf jede Annehmlichkeit verzichteten, näherten sie sich der natürlichen Lebensweise der Indianer und vollzogen einen Schritt der Anpassung, der deutlich aus der ersten Phase einer bloßen Kulturberührung herausführte. Gewiß handelten sie dabei aus andern Motiven als die Urbewohner, deren beschränktes zivilisatorisches Instrumentarium sie zu einfachster Lebensform geradezu zwang; im alltäglichen Leben aber ergab sich bei Indianern und europäischen Missionaren eine sehr weitgehende Gleichartigkeit der Lebenssituation. Der Missionar schlief in den Hütten der Eingeborenen auf gestampfter Erde, ernährte sich von denselben Naturprodukten, bediente sich derselben Transportmittel. Er teilte mit den Indianern die Härte des winterlichen Klimas, litt wie sie unter Hungersnöten und den Raubzügen feindlicher Stämme und setzte sich, wenn die Not es gebot, den Entbehrungen der nomadisierenden Lebensweise aus. [...]

Als eine weitere wichtige Vorbedingung jeglicher Missionstätigkeit galt den französischen Kirchenleuten die Erlernung der Eingeborenensprachen. Bereits die Jesuitenmissionare Biard und Massé, zwei unerschrockene und ausdauernde Pioniergestalten, die um 1610 unter den Micmac-Indianern im Süden der St. Lorenzbucht wirkten, hatten erkannt, daß ernsthafte Bekehrungsversuche nur in Angriff genommen werden konnten, wenn man sich des indianischen Idioms bediente. [...]

Es ist in diesem Zusammenhang nicht möglich, auf die außerordentlichen Schwierigkeiten einer wirklichen Verständigung zwischen französischen Missionaren und Indianern, und insbesondere auf die Problematik der Übertragung christlicher Schriften, ausführlich einzugehen; diese Frage berührt das Gebiet der Linguistik und Sprachphilosophie und gehört zu den heikelsten der modernen Ethnologie. Vor allem aber erwies es sich als ganz unmöglich, abstrakte Begriffe der dogmatischen Glaubenslehre wie Schuld, Sünde oder Gnade in ihrem Sinngehalt dem Eingeborenen faßbar zu machen. Pater Biard erkannte diese Schwierigkeit, als er, von der Fruchtlosigkeit seiner Missionsbemühungen enttäuscht, in seinem Rechenschaftsbericht schrieb: „Von den Dingen, die wir sehen, berühren und mit unsern übrigen Sinnen wahrnehmen können, konnten wir die Namen, indem wir die Eingeborenen befragten, auf irgendeine Weise erhalten; aber was die andern Dinge betrifft, besteht der größte Mangel an Begriffen bei dieser Rasse und die tiefste Unkenntnis über diese Dinge selbst."

Jede Sprache, jene der archaischen Völker in besonders hohem Grade, ist aufs engste mit der Totalität der jeweiligen Kultur verbunden, sie ist Kulturelement und dynamisch wirksames Mittel der kulturellen Veränderung zugleich. Die Einführung eines abendländischen Denkzusammenhängen entnommenen Begriffs in eine Eingeborenensprache setzt, wenn schwerwiegender Bedeutungswandel vermieden werden soll, nicht nur eine gewisse Gleichartigkeit der grammatikalischen Struktur der betreffenden Sprache, sondern auch einen zumindest vergleichbaren Stand sozialen, wirtschaftlichen und religiösen Kulturbewußtseins voraus. Es genügte nicht, daß man ein bestimmtes Wort der Eingeborenensprache aus dem Zusammenhang einer halbwegs verständlichen Äußerung löste und zum Synonym einer französischen Vokabel erklärte und umgekehrt; wichtiger wäre gewesen, das indianische Wort in allen seinen vieldeutigen Bezügen zum Ganzen eines bestimmten kulturellen Hintergrundes zu verstehen. Diesem kulturellen Hintergrund hätte sich die Begriffssprache der Missionare anpassen müssen, was allerdings mit dem Risiko verbunden gewesen wäre, gerade die Essenz der missionarischen Botschaft zu verfälschen. Denn die religiöse Sprache der archaischen Völker reflektiert weit weniger als die christliche ein tragisches Existenzgefühl, sondern steht in direktem Bezug zum kultischen Handeln und ist, etwa in der Anrufung der Gottheit vor Kriegszügen oder in wirtschaftlicher Notlage, weit praktischer auf die Bewältigung einer äußerlich drohenden Daseinssituation ausgerichtet. [...]

Im Grunde bot sich so zur Missionierung der kanadischen Eingeborenen nur ein einziger gangbarer und beschwerlicher Weg. Dieser hätte wohl darin bestehen müssen, daß man sich entschlossen hätte, die Kinder indianischer Familien frühzeitig aus ihrem angestammten Lebensbereich herauszulösen, sie völlig europäisch zu erziehen und gesellschaftlich wie intellektuell zu assimilieren. Gerade dies aber wollten die meisten Missionare nicht, weil sie in lobenswerter Einsicht erkannten, wie korrumpierend sich der Einfluß der weißen Kolonisationsgesellschaft auswirken würde.

Aus diesem Dilemma, welches, vereinfacht gesagt, darin bestand, daß man die Substanz der eigenen Kultur weder aufgeben konnte noch wollte, andererseits sich scheute, den Eingeborenen mit radikalem Vorgehen in diese Kultur zu integrieren, gab es keinen Ausweg. Daß dem so war, bezeichnet, wenn man die redlichen, selbstlosen und hochherzigen Bemühungen vieler französischer Missionare bedenkt, die Tragik wie die schließliche Erfolglosigkeit ihrer Aktivität.

Annalen des Hôtel-Dieu in Quebec
Am leichtesten zu bekehren waren ihre Frauen

Die Frauen [der Indianer] zeigten ebenfalls eine sehr große Hochachtung für die Religion. Sie begriffen recht gut, was man ihnen darüber erzählte, und empfanden große Wertschätzung für Gott. Sie drückten sich in einer bezaubernden

Einfachheit aus, wenn sie sich danach erkundigten, wie sie ihre Pflichten [als Christen] zu erfüllen und welchen Ritualen, zu denen sie angehalten worden waren, sie nachzukommen hätten. Eine Indianerin fragte eines Tages, ob das Gebet, das sie spräche, gut sei, „da ich", wie sie bemerkte, „es von niemandem gelernt habe. Wenn ich mein kleines Mädchen in seiner Wiege zum Schlafen lege, schlage ich über ihm ein Kreuz und richte an den Herrn, den Schöpfer der ganzen Welt, folgende Worte: Meine kleine Tochter spricht zu Dir durch meinen Mund und mein Herz, da sie noch nicht sprechen kann: Du hast mir das Leben gegeben, erhalte es mir, bewahre mich vor dem bösen Manitu. Wenn ich groß bin, glaube ich an Dich. Ich werde Dich lieben und Dir gehorchen. Das ist es, was meine Tochter durch den Mund ihrer Mutter zu Dir sagt. Gewähr mir die Gnade, sie zu lehren, es Dir eines Tages mit ihrem eigenen Mund sagen zu können."

Eine andere brave Huronin hatte die Angewohnheit, an den heiligen Sohn Gottes, Jesus, während des Stillens ihres Kindes folgendes Gebet zu richten: „O Herr, ich hätte mich so glücklich geschätzt, wenn es mir die Heilige Jungfrau während Eurer Kindheit erlaubt hätte, Euch einige Tropfen meiner Milch zu geben. Da ich aber nicht das Glück gehabt habe, damals auf der Welt gewesen zu sein und Euch diesen kleinen Dienst zu erweisen, will ich es zumindest in der Person meines Sohnes vollbringen. Denn Ihr habt doch gesagt, was man für den Geringsten täte, betrachtet Ihr so, als sei es an Euch selbst vollbracht." Sie pflegte es jedesmal zu erzählen, wenn sie ihr Kind an die Brust legte. Und sie unterhielt sich mit Unserem Herrn auf eine so zärtliche und zutrauliche Weise, daß es ihr selbst nicht ganz geheuer war. Diese Hingabe beunruhigte sie, weil sie es als verachtenswert ansah, soviel Vertraulichkeit zu offenbaren. Man mußte sie in ihrer Ergebenheit unterstützen, um sie in dieser unschuldigen Religionsausübung fortfahren zu lassen. Eine Frau desselben Indianerstammes war von den Wahrheiten des Evangeliums so durchdrungen, daß sie, als ihr nur dreijähriger Sohn weinend und klagend in ihre Hütte kam, weil er von seinen kleinen Kameraden geschlagen worden war, sie ihm keineswegs seine Tränen abtrocknete und ihm nicht wie die anderen Mütter schmeichelte, sondern ihm beibrachte, seine kleinen Leiden Gott darzubieten. [...]

Der ehrwürdige Vater Superior fragte eines Tages eine Gruppe von bekehrten Huroninnen, ob sie Personen lieben könnten, die sie niemals gesehen hätten, wobei er an einige Damen aus Frankreich dachte, die ihnen Geschenke geschickt hatten. Eine von ihnen antwortete auf höchst religiöse Weise: „Warum nicht, mein Vater? Wir lieben doch auch Gott, den wir nicht sehen können. Die Personen, von denen Ihr sprecht, lieben uns auch, ohne uns gesehen zu haben und ohne daß sie durch irgend etwas dazu verpflichtet wären. Und wir, wir sehen doch die Gaben, die sie uns zukommen lassen, die uns stets an die Verpflichtung erinnern, die wir ihnen gegenüber haben." [...]

Diese treuen Christinnen verwenden sich auch dafür, Freigeister ihres Indianerstammes zu bekehren. Sie unternehmen alle Anstrengungen, um sie zum Glauben zu bewegen, und sprechen zu ihnen mit viel Kraft und Eifer, um sie von der Heiligkeit unserer Religion zu überzeugen. Vor allen Dingen lobten sie die Fürsorge der Missionare und Ordensschwestern, und darin erkannten sie einen sicheren Beweis, daß die Predigten auch der Wahrheit entsprächen. Manchmal trugen sie zur Bekehrung ihrer Landsleute bei, aber es gab unter ihnen verstockte Leute, die sich zu nichts bewegen ließen und die sich sogar über alles, was man ihnen sagte, lustig machten. Einer von diesem Schlage wurde in unser Hospital gebracht, das er niemals zuvor betreten hatte. Er kam mit einer gefährlichen Verletzung, die die Ursache zu seinem Glück werden sollte. Es handelte sich um einen verstockten und starrköpfigen Menschen, der nur seinen Launen und im Zustand großer Freigeistigkeit lebte. Nichts beeindruckte sein Gemüt, und alle Ermahnungen waren vergeblich gewesen. Er prahlte [sogar], wie ungläubig er sei. Er war höchst überrascht von der

Hilfe, die er bei uns fand. Und mehr noch von der Güte und Fürsorge, mit denen er von allen unseren Nonnen betreut wurde. Er beobachtete uns mit viel Neugier und wiederholte ohne Unterlaß die folgenden Worte: „Aber was beabsichtigen diese Mädchen? Was erwarten sie von diesen Kranken, die nichts haben? Sie geben ihre Lebensmittel, ihre Kraft und Arbeit mit so viel Güte, und ihnen wird nichts gegeben. Es muß wohl so sein, daß sie andere Güter nach diesem Leben erwarten." Diese Gedanken und Überlegungen erweichten [schließlich] dieses Herz aus Eisen, und er ließ sich bekehren. Und dadurch, daß er zu einem guten Christen wurde, offenbarte sich, welch exzellenter Prediger die Fürsorge ist. [A.D. 1664]

Urs Bitterli

„Der Indianer erscheint in Glaubensgesprächen oft als der Überlegene"

Neugierde und eine Neigung zum Spiel und Mummenschanz bewogen [...] manche Indianer, vor allem Jugendliche, eine Anteilnahme an christlichen Kulthandlungen zu zeigen, welche die Missionare über ihre wahre Haltung hinwegzutäuschen vermochte. „Sie hat erst zwei Jahre", schreibt Pater Garnier von einem weiblichen Täufling, „und weiß doch schon allerliebst das Kreuz zu schlagen. Einmal, als sie zusammen mit ihrer Mutter die Kirche verließ, begann sie zu schreien, sobald sie gewahr wurde, daß die Mutter vergessen hatte, sie mit Weihwasser zu besprengen." Es gibt zahlreiche Jesuitenberichte, die sich lobend über sichtbar bezeugte Frömmigkeit indianischer „Bekehrter" äußern. [...]
Zur Enttäuschung, die der häufige Rückfall der Neophyten in die Barbarei und den Synkretismus dem Missionar bereitete, gesellte sich die Verärgerung über die Quertreibereien

der Medizinmänner und Dolmetscher. Die letzteren, ohne welche nicht immer auszukommen war, übersetzten oft unzuverlässig und machten sich, begabt mit einem eigentümlichen indianischen Sinn für Humor, einen Spaß daraus, dem Kirchenmann obszöne Wörter einzuflüstern, welche dieser bei der nächsten feierlichen Gelegenheit zum Gaudium seiner Zuhörerschaft wiedergab. Die Medizinmänner, welche sich in ihrem eigensten Wirkungsbereich bedroht sahen, scheuten, nach dem Zeugnis der Missionare, kein Mittel, weder Verleumdung noch Intrigen und physische Bedrohung, um den christlichen Rivalen auszuschalten. Vergebens versuchte Le Jeune, einen seiner Widersacher durch Nächstenliebe für sich zu gewinnen: „Ich begann", schreibt er, „den Medizinmann mit Liebesbezeugungen und Lob zu überschütten, um ihn mit diesem Köder im Netz der christlichen Wahrheit zu fangen, und ich gab ihm zu verstehen, daß ein Geist, solcher Dinge mächtig wie der seinige, wenn er den wahren Gott kennte, größten Einfluß bei seinen Stammesangehörigen gewänne." Doch der „Hexenmeister" blieb unbelehrbar.

Als äußerst gefährlich erwiesen sich die Medizinmänner, wenn es ihnen gelang, gewisse Schicksalsschläge und Katastrophen, wie etwa das Auftreten der unter den Indianern pestilenzartig wütenden Blattern, auf das Auftreten der Jesuiten zurückzuführen. Dieser Verdacht, der im Grunde der Wahrheit recht nahe kam, traf die sehr utilitaristischen Erwartungen der Indianer in die Christenmission im Kern und versetzte die Jesuiten, die zu jener Zeit, um 1637, am Huronensee eine stattliche Missionsstation errichtet hatten, in eine überaus prekäre Lage. In einer Ratsversammlung gelang es Brébeuf und seinen Gefolgsleuten nur mit Mühe und dank entschiedenem Auftreten, die Indianer zu beschwichtigen. In einem Sendschreiben nach Quebec berichtet Brébeuf von der Todesgefahr, in welcher er schwebte, und schließt mit den Worten: „Was mich betrifft, wenn Gott mich gnädig zu sich aufnimmt, werde ich ihn bitten, daß er den armen Huronen verzeihen möge…"

Zu leiden hatten die Missionare schließlich auch unter dem Mutterwitz und dem natürlichen Scharfsinn der Indianer, welche sie nicht selten zu Diskussionen herausforderten und mit kritischen Bemerkungen in Verlegenheit brachten. Wenn es schon stimmte, fragten die Indianer etwa, daß Evas Apfel die ganze Menschheit ins Unglück gestürzt hatte – war es dann nicht ein schreiendes Unrecht, daß der Kreuzestod Christi nur die Hälfte der Menschheit, die Christenmenschen nämlich, zu erlösen vermochte? Sterbende Eingeborene sprachen auch etwa davon, daß sie keinen besonderen Wert darauf legten, in den Himmel zu kommen, wo es von Franzosen wimmle, die einen doch nur Hunger leiden ließen; auch sei nicht einzusehen, was das Jenseits der Christen so anziehend mache, wenn es dort, wie die Missionare versicherten, keine Jagdveranstaltungen, keine Polygamie, keine Festschmäuse und Kriegszüge gebe. [...]

Daß der Indianer eine ursprüngliche Intelligenz und weitgestreute Begabung besaß, war offensichtlich und wurde nur von wenigen Missionaren in Abrede gestellt. Dies machte den Indianer zwar zu einem recht unbequemen Gesprächspartner; zugleich aber ermunterte es die Missionare, in ihren Bemühungen fortzufahren, und stärkte die Idee der Missionierung überhaupt, welche die elementare Gleichheit des Intellekts beim Heiden notwendig voraussetzen muß. Manche kirchlichen Betrachter neigten freilich dazu, die listigen, einen bestimmten Sinnzusammenhang kritisch erhellenden Fragen ihrer indianischen Gesprächspartner bereits als Beweis für deren geistige Assimilation aufzufassen, während der Indianer im Grunde bloß in spielerischem Drang den logischen Faden einer Argumentation weiterspann oder zerschnitt, ohne aus seinen angestammten Denkvorstellungen auszubrechen.

Es ist erstaunlich, wie oft der Indianer in den von den Jesuiten überlieferten Glaubensgesprächen als der Überlegene erscheint: nicht weil er es an schnell erworbener Bildung mit dem Missionar hätte aufnehmen können, sondern eher darum, weil er diesen selten ganz ernst nahm und vielleicht besser als dieser wahrnahm, daß eine tragfähige gemeinsame Basis zu engagierter Erörterung im Grunde nicht bestand. Dem Europäer gegenüber, der gekommen war, die Welt durch die Idee zu verändern, sicherte sich der Indianer jene unabhängige Überlegenheit des Ironikers, der sich dem Lebendigen näher weiß und es zu bewahren sucht. Diese Überlegenheit des Eingeborenen irritierte die empfindsameren unter den Missionaren, und sie wurde später von den aufgeklärten Philosophen, die für das Ungereimte der missionarischen Gesprächssituation einen ätzend-antiklerikalen Sinn entwickelten, sehr wohl bemerkt. Es gefiel diesen Aufklärern, des Indianers ironische Zurückhaltung in völliger Verkennung der Problematik des Kulturkontakts zum Ausdruck eines überlegenen gesunden Menschenverstandes umzudeuten: in Baron de Lahontans „Mémoires de l'Amérique septentrionale" beispielsweise [...] sollte der Eingeborene geradezu als Inkarnation unvoreingenommener Urteilsfähigkeit und Meister der logischen Argumentation erscheinen, der die Jesuiten mit deren eigenen Waffen schlug und sich darüber hinaus zum Träger einer gegen die absolutistisch-europäische Gesellschaft gerichteten Kulturkritik entwickelte.

Es versteht sich nach dem bisher Ausgeführten, daß es fast unmöglich ist, den „Erfolg" der französischen Mission in Kanada zu beurteilen. Gewiß – es gab zuweilen einigermaßen glaubwürdige Bekehrungen, es gab Indianer aus den verschiedensten Stämmen und unterschiedlichen Alters, welche sich vor ihren Stammesangehörigen zu ihrem neugewonnenen Glauben bekannten und sogar der Gefahr des Martyriums aussetzten. Solche Gestalten, etwa die irokesische Heilige Cathérine Tekakouita, trösteten die Missionare etwas über die sonst zu beobachtende Wirkungslosigkeit ihres Tuns hinweg und ließen sogar bei einzelnen von ihnen den utopischen Gedanken reifen, die Missionsaufgabe könnte dereinst ganz von den Indianern übernommen werden. [...]

Das Scheitern der Mission sowohl im quantitativen Sinne der mangelnden Breitenwirkung als im qualitativen der Echtheit des individuellen Bekenntnisses aber ist doch offensichtlich und nicht allein mit politischen Gründen – etwa der englisch-französischen Auseinandersetzung in Übersee – zu erklären. Man wird jenem skeptischen französischen Beobachter die Beistimmung nicht versagen können, der, die Missionsarbeit von Jesuiten und Franziskanern kritisch überblickend, schrieb: „Die Jesuiten geben sich in der Heidenbekehrung große Mühe, ohne viel zu gewinnen, denn ich habe bemerkt, daß sich diese indianischen Kanaillen mitten in der Kirche geräuschvoll Wind entfahren lassen oder räuspern. Aber die Missionare tun, was sie können."

Udo Sautter

Missionierung und Expansion in Neufrankreich

Erheblich weniger erfolgreich als am St. Lorenz ließ sich die kirchliche Arbeit in den Missionen an. Es hat zwar weder an Bekehreifer noch an Opfermut bis zum Martyrium gefehlt. Aber die Botschaft Christi aus dem Mund von durch Scholastik und Mystizismus gegangenen europäischen Predigern scheint der simpleren indianischen Logik doch oft zu wenig konkret und direkt verwertbar gewesen zu sein. Christliche Tugenden wie Mäßigkeit oder Erbarmen entsprachen kaum dem offenbaren Vorteil der mehr oder weniger in prähistorischen Verhältnissen lebenden Indianer, und dort, wo sie religiöse Hilfe brauchten, in Magie und Zauberei, erwies der Missionar sich als große Enttäuschung.

Dazu kam die unstete Lebensweise der meisten Indianerstämme. Wollte ein Missionar sein Evangelium länger als nur wenige Tage verkünden, mußte er dem nomadisierenden Stamm folgen, zumeist als wenig geehrter und oft uner-

wünschter Gast. Die körperliche Anstrengung des an tage-
lange Kanufahrten oder Märsche auf Schneeschuhen sich nur
mühsam gewöhnenden Europäers, seine Empfindlichkeit gegenüber Schmutz und Rohheit, die feindliche Haltung des
Stammeszauberers machten das Leben von vornherein zur
Qual und sein Beispiel, gelinde gesagt, fraglich. Und es war
häufig einfach unmöglich, Leute, die oft Wochen hindurch
einen erbitterten und entbehrungsreichen Kampf um das
nackte Überleben zu führen hatten, unterdessen für ewige
Wahrheiten einer höheren Welt zu interessieren. Nur wenig
erfolgreicher waren die Versuche, bei den seßhafteren Stämmen Eingang zu finden. Die Irokesen verschlossen sich von
vornherein auch aus politischen Gründen. Die Huronen öff-
neten in der Zeit ihrer höchsten Bedrohung den Jesuiten ihre
Dörfer in der Hoffnung, die schwarzgewandeten Priester
könnten über einen Zauber gegen das Unheil verfügen. Die
Irokesen machten dann beide nieder, Huronen und Gäste.
Ein versprengter Rest von einigen hundert Huronen folgte
1650 mehreren Missionaren nach Osten und gründete nahe
Quebec eine Niederlassung. Versuche der Regierung, die
Indianer in die französische Kolonie selbst aufzunehmen und
langsam zu absorbieren, schlugen jedoch hier wie anderwärts
fehl.

Die Jesuiten wie auch sonstige Missionsorden setzten
trotzdem ihre Bekehrungsversuche fort. Die Mission schritt
Seite an Seite mit dem Pelzhandel nach Westen vor. Nicht
selten verband sich mit der religiösen Motivation die hand-
feste Sorge der Franzosen, die Engländer könnten ihnen in
der Expansion zuvorkommen. Kirchliche und nationale Beweggründe flossen in eins. Die Missionare konnten sich un-
schwer mit den Pelzhändlern zusammentun, deren Befürch-
tungen, wenn auch aus anderen Gründen, den ihren ähnlich
waren. So spielte die Kirche auch eine tragende Rolle in der
Erschließung des Landes nach Westen hin. Sie wäre hierzu
freilich nicht fähig gewesen ohne ihre solide Verwurzelung im
Leben der Kolonie am St. Lorenz.

Urs Bitterli
Christliche Kritik am Kolonialismus

Bemerkenswert und bezeichnend für die Besonderheit des missionarischen Kulturkontaktes bleibt aber gerade diese Abwendung von einer moralisch fehlgeleiteten europäischen Zivilisation, welcher zwar nicht ein wirkliches Eindringen in die Kultur des Eingeborenen entsprach, wohl aber der Versuch, diesen auf eine Stufe menschlicher Bildung zu führen, die nach der Meinung der Jesuitenmissionare das Beste der abendländischen Kulturtradition verkörperte. Die Jesuiten erkannten, wie vor ihnen Dominikaner vom Schlage eines Las Casas, in welch unchristlicher Weise sich die Begegnung zwischen den Kulturen in Übersee vollzog; im Unterschied zu Las Casas glaubten sie freilich nicht mehr daran, daß sich in der theoretischen Auseinandersetzung mit Kolonialbehörden und Kronjuristen praktisch etwas verändern ließe. Im Niemandsland zwischen den Kulturen suchten die Jesuiten und andere Ordensvertreter, ganz auf sich allein gestellt, nach göttlicher Gnade und persönlicher Bewährung; sie waren Deserteure aus höherem ethischen Bewußtsein, die ahnten, daß ihnen auch die Gegenpartei keine Hilfe bieten konnte, und so blieb ihnen nichts anderes, als sich in die immer wieder vom Zweifel angenagte Gewißheit ihrer Überzeugung zu flüchten. Die Lage der Missionare war, existentialistisch gesprochen, aussichtslos; denn was konnten sie anderes hoffen, als die rücksichtslose und verlogene Beziehung, die der weiße Kolonist in der Regel gegenüber dem „Wilden" unterhielt, durch eine Beziehung zu ersetzen, die zwar weit humaner, im Grunde aber ebensowenig authentisch war? So blieb ihnen vielleicht zuletzt nur dies: ihr Dasein mit Menschen teilen zu dürfen, die in der Einfachheit ihrer Sitten den asketischen Idealen ihres Ordens nahekamen; im Umgang mit den Eingeborenen Augenblicke scheinbaren Einverständnisses erleben zu dürfen; gelegentlich das Bewußtsein zu gewinnen, der unzivilisierte Mitmensch bedürfe ihrer. In solchen schwer meßbaren Werten zwischenmenschlichen Verständnisses gewann der Kulturkontakt, wie die Missionare ihn pflegten, seine tiefere Bedeutung. Vor der Geschichte aber bleibt den kanadischen und südamerikanischen Kirchenleuten das Verdienst, als Antikolonialisten avant la lettre die Tragik des überseeischen Kulturkontaktes frühzeitig geahnt und mit beeindruckender Willensstärke und Selbstverleugnung einen neuen Weg der Annäherung zumindest gesucht zu haben.

Wir haben das Werk der kanadischen Jesuitenmissionare hier eingehender gewürdigt, weil es dokumentarisch außerordentlich gut belegt ist und die Problematik des Kulturkontakts besonders deutlich hervortreten läßt. Die protestantischen Missionsgesellschaften sollten gegen Ende des achtzehnten und im neunzehnten Jahrhundert in andern Teilen der Welt auf sehr ähnliche Arbeitsbedingungen stoßen und Schwierigkeiten in ähnlicher Weise zu meistern suchen. Allerdings fühlten sich die protestantischen Missionare nicht der Idee einer Weltkirche verpflichtet und zielten ganz bewußt statt auf extensive, auf intensive Wirkung ab. Ausschlaggebend war von allem Anfang an die Echtheit der individuellen Bekehrung, was dies unter den obwaltenden Bedingungen auch immer heißen mochte; und mit der intimen Form der erstrebten Glaubensbeziehung zum Bekehrten verband sich sowohl bei der methodistisch geprägten „London Missionary Society" vom Jahre 1795 wie bei der 1815 begründeten, vom Pietismus beeinflußten „Basler Mission" eine betont sozialreformerische Absicht, die sich etwa darin äußerte, daß man den Kontakt nicht mit Häuptlingen und Negerkönigen, sondern vor allem mit den sozial benachteiligten Schichten suchte.

Red Jacket
„Wir wollen eure Religion nicht zerstören"

Freund und Bruder! Es war der Wille des Großen Geistes, daß wir an diesem Tage zusammenkommen sollten. Er befiehlt alle Dinge, und er hat uns für diese Beratung einen schönen Tag gegeben. Er hat sein Gewand vor der Sonne fortgezogen und den strahlenden Ball mit seinem Glanz auf uns scheinen lassen. Unsere Augen sind geöffnet, so daß wir klar sehen. Unsere Ohren sind aufgesperrt, so daß wir die Worte, die ihr spracht, deutlich hören konnten. Für all diese Gaben danken wir dem Großen Geist, und nur ihm.

Bruder! Du hast dieses Ratsfeuer angezündet. Auf deine Bitte hin sind wir heute zusammengekommen. Aufmerksam haben wir deinen Worten zugehört. Und du hast uns gebeten, frei unsere Meinung zu sagen. Dies macht uns glücklich, denn nun, so glauben wir, können wir aufrecht vor dir stehen und das sagen, was wir denken. Alle haben deine Worte gehört, und alle sprechen zu dir wie mit einer Stimme. Es herrscht Einigkeit unter uns.

Bruder! Du sagst, du wünschst eine Antwort auf deine Rede, ehe du diesen Ort verläßt. Es ist nur recht und billig, daß du eine erhalten solltest, denn du bist weit von deiner Heimat entfernt, und wir möchten dich nicht aufhalten. Dennoch wollen wir zunächst ein wenig zurückblicken und dir mitteilen, was unsere Väter uns gesagt und was wir vom Volk der Weißen gehört haben.

Bruder! Höre, was wir zu sagen haben. Es gab eine Zeit, als Amerika, diese große Insel, unseren Vorvätern gehörte. Ihr Wohnsitz erstreckte sich vom Aufgang bis zum Untergang der Sonne. Der Große Geist hatte sie erschaffen, damit wir, die Indianer, sie nutzen. Er schuf den Büffel, den Hirsch und die anderen Tiere uns zur Nahrung. Er machte Bär und Hirsch, und ihr Fell diente uns als Kleidung. Über das ganze Land verstreute er sie und lehrte uns, sie zu nehmen. Er veranlaßte die Erde, Mais für unser Brot wachsen zu lassen. All dies tat er für seine roten Kinder, weil er sie liebte. Wenn wir in Streit über die Jagdgründe gerieten, wurde dieser für gewöhnlich ohne viel Blutvergießen beigelegt. Doch es kam ein böser Tag über uns. Eure Vorväter überquerten die großen Wasser und landeten auf dieser Insel. Ihre Zahl war klein. Sie fanden Freunde vor, nicht Feinde. Und sie berichteten uns, sie seien aus Furcht vor bösen Menschen ihrem eigenen Lande entflohen und nach hier gekommen, um ihrem Glauben zu leben. Sie baten um ein wenig Platz. Wir erbarmten uns ihrer, gewährten ihre Bitte, und sie ließen sich unter uns nieder. Wir gaben ihnen Mais und Fleisch. Ihre Gegengabe war Gift (Feuerwasser). Und damit hatte das Volk der Weißen unser Land entdeckt. Die Nachricht wurde zurückgesandt, und mehr kamen in unsere Mitte. Doch wir fürchteten sie nicht. Wir hielten sie für Freunde. Sie nannten uns Brüder. Wir glaubten ihnen und gaben ihnen mehr Platz. Schließlich war ihre Zahl gewaltig angeschwollen. Sie verlangten nach mehr Land. Sie verlangten unsere ganze Heimat. Dies öffnete unsere Augen, und wir waren beunruhigt. Es gab Kriege. Indianer wurden in Dienst genommen, um gegen Indianer zu kämpfen, und ein großer Teil unseres Volkes wurde getötet. Auch den Alkohol brachten sie zu uns. Er war stark und mächtig und hat Tausende umgebracht.

Bruder! Unsere Wohnsitze waren einst groß und die euren sehr klein. Jetzt seid ihr ein großes Volk geworden, und wir haben kaum einen Platz, um unsere Decke auszubreiten. Ihr habt unser Land in Besitz genommen, doch ihr seid immer noch nicht zufrieden. Auch eure Religion wollt ihr uns noch aufzwingen.

Bruder! Höre mir weiter zu. Du sagst, du seiest geschickt worden, uns zu lehren, wie man den Großen Geist auf die ihm angemessene Weise anbetet. Du fährst fort, daß wir, wenn wir den Glauben, den die Weißen uns lehren, nicht übernehmen, fortan unglücklich sein würden. Du sagst, du hättest recht und wir seien verloren. Woher weißt du, daß dies die Wahrheit ist? Wie wir hören, ist eure Religion in einem Buch niedergeschrieben. Wenn dieses für uns genauso bestimmt wäre wie für euch, warum hat der Große Geist es uns dann nicht gegeben? Und nicht nur uns, sondern warum gab er nicht bereits unseren Vorvätern Kenntnis von jenem Buch und zugleich das rechte Verständnis dafür? Wir wissen nur, was du uns darüber berichtest. Wie sollen wir wissen, wann wir dir glauben können, wo wir doch von den Weißen bereits so oft betrogen worden sind?

Bruder! Du sagst, es gebe nur einen Weg, den großen Geist anzubeten und ihm zu dienen. Wenn es nur einen Glauben gibt, warum herrscht dann unter euch Weißen so viel Uneinigkeit darüber? Warum sind nicht alle einer Meinung, wo ihr doch alle dieses Buch lesen könnt?

Bruder! Wir verstehen diese Dinge nicht. Man hat uns gesagt, daß eure Religion euren Vorvätern gegeben und von Vater auf Sohn vererbt wurde. Auch wir haben eine Religion, die unseren Vorvätern gegeben und auf uns, ihre Kinder, weitervererbt wurde. Auf diese Art beten wir an. Unser Glaube lehrt uns, dankbar zu sein für alle empfangenen Gaben, einander zu lieben und untereinander einig zu sein. Über Glaubensfragen streiten wir nie.

Bruder! Der Große Geist hat uns alle geschaffen. Doch zwischen seinen weißen und seinen roten Kindern hat er einen großen Unterschied gemacht. Er hat uns unterschiedliche Hautfarbe und unterschiedliche Sitten gegeben. Euch hat er die Künste gegeben; uns hat er die Augen für sie nicht geöffnet. Wir wissen, daß dies wahr ist. Da er auch in anderen Dingen einen so großen Unterschied zwischen uns gelegt hat, sollten wir daraus nicht folgern, daß er nach unserem Verständnis uns auch eine andere Religion gegeben hat? Der Große Geist macht keinen Fehler. Er weiß, was für seine Kinder am besten ist. Und wir sind es zufrieden.

Bruder! Wir wollen eure Religion nicht zerstören noch sie euch nehmen. Wir möchten nur, daß wir der unseren weiterhin folgen können.

Bruder! Du sagst, du seiest nicht gekommen, um in den Besitz unseres Landes oder unseres Geldes zu gelangen, sondern einzig, um unseren Geist zu erleuchten. Ich sage dir nun, ich bin bei euren Versammlungen gewesen und sah, wie ihr von den Anwesenden Geld einsammeltet. Ich weiß nicht, wofür dieses Geld bestimmt war, doch ich nehme an, es war für euren Pfarrer. Und wenn wir uns eurer Denkweise anpassen sollten, wirst du vielleicht auch von uns etwas haben wollen.

Bruder! Man hat uns berichtet, daß du an diesem Ort hier für die Weißen gepredigt hast. Sie sind unsere Nachbarn. Wir kennen sie. Wir werden einige Zeit warten, um zu sehen, welche Wirkung deine Predigt auf sie hat. Sollten wir merken, daß sie ihnen guttut und sie ehrlicher macht und weniger geneigt, Indianer zu betrügen, dann werden wir deine Worte noch einmal überdenken.

Bruder! Hiermit hast du unsere Antwort auf deine Rede erhalten, und das ist alles, was wir im Augenblick zu sagen haben. Da wir nun voneinander scheiden, werden wir kommen und dich bei der Hand nehmen. Wir werden hoffen, daß der Große Geist dich auf deiner Reise beschützen und dich sicher zu deinen Freunden zurückgeleiten wird.

IV. Das Bild des Indianers in den Köpfen der Weißen

Urs Bitterli

Der zur Schau gestellte Wilde

Groß war [...] das Erstaunen in Lissabon und Sevilla, als Kolumbus von seiner ersten Reise sieben Arawak-Indianer nach Europa brachte, hatte man doch, auf den engen Bereich bisheriger Erfahrungen gestützt, angenommen, alle Völker außerhalb der weißen Rasse müßten dem maurischen oder negriden Typus ähnlich sehen. Die ersten amerikanischen Besucher Europas wurden zur Sensation an den Empfängen der Hofgesellschaft; man führte sie auf Umzügen einer ungläubig gaffenden Menge vor; die Maler und Gelehrten stritten sich um das Vorrecht, sie porträtieren und befragen zu dürfen. Man wunderte sich vor allem über den Federschmuck der Indianer, die Färbung und Bemalung ihrer Haut, über ihr schwarzes glattes Haar, das an die Mähne der Pferde erinnerte, und über die muskulöse Gelenkigkeit ihres Körpers.

Bereits Amerigo Vespucci brachte von seinen vier Reisen über zweihundert amerikanische Urbewohner mit, die in Spanien und selbst außerhalb zu einer Art von Jahrmarktsattraktion wurden. Im Jahre 1500 nahm der Seefahrer Gaspar Corte-Real, der bis nach Neufundland vorgedrungen war, fünfzig nordamerikanische Eingeborene an Bord, von denen einige in Lissabon König Manuel präsentiert wurden. „Ich habe diese Eingeborenen gesehen", schreibt der Hofchronist Cantino, „ich habe sie berührt und untersucht und festgestellt, daß sie, was ihre Statur betrifft, im Durchschnitt größer als meine Landsleute und mit wohlproportionierten, wohlgeformten Gliedmaßen ausgestattet sind. Das Haar dieser Menschen ist lang... und ihr Gesicht ist mit großen Zeichen bemalt... Ihre Sprache ist unverständlich, aber keineswegs mißtönend, sondern ziemlich menschlich. Ihr Benehmen und ihre Gebärden sind äußerst angenehm."

Allerdings zeigte sich bald, daß die Indianer außerstande waren, sich in Europa zu assimilieren; die meisten von ihnen starben nach wenigen Monaten an Lungenentzündung oder Gemütskrankheit, wie man diagnostizierte, wenn sie überhaupt die strapaziöse Atlantikreise überlebt hatten. Wir besitzen keine Zeugnisse von indianischer Hand, die darüber Aufschluß geben könnten, was diese bedauernswerten Menschen vom steifen Zeremoniell der europäischen Fürstenhöfe und vom Publikumsrummel, der ihre Zurschaustellung begleitete, dachten; aber wir können ahnen, wie entsetzlich fremd sich diese Exoten, denen man den natürlichen Daseinsspielraum geraubt und deren ehrwürdigstes Brauchtum man zum Spektakel pervertiert hatte, in solcher Umgebung fühlten. Manche europäischen Betrachter bewunderten die Gelassenheit und den Stolz dieser Indianer als ein Zeichen ihrer distanzierten Überlegenheit; aber was sich in der Unbewegtheit ihrer schönen und seltsamen Gesichter ausdrückte, war wohl nichts anderes als eine Verzweiflung, die auszuloten ein Europäer jener Zeit völlig außerstande war. [...]

In England scheint Sebastian Cabot um 1500 erstmals indianische Urbewohner eingeführt zu haben. Es ist überliefert, daß drei Eingeborene Heinrich VII. vorgestellt wurden und dadurch Aufsehen erregten, daß sie sich einer unverständlichen Sprache bedienten, rohes Fleisch aßen und sich in Felle kleideten. Wenig später, wohl im Jahre 1534, trafen die ersten Indianer in Begleitung des Seefahrers Cartier auch in Frankreich ein. In Rouen und Bordeaux bildeten um die Mitte des sechzehnten Jahrhunderts Rothäute die Hauptattraktion von Theatervorstellungen und Umzügen; unter üppigem Aufwand an Kunstbauten und Dekorationen wurde dem staunenden Publikum in lebenden Bildern ein Eindruck vom Dasein fremder Völker zu vermitteln versucht, und Perser, Araber, Türken und Afrikaner, echte sowohl als verkleidete, bereicherten das globale Panoptikum. [...]

Indianer kamen nach dem Ende des sechzehnten Jahrhunderts nur noch selten nach Europa. Sie fühlten sich auf unserem Kontinent derart offensichtlich unglücklich und erwiesen sich als derart anfällig gegenüber Krankheiten aller

Art, daß einsichtige Beobachter früh dafür eintraten, die Zahl indianischer Einwanderer zu beschränken. Champlain, der große französische Entdeckungsreisende, brachte noch zu Beginn des siebzehnten Jahrhunderts einige Algonkin-Indianer vom St. Lorenzstrom nach Frankreich und erhoffte sich von ihrem Besuch eine günstige Wirkung auf den Propagandafeldzug, den er zugunsten größerer kolonisatorischer Anstrengungen Frankreichs in diesem Teil der Erde führte. Wir wissen auch von einem Huronen mit dem französisierten Namen Savignon, dem Sohn eines angesehenen Häuptlings, der sich um 1610 über ein Jahr lang in Paris aufhielt, ohne den Gebräuchen seines Herkunftslandes untreu zu werden: so promenierte er, groß und kräftig gewachsen, weiterhin im angestammten Ledergewand und achtete darauf, obwohl die Gefahr der Skalpierung nicht mehr drohte, sich seinen Schädel peinlich sauber rasieren zu lassen. Die Pariser wunderten sich über ihn, und er wunderte sich über die Pariser; dem Entdeckungsreisenden Lescarbot, der sich zum Erstaunen der Anwesenden mit Savignon in dessen Muttersprache unterhielt, vertraute der Hurone an, den Franzosen fehle es an Mut und Entschlossenheit, sie benähmen sich wie Frauen und diskutierten, statt zu kämpfen.

In England war es die Gestalt der Indianerprinzessin Pocahontas, welche zu Beginn des siebzehnten Jahrhunderts das Interesse der Hofgesellschaft und den Sensationshunger der Massen beschäftigte. Pocahontas hatte im Jahre 1613 in der Kirche von Jamestown den Tabakpflanzer John Rolfe geheiratet; dieser hatte seine Frau wenig später mit nach Europa genommen. „Die Geschichte der kleinen Prinzessin", schreibt ein moderner Historiker, „endet im englischen Nebel. Ihr Mann brachte sie nach England, wo sie die Sensation des Winters 1619 bildete und, wie die Chronisten berichten, mit Anmut und Geist den Hof entzückte. Dagegen wurde Rolfe eröffnet, er habe sich bei Jakob I. durch seine Heirat mit einer Frau aus königlichem Geblüt mißliebig gemacht. Der Stuart befragte den Thronrat, ob da nicht ein Grund zu einem Hochverratsprozeß vorliege, und John Rolfe mußte das Versprechen abgeben, keine Ansprüche auf den Thron von Virginia für den Sohn zu erheben, den ihm Pocahontas geschenkt hatte. Er wurde freigesprochen, beeilte sich aber, tief betroffen, seine Frau nach Amerika zurückzubringen. Das Ehepaar wartete in Gravesend ein abfahrendes Schiff ab. Da fing die arme kleine Pocahontas zu husten an, spuckte Blut und starb binnen weniger Tage."

Mario Erdheim
Die Indianer in der frühen europäischen Anthropologie

Die Entdeckungen und Eroberungen des 16. Jahrhunderts rissen die Anthropologen aus ihren zumeist theologischen Spekulationen heraus und zwangen sie, sich mit den praktischen Problemen der Kolonisation zu befassen. Innerhalb neuentstandener politischer Kraftfelder mußten die alten Fragen nach dem Wesen der Kultur und ihren Organisationsformen, nach der Gleichheit der Menschen und nach dem Verhältnis zwischen Individuum und Gesellschaft neu gestellt und beantwortet werden. Die Empirie überlagerte die Theorie: Hatten die Anthropologen früher in der Ruhe der Klöster und Studierzimmer ihre Gedanken formuliert, so wurden sie nun zu Reisenden, die als Krieger, Beamte oder Missionare fremde Kulturen selbst kennenlernten, in politische Kämpfe verwickelt wurden und ihre theoretisch aufgearbeiteten Erfahrungen als Waffen in diesen Auseinandersetzungen benutzten.

Man hat der Ethnologie, das heißt der Anthropologie, die sich vorwiegend mit fremden Kulturen beschäftigt, oft vorgeworfen, sie sei lediglich ein Produkt des Kolonialismus und habe immer im Dienste imperialistischer Expansion gestanden. Aber bereits die Situation der Ethnologie des 16. Jahrhunderts zwingt uns zu einer differenzierteren Betrachtung: Man kann nicht von der Ethnologie sprechen, sondern man muß mindestens drei Formen, Ethnologie zu betreiben, unterscheiden. Alle drei erhoben den Anspruch für sich, wissenschaftlich zu sein, das heißt objektive Erkenntnis zu vermitteln, und negierten die Wissenschaftlichkeit der anderen. Die eine, die ich am Beispiel von Fernández de Oviedo (1478–1557) erläutern werde, ordnete ihre Daten so, daß die spanische Herrschaft über die Indianer legitimiert wurde; ihre Perspektive war also durch den Herrschaftsanspruch bestimmt. Ich nenne sie die *legitimatorische* Tendenz. Eine zweite Richtung, deren hervorragendster Vertreter Bartolomé de Las Casas (1475–1566) war, *idealisierte* die neuen Kulturen und stellte sie als Vorbild für die europäische Kultur hin. Eine dritte Tendenz entwickelte sich aus der Bereitschaft, zwischen der eigenen und der fremden Kultur eine gemeinsame Basis herzustellen, um die andere Kultur aus sich selbst heraus zu verstehen; am reinsten verkörperte Bernardino de Sahagún (1499–1590) diese *verstehende* Tendenz. [...]

Definiert man die Wissenschaft nur von ihrem Wahrheitsbezug her, wird man meine These der drei Modelle nicht akzeptieren können. Die legitimatorische und die idealisierende Tendenz würden dann als lediglich ideologische, wissenschaftsfremde Standpunkte erscheinen. Betrachtet man jedoch die Wissenschaft als ein historisches Phänomen, so wird man davon ausgehen müssen, was zu einer bestimmten Zeit als Wissenschaft galt. Ich will im folgenden die gesellschaftlichen Bedingungen dieser drei Formen von Wissenschaft ebenso aufzeigen wie die Gründe dafür, daß sich die legitimatorische Tendenz durchsetzte und die Arbeiten der anderen Forscher in Vergessenheit geraten ließ. [...]

Die Unterschiede zwischen Oviedo, Las Casas und Sahagún kann man auf folgende Weise zusammenfassen:

– Sahagún lebt und spricht mit den Leuten selber, und

zwar ausschließlich, um *deren* Meinung über bestimmte Sachverhalte in Erfahrung zu bringen. Oviedo und Las Casas dagegen verfolgten – auch dann, wenn sie sich nicht auf die Erzählungen anderer Spanier verließen, sondern es mit den Einheimischen selber zu tun hatten – immer andere Absichten: Oviedo wollte die Eroberung legitimieren und Las Casas sie in Frage stellen.

– Sahagún versucht, die Sicht der Einheimischen zum Ausdruck zu bringen, ohne europäische Maßstäbe anzulegen. Aus diesem Grunde ist das Náhuatl für ihn so wichtig – in gewisser Hinsicht könnte man sogar sagen, daß sich sein Interesse an der Sprache verselbständigte, so daß die Menschen, die sich dieser Sprache bedienten, an Wichtigkeit verloren. Ich möchte das so interpretieren, daß es Sahagún gar nicht leicht fiel, sich auf die aztekische Kultur so einzulassen, wie er es tat. Sein linguistisches Interesse hat den Charakter einer Etappe, durch die er gehen mußte, um seine Anteilnahme an den *Menschen* und deren Kultur vor sich und vor den anderen, die ihm ja immer ein gewisses Mißtrauen entgegenbrachten, zu rechtfertigen. Oviedo und Las Casas dagegen – so verschieden sie in ihren Urteilen sein mochten – blieben immer der christlich-europäischen Weltsicht verhaftet. Zwar finden wir bei Sahagún beispielsweise auch Vergleiche zwischen den antiken und den aztekischen Gottheiten – aber das hindert ihn nicht daran, vor allem seine Gewährsleute zu Wort kommen zu lassen. [...]

– Sahagúns Arbeit impliziert schließlich schon einen spezifischen Kulturbegriff. Garibay hat zu Recht gesagt, bei der *Historia general* handle es sich eigentlich um eine „Enzyklopädie der Náhua-Kultur in Tenochtitlán" [...]. Oviedos und Las Casas' Werke sind – verglichen mit Sahagúns – völlig heterogen aufgebaut und handeln von „den" Indianern schlechthin. Sahagún dagegen interessierte sich jeweils für das Spezifische, so daß wir bei ihm Beschreibungen zum Beispiel von Steinen, Vögeln, Reptilien usw. finden, aber so, wie sie *den Azteken* erschienen. Ihm gelang auf diese Weise etwas,

was der Ethnologie seit jeher schwergefallen ist, nämlich die „emische" [...] Beschreibung einer Kultur.

– Sahagúns Modell entspricht weitgehend dem Wissenschaftsideal der Ethnologie unserer Zeit. Man hat deshalb oft gesagt, er sei ein gleichsam verlorengegangener Vorläufer, eine Ausnahme, ein Genie [...]; Oviedo und Las Casas aber seien viel eher „Kinder ihrer Zeit" gewesen – im Guten wie im Schlechten [...]. Ich dagegen möchte die These vertreten, daß *alle drei* Vertreter von ihrer Zeit entsprechenden Modellen waren; ich betrachte sie als Vertreter von drei verschiedenen Möglichkeiten, die Erfahrungen des Kolonialismus zu verarbeiten.

Oviedo konstruierte ein System und gliederte seine Daten gemäß den Anforderungen an Legitimation, die die Konquistadoren brauchten. Wichtig ist hier noch ein spezifischer Umstand: Die Konquista diente unter anderem dazu, *in Spanien* die feudalen Verhältnisse zu bewahren und das Aufkommen des Bürgertums zu verhindern. Oviedos Anschauungen spiegeln diesen Konservatismus wider.

Las Casas' kritische Einstellung zu den Spaniern und seine Idealisierung der Indianer sind schwerer in die sozialen Bewegungen seiner Zeit einzuordnen. Auf jeden Fall begann Las Casas mit der Realisierung eines Alternativmodells zum Encomienda-System, mit dem die Indianer gleichsam als Leibeigene gehalten werden. Ihm schwebte eine friedliche Kolonisation vor: Spanische Bauern, ausgerüstet mit allem, was zum Leben notwendig ist, sollten sich in Amerika niederlassen und zusammmen mit den Indianern die ideale christliche Gemeinde in der Neuen Welt aufbauen. [...]

Urs Bitterli

Der edle Wilde – ein verlorener Traum

Die französischen Missionare [...], die sich allein schon durch ihre Verpflichtung zur Berichterstattung an ihre Oberen veranlaßt sahen, die Eingeborenen genau zu beobachten, begnügten sich nicht mehr damit, Heidentum, Müßiggang und ausschweifende Lebensart halb herablassend und halb bekümmert festzustellen, sondern sie erkannten, daß die Andersartigkeit einer Kultur das Produkt einer eigenständigen geschichtlichen Entwicklung und damit auch die Antwort auf die Herausforderung durch eine bestimmte geographische Situation war.

Diese Einsicht brachte die selbstgewisse Überzeugung von der Vorbildlichkeit des Europäers ebenso ins Schwanken wie die täglichen Erfahrungen der Missionare im Umgang mit sittlich verwahrlosten Kolonisten. Manche Kirchenmänner sprachen offen von der allgemeinen Korruption der christlichen Völker, welcher sie die Reinheit und Simplizität der frühen Sitten entgegenstellten, und gerieten mit ihrem freimütigen Lob heidnischer Lebensart in eine gefährlich unorthodoxe Haltung. Der Dominikanerpater Du Tertre, der sich um 1640 in Westindien aufhielt, verwahrte sich dagegen, daß man die Bewohner der heißen Zonen als Barbaren bezeichne, es seien dies im Gegenteil die zufriedensten, glücklichsten, wohlgestaltetsten, am wenigsten lasterhaften und sorglosesten Menschen aller Nationen der Welt. [...]

Solche Äußerungen freilich, wie schmeichelhaft sie für die sogenannten „Wilden" auch sein mochten, bewiesen nicht eo ipso ein wachsendes Verständnis für den Menschen anderer Kulturbereiche. Oft waren sie vielmehr Ausdruck einer auffälligen und recht verbreiteten kulturkritischen Strömung, die gegen Ende des siebzehnten Jahrhunderts besonders jene zahlreichen Reisenden ergriff, welche Europa aus religiösen und moralischen Beweggründen verlassen hatten und nach ihrer Ankunft in der Neuen Welt verständlicherweise dazu neigten, dem Indianer jene Tugenden zuzusprechen, die sie bei ihren eigenen Landsleuten vermißt hatten. In den Berichten solcher Betrachter schlägt der geistige Expansionsdrang des Kolonisten in Selbstkritik um, der Wille zur Zivilisierung des Eingeborenen weicht der Bereitschaft zur Anpassung, und der Vertreter der andern Kultur gewinnt als Gegenfigur des Europäers eine allerdings recht theoretische Vorbildlichkeit.

Diese Haltung wird besonders deutlich in den umfangreichen Aufzeichnungen, die unter dem Titel „Voyages du Baron de La Hontan dans l'Amérique septentrionale" im Jahre 1705 in Amsterdam erschienen. La Hontan war weder Missionar noch Kaufmann: zum einen fehlte ihm die Berufung, zum andern die Geschäftstüchtigkeit; er gehörte zu jenen Auswanderern, die der Konflikt mit den einheimischen Gesetzen, Verschuldung und Abenteuerlust in die Kolonie trieb, wo sie als Siedlungspioniere und Waldläufer ein entbehrungsreiches Leben führten. Das Ungewöhnliche im Falle La Hontans war, daß dieser Außenseiter schriftstellerisch begabt war, daß er die Begegnung mit einem Huronen zum Anlaß eines fiktiven Dialogs nehmen konnte, in dem Staat, Gesellschaft und Kirche Frankreichs der schärfsten Kritik ausgesetzt wurden, die das frühe achtzehnte Jahrhundert kennt. Während La Hontan selbst sich scheinheilig in der Rolle eines Verteidigers der europäischen Kultur gefällt, wählt er zu seinem Gegenspieler den aufgeweckten indianischen Jüngling Adario, der die Tugenden seiner Rasse, Naturell, Vorurteilslosigkeit und Bonsens, mit einiger Welterfahrung verbindet, hat er doch – ein glänzender Einfall des Autors – Europa bereist und französische Institutionen und Gebräuche studiert. Als reinste Verkörperung jener angeborenen Vernunft, die in unverfälschter Übereinstimmung mit den Naturgesetzen urteilt, muß La Hontans Adario, versteht sich, die europäische Zivilisation als Ausdruck einer unbegreiflichen Verirrung und Entartung empfinden: das Christentum erscheint ihm als ein durch Erziehung vermitteltes Vorurteil, geeignet, des Menschen Einblick in die natürliche Ordnung der Dinge zu trüben und ihn gegenüber staatlicher Autorität willfährig zu machen; durch die Gesetzeserlasse des absolutistischen Monarchen sieht er die naturgewollte Gleichheit der Individuen nicht so sehr gewährleistet, als vielmehr in Frage gestellt; und das Privateigentum verurteilt er als Quelle aller schädlichen Leidenschaften, denen der Zivilisierte, im Unterschied zum „Wilden", ausgeliefert sei. [...]

Der Dialog zwischen dem europäischen Zivilisierten und dem erleuchteten „Wilden", wie La Hontan ihn sich aussann, bezeichnet den Beginn einer Flut von Pamphleten, Traktaten, Lehrgedichten, Robinsonaden und Romanen, deren Verfasser sich entweder im Geist außer Landes begaben, um die Heimat aus klärender und schützender Ferne zu betrachten, oder aber einen Bewohner ferner Weltgegenden damit beauftragten, kritischen Sinnes Europa zu bereisen. Der Gedanke, den bereits Montaigne geäußert hatte, daß nämlich die Vorstellung, welche sich der Europäer vom Überseebewohner mache, ebenso das Produkt eigentümlicher Lebensumstände sei, wie das Bild, das dieser von Europa gewinnen müßte, wurde zu einem beliebten und vielfältig abgewandelten Thema der Aufklärungszeit. Ob Jonathan Swift die Begegnung seines Helden Gulliver mit imaginierten fernöstlichen Völkern zum Anlaß einer scharfsinnigen und treffsicheren, wenn auch verschlüsselten Kritik der Regierung Walpole nahm, ob Voltaire sich eines treuherzigen Huronen bediente, um seinen Spötteleien über die theologischen Zwistigkeiten von Jesuiten und Jansenisten einen Anschein von Unvoreingenommenheit zu geben; ob sich Diderot auf das freie Liebesleben der Südseeinsulaner berief, um seinen eigenen sittlichen Wandel zu rechtfertigen, – immer erschien der „Wilde" als die oberste Instanz, vor welcher der Europäer zu erscheinen und sich zu verantworten hatte.

Im Bereich von Literatur und Kunst freilich verlor der Eingeborene viel von seiner politischen und moralischen

Ausstrahlungskraft und wurde zu einer Idealgestalt und Fabelfigur, zum „edlen Wilden", dessen Auftreten im Ballett und auf dem Theater geradezu unumgänglich war. Die Kariben, Azteken, Huronen, Irokesen und Afrikaner, die in ebenso phantastischen wie malerischen Gruppierungen die Bühne des achtzehnten Jahrhunderts beherrschten, die Türken, Perser, Tataren und Chinesen, die in zahllosen Selbstdarstellungen von ihren europäischen Reiseerlebnissen berichteten – sie alle waren fast immer reine Ausgeburten der Einbildungskraft, die nicht ganz ins Leben treten wollten und erst dann eine etwas steife Dynamik verrieten, wenn sie in den Strom turbulenter oder sentimentaler Handlungsabläufe gestellt wurden; Wirklichkeit war nicht beabsichtigt, weder Wirklichkeit des Lebens noch Wirklichkeit der Kunst. Die geheimen und offenbaren Sehnsüchte einer gehobenen europäischen Gesellschaftsschicht strebten danach, sich im „edlen Wilden" zu erfüllen: er allein durfte tun, was ihm beliebte, ohne sich überwacht, „poliziert", zu fühlen; er allein war nicht, wie der Mensch des merkantilistischen Zeitalters, abhängig von dem, was andere für ihn produzierten, sondern kam selbst für seine Bedürfnisse auf; seine Sitten hatten sich einfach und rein bewahrt, und Handel, Luxus und die raffinierten Intrigen der höfischen Sozietät konnten ihn nicht korrumpieren; er fragte sich nicht endlos, wie die aufgeklärten Philosophen es taten, auf welche Weise man glücklich werden könne – er war es.

Diese Konfrontation zwischen dem Eingeborenen und dem Zivilisierten [...] fand ihren geistesgeschichtlich wirkungsvollen Ausdruck in Jean-Jacques Rousseaus „Discours sur l'inégalité parmi les hommes" vom Jahre 1754. Was die berühmte Schrift über Daseinsform und Sitten der amerikanischen Urbewohner zu berichten wußte, erschöpfte sich zwar in der Wiederholung längst bekannter Beobachtungen; nie zuvor aber waren Naturmensch und Zivilisationsgeschöpf in so spannungsvoller Antithese einander gegenübergestellt worden. Rousseau ging, die Grenzen des geschichtlichen

Raumes mächtig erweiternd, von der Vorstellung eines selbst unter Indianern längst verlorenen Naturzustandes aus, in welchem die Menschen, in seliger Vereinzelung ihren natürlichen Bedürfnissen lebend, ohne Kenntnis von Gut und Böse und im ungetrübten Einklang mit der Schöpfung eine selbstgenügsame und sorglose Existenz führen.

Erst mit dem Eintritt des Menschen in die Gesellschaft und mit der Begründung von Familienverbänden beginnt sich das Problem der sozialen Ungleichheit abzuzeichnen. Die Fortschritte in der Bestellung der Felder, die notwendig damit zusammenhängende Aufteilung von Land und Arbeit, die Entstehung des Privatbesitzes und schließlich der Industrie führen zu einer zwangsläufigen Veränderung der sittlichen Natur des Menschen. Dieser verliert seine ursprüngliche Freiheit und wird zum Sklaven der steigenden Bedürfnisse, die sich aus dem wachsenden Ertrag seiner Leistungen ergeben; er hört auf, spontan zu empfinden, und verfällt der Reflexion und damit dem Trübsinn; und er entwickelt in sich die gefährlichen Leidenschaften des Ehrgeizes und des Neides, die aus der Ungleichheit der materiellen Situation hervorgehen und deren Kontrolle gesetzliche Regelungen erfordert, welche die individuelle Freiheit wiederum einschränken. Der irreversible Prozeß des Fortschritts, der in der Perfektibilität des Menschen angelegt ist, erscheint bei Rousseau in seiner vollen Zwiespältigkeit. Kein Vorteil, der dann nicht mit einem Verlust erkauft werden müßte: Herrschaft erzeugt neue Abhängigkeiten, Komfort befördert die Entfremdung, Soziabilität ruft Frustration hervor, Einsicht schafft Sorge. Nicht göttliche Vorsehung, sondern diese Dialektik von Natur und Kultur, von Geist und Leben wird zum eigentlichen Schicksal des Menschen und bestimmt die Geschichte der Zivilisation in ihren entscheidenden Phasen vom Zeitalter des ersten Privatbesitzes über die Einsetzung einer staatlichen Obrigkeit bis zu deren Ausartung in der Willkürherrschaft der Despotie. [...]

Unser Los ist es, nachdem wir dem Naturzustand entwachsen sind, fortan im Spannungsfeld zwischen äußerem technischen Fortschritt und sittlicher Korruption existieren zu müssen. Eine Rückkehr zu den Ursprüngen ist uns nicht mehr vergönnt, aber indem wir den Blick auf die archaischen Menschen anderer Kulturen richten, die noch in einem glücklichen Intermediärzustand zwischen Natur und Kultur verharren, gewinnen wir Einblick in das Wesen unserer geschichtlichen Situation und eine Möglichkeit zur Neubesinnung. Was sich in uns als Erinnerung an unsere frühere Natur erhalten hat, befähigt uns, den Eingeborenen in dem zu verstehen, worin er uns gleicht; was wir von der Bedeutung des gesellschaftlichen Wandels wissen, erlaubt uns, den Eingeborenen in dem zu erkennen, worin er von uns verschieden ist. Die Betrachtung des Menschen führt nicht zu brauchbaren Ergebnissen, wenn wir sie nach einem obersten Vernunftprinzip orientieren, das doch immer nur ein verabsolutierter Reflex unserer momentanen kulturellen Situation bleibt. Das anthropologische Studium hat nicht von dem auszugehen, was wir sind oder sein möchten; sein Thema ist die menschliche Gattung in allen ihren Erscheinungsformen, wie sie in der Abfolge der Zeiten dem Betrachter entgegentritt. „Wer die Menschen erforschen will", schreibt Rousseau in seinem „Essai sur l'origine des langues", „muß sich selber betrachten; wer aber den Menschen erforschen will, wird lernen müssen, in die Ferne zu blicken; denn es ist nötig, die Unterschiede zuerst zu beobachten, um die gemeinsamen Eigenschaften zu entdecken." Beides, Erkennen des Verbindenden wie des Trennenden, steht am Anfang einer neuen Anthropologie im Sinne Rousseaus.

Michel de Montaigne

Sind etwa wir die Barbaren?

Nun finde ich, um wieder auf meinen Gegenstand zu kommen, daß es nach dem, was man mir davon berichtet hat, an diesem Volke [den Tupi in Brasilien] nichts Barbarisches oder Wildes gibt, es sei denn, daß jedermann das Barbarei nennt, was nicht seiner Gewohnheit entspricht; wie wir denn in der Tat keinen Prüfstein der Wahrheit und der Vernunft haben als das Beispiel und Vorbild der Meinungen und Bräuche des Landes, in dem wir leben. Hier herrscht stets die vollkommene Religion, die vollkommene Staatsordnung, die vollkommene und unübertreffliche Gepflogenheit in allen Dingen. Jene sind Wilde, so wie wir die Früchte wild nennen, welche die Natur von selbst und nach ihrem gewohnten Gang hervorgebracht hat: wo wir doch in Wahrheit diejenigen, die wir durch unsere Eingriffe verfälscht und der gemeinen Ordnung abspenstig gemacht haben, wild nennen sollten. In jenen sind die wahren, tauglicheren und ursprünglicheren Kräfte und Eigenschaften lebendig und mächtig, die wir in diesen verunstaltet haben, nur um sie dem Vergnügen unseres verdorbenen Geschmacks anzubequemen. [...]

Diese Völker scheinen mir also in diesem Sinne barbarisch, daß sie nur sehr wenig Zuschliff von Menschengeist erfahren haben und ihrer ursprünglichen Unbefangenheit noch sehr nahe sind. Sie folgen noch den natürlichen Gesetzen, noch kaum durch die unseren verderbt; und dies in einer Reinheit, um deretwillen es mich zuweilen verdrießt, daß die Kunde davon nicht früher zu uns gelangt ist, zu einer Zeit, da es noch Menschen gab, die besser als wir darüber zu urteilen gewußt hätten. [...]

Sie haben ich weiß nicht was für Priester und Propheten, die sich sehr selten dem Volke zeigen und ihren Aufenthalt im Gebirge haben. Bei ihrer Ankunft wird ein großes Fest und eine feierliche Versammlung mehrerer Dörfer veranstaltet (jede Scheune [...] bildet ein Dorf, und sie liegen etwa eine französische Meile voneinander). Dieser Prophet redet öffentlich zu ihnen und vermahnt sie zur Tugend und zu ihren Pflichten; allein ihre ganze Sittenlehre enthält nur diese beiden Sätze der Standhaftigkeit im Kriege und der Liebe zu ihren Frauen. Er weissagt ihnen die kommenden Dinge und den Ausgang, den sie von ihren Unternehmungen erhoffen sollen, rät ihnen zum Kriege oder widerrät ihn; aber dabei halten sie es so, daß er, wenn er in seiner Weissagung fehlgeht und es ihnen anders widerfährt, als er ihnen vorhergesagt hat, in tausend Stücke gerissen wird, falls sie seiner habhaft werden, und verurteilt wird als falscher Prophet. Weswegen einer, der sich einmal verrechnet hat, nie wieder gesehen wird.

Sie haben ihre Kriege mit den Völkern, die jenseits ihrer Berge tiefer im Festland wohnen, und ziehen dazu ganz nackt aus, ohne andere Waffen als Bogen oder Schwerter aus Holz, am einen Ende zugespitzt nach Art der Spitzen unserer Speere. Staunenswert ist ihre Unerschütterlichkeit im Kampfe, der niemals ohne Mord und Blutvergießen endet; denn was Flucht und Schrecken sind, wissen sie nicht. Ein jeder trägt als Siegeszeichen den Kopf des Feindes, den er getötet hat, und hängt ihn am Eingang seiner Wohnung auf. Nachdem sie ihre Gefangenen lange Zeit gut behandelt und mit allen Annehmlichkeiten umgeben haben, die sie ersinnen können, ruft der, in dessen Hand er ist, seine Bekannten zu einer großen Versammlung zusammen: er befestigt einen Strick an einem Arm des Gefangenen, an dessen Ende er ihn in einer Entfernung von einigen Schritten festhält, damit er nichts von ihm zu befürchten habe, und gibt dem liebsten unter seinen Freunden den andern Arm auf dieselbe Weise zu halten; und alle beide schlagen ihn in Gegenwart der ganzen Versammlung mit Schwertstreichen nieder. Dies getan, rösten sie ihn und essen gemeinsam von ihm und schicken die Brocken davon den Freunden, die nicht dabei waren. Dies tun sie nicht, wie man denkt, um sich davon zu ernähren, wie es ehedem die Skythen taten, sondern um eine äußerste Rache darzustellen. Erweis dessen, als sie bemerkten, daß die Portugiesen, die sich mit ihren Gegnern verbündet hatten, sich gegen sie einer andern Art der Tötung bedienten, wenn sie in ihre Hände gerieten, nämlich, sie bis in die Hüften in die Erde zu graben, auf den herausragenden Teil des Körpers einen Hagel von Pfeilen zu schießen und sie nachher zu erhängen: so dachten sie, daß diese Leute aus der andern Welt, welche die Kenntnis so vieler anderer Laster in ihrer Nachbarschaft ausgesät hatten und so viel größere Meister als sie in jeder Gattung von Bosheit waren, nicht ohne Grund diese Form der Rache wählten, die also viel bitterer sein müsse als die ihre, und fingen an, ihre alte Art fahren zu lassen, um dieser zu folgen.

Ich bin nicht ungehalten darüber, daß wir die barbarischen Greuel in einer solchen Handlung brandmarken, wohl aber sehr, daß wir, die wir so gut über ihre Fehler urteilen, für die unsern so blind sind. Ich denke, daß es eine schlimmere Barbarei ist, einen Menschen lebendig zu fressen, als tot zu fressen, einen noch von Gefühlen belebten Körper mit Foltern und Qualen zu zerreißen und zerfleischen zu lassen (wie wir es nicht nur gelesen, sondern in jüngster Zeit gesehen haben, und dies nicht unter alten Feinden, sondern unter Nachbarn und Mitbürgern und, was noch schlimmer ist, unter dem Vorwand der Frömmigkeit und der Rechtgläubigkeit), als ihn zu braten und zu verspeisen, nachdem er verendet ist. [...]

Wir mögen sie also im Hinblick auf die Vorschriften der Vernunft Barbaren nennen, aber nicht im Hinblick auf uns selbst, die wir sie in jeder Art von Barbarei übertreffen. Ihre Kriegsführung ist völlig edel und großherzig, und es eignet ihr so viel Rechtfertigung und Schönheit, wie dieser Seuche der Menschheit nur zugestanden werden kann: der Krieg hat unter ihnen keinen andern Grund als einzig den Wetteifer der Tapferkeit. Sie liegen nicht im Streit um die Eroberung neuer Ländereien, denn sie erfreuen sich noch jener natürlichen Fruchtbarkeit, die ihnen ohne Arbeit und Mühe alles Notwendige in solcher Fülle spendet, daß ihnen an Erweiterung ihrer Grenzen gar nichts gelegen sein kann. Sie sind in diesem glücklichen Stande, nichts zu begehren, als was ihre natürliche Notdurft erfordert: alles, was darüber ist, gilt ihnen als überflüssig.

William Brandon

Amerikanische Indianerbilder zur Zeit der Eroberung des Kontinents

Die Kluft zwischen indianischer und weißer Lebensauffassung war vor allem in jenem Gebiet unüberbrückbar, aus dem die Vereinigten Staaten entstanden. In ihm ließ sich ein Volk nieder, für das Fleiß, Sparsamkeit und Benjamin Franklins Ermahnung: „Vergeßt nicht, Zeit ist Geld!" zu den höchsten Tugenden wurden und für das Arbeit wortwörtlich heilige Berufung des Menschen war. Die Kolonien das katholischen Spanien im Süden und des katholischen Frankreich im Norden [...] verfolgten das Prinzip des absoluten Nützlichkeitsdenkens weniger hingebungsvoll – ein Prinzip, das Felder, Wälder, Flüsse, Menschen und vor allem die Zeit nur mit der Elle des erzielbaren Profites maß. Im protestantischen Amerika etablierte sich dieser Utilitarismus als alles beherrschende ethische Norm. [...] Im Lichte dieser Ethik war die indianische Einstellung mehr als störend, sie war schlichtweg ein Sakrileg.

Dieser weltanschauliche Grundkonflikt hilft, sonst Unerklärliches zu erklären, warum z.B. in den Kolonien an der atlantischen Küste die Indianer so selten als Siedler oder gar als Arbeiter gebraucht wurden. Die Kolonisatoren durchstöberten Mitteleuropa und das wilde Hinterland Schottlands und Irlands auf der Suche nach Kolonisten, um sie bisweilen unter hohem finanziellen Aufwand nach Amerika zu verfrachten, statt irgendeinen ernsthaften Versuch zu unternehmen, die Indianer, die bereits vor Ort waren und oft als physisch und geistig überlegen beschrieben wurden, in zusätzliche Kolonisten zu verwandeln.

[Europäische] Siedler unterschiedlichster Herkunft und unterschiedlichsten Bekenntnisses stritten zuweilen heftig untereinander – Katholiken mit Puritanern in Maryland, schottisch-irische Pietisten mit deutschen in Pennsylvanien –, letztlich konnten sie einander jedoch verstehen und gemeinsame Sache machen, weil sie im Grunde genommen alle das gleiche Ziel verfolgten.

Die Bewohner der Grenzgebiete wurden in vielerlei Hinsicht eher zu Indianern, als daß sie Weiße blieben, und in viel weitergehender Hinsicht als der bloßen Übernahme von Werkzeugen wie Skier oder Kanus. Das Hauptziel ihres Lebens jedoch – den Besitz – vergaßen sie nie, ein Ziel, so verschieden von dem zentralen Lebensziel der Indianer, daß die beiden nie hoffen konnten, Mitglied ein und derselben Gesellschaft zu sein. [...]

Der oben erwähnte weltanschauliche Grundkonflikt, am stärksten ausgeprägt in den USA, und die verschiedenen Indianerbilder, die in der Hitze dieser Auseinandersetzung in den weißen Köpfen entstanden, waren am Werk wie unerforschliche Naturgesetze.

Der edle Wilde wurde abgelöst vom blutrünstigen Wilden, der nach geronnenem Blute roch. Ein 1837 erschienenes Buch mit dem Titel *Indianische Anekdoten und Barbareien... Beschreibung ihrer Sitten und grausamen Taten [...]* schildert ein Massaker, das 1690 bei Schenectady stattfand, folgendermaßen: „ Sie schändteten, erschossen, ermordeten und verstümmelten die Einwohner ohne Rücksicht auf Alter und Geschlecht, ohne jeden anderen inneren oder äußeren Anlaß als brutale Lust und barbarische Unbarmherzigkeit! Schwangere Frauen wurden aufgeschlitzt und ihre Kinder in die Flammen geworfen oder an den Türpfosten zerschmettert!"

Der gefühllose Barbar wurde abgelöst vom Roten Bruder –

der von den Missionaren Führung erbat –, dieser vom zurückkehrenden Sohn des edlen Wilden der Sentimentalisten, dieser vom um Whisky bettelnden und von Käfern lebenden Wrack der Realisten und der dann wieder vom Indianer als Chiffre in den Registern der Kulturwissenschaftler. So gab es eine unendliche Vielfalt von Indianerbildern. Einige von ihnen hinterließen einen tiefen Eindruck im Charakter der Amerikaner (der Psychiater Jung sagte einmal, er könne in all seinen amerikanischen Patienten eine indianische Ader entdecken). Die meisten dieser Bilder allerdings hatten eine noch tiefere Wirkung auf das Schicksal der Indianer.

In den Städten wohnende Indianer, reich an Kultur und Maisfeldern, wurden in den Köpfen der Amerikaner zu nomadischen Jägern entstellt [...]; denn so war es leichter, sie zu vertreiben oder zu erschießen, wenn sie gefährlich wurden. Wohlmeinende Bürger – gute Leute – mußten sich immer wieder ins Gedächtnis rufen, daß die ihres Landes beraubten Creek oder die ihres Landes beraubten Sauk und Fox [...] ‚eigentlich‘ Wilde waren. Zur gleichen Zeit aber erhoben weite Teile der Öffentlichkeit die Creek und ihre Nachbarn zu romantischen Helden. [...]

Doch all die durcheinanderpurzelnden Phantome all der durcheinandergewürfelten Bilder konnten die Kluft zu einem Verständnis der Indianer als Menschen, die ernstgenommen werden mußten, als Menschen, die Teil der amerikanischen Geschichte und des amerikanischen Lebens waren, nicht überbrücken.

Karl May
Winnetou, Häuptling der Apatschen

Wir konnten den Apatschen nicht kommen sehen, da wir uns am oberen Teil einer Talkrümmung befanden, aber kaum waren fünf Minuten seit den letzten Worten verflossen, so vernahmen wir den Huftritt seines Pferdes.

Die anderen hatten sich zurückgezogen, ich jedoch lag vorn am Waldsaum hinter einem ziemlich dichten Gesträuch. Der Kundschafter kam, langsam den Boden musternd. Hatte er vielleicht einige niedergetretene Grashalme oder sonst eine Spur bemerkt? Es mußte so sein, denn jetzt hielt er gerade mir gegenüber an und richtete den Blick auf die Nadeln, die ich vorhin hinausgeworfen hatte. Im Nu stand er am Boden, mit dem Tomahawk in der Faust, denn er hatte Verdacht geschöpft. Ich aber drang ebenso schnell, wie der Rote vom Pferd gesprungen war, durch den Busch und eilte ihm entgegen. Sein sehniger Arm holte aus zum fürchterlichen Hieb.

„Winnetou!" rief ich. „Will der große Häuptling der Apatschen seinen Bruder töten?"

Er ließ den Arm sinken, und sein dunkles Auge leuchtete hell auf. „Scharlih!"

Er rief nur das eine Wort, aber es lag in dem Ton eine Freude, die ein stolzer Indsman sonst lieber beherrscht, als laut werden läßt. Dann schlang er die Arme um mich und drückte mich an sich.

Auch ich freute mich herzlich über dieses Zusammentreffen. Doch es war jetzt nicht Zeit dazu, irgendwelchen Gefühlen Raum zu geben.

„Was tut mein roter Bruder an dieser Stelle des Pecos?" fragte ich.

Winnetou steckte den Tomahawk in den Gürtel.

„Die Komantschen haben ihr Lager verlassen, um die Apatschen zu belästigen. Der Große Geist sagt, daß Winnetou sie besiegen wird. – Und was tut mein weißer Bruder in diesem Tal? Sagte er nicht vor vielen Monden, daß er wieder über das große Wasser ziehen würde zum Wigwam seines Vaters und seiner Schwestern?"

„Ich habe das Wigwam des Vaters gesehen, aber der Geist der Savanne hat mich zurückgerufen im Licht des Tages und im Traum der Nacht. Da bin ich seiner Stimme gefolgt."

„Mein weißer Bruder hat recht getan. Das Herz der Prärie ist groß und weit. Es umfaßt das Leben und den Tod, und wer seinen Puls gefühlt hat, der darf wohl fortgehen, aber er kommt immer wieder zurück. Howgh!"

Der Häuptling nahm sein Pferd beim Zügel und trat mit mir unter die Bäume. Hier erst erblickte er meine Begleiter. Obgleich ich sie mit keinem Wort erwähnt hatte, zeigte er sich nicht im mindesten überrascht über ihre Anwesenheit; vielmehr tat er, als hätte er sie gar nicht bemerkt. Er griff zur Pfeife und zum Tabaksbeutel und setzte sich mit würdevoller Haltung nieder.

„Winnetou ist weit im Norden gewesen, um den heiligen Ton für sein Kalumet zu graben", sagte er, „und Old Shatterhand ist der erste, der es mit ihm rauchen wird."

„Es werden heute noch andere mit meinem roten Bruder rauchen", bemerkte ich. „Hat der große Häuptling der Apatschen schon von Sans-ear gehört, dem tapferen, klugen Jäger?"

„Der Apatsche kennt ihn, aber er hat ihn noch nicht gesehen. Sans-ear ist listig wie die Schlange, klug wie der Fuchs und tapfer wie der Jaguar. Er trinkt das Blut der roten Männer und hat ihren Tod auf dem Kolben seiner Büchse eingegraben. Aber er tötet nur die Bösen. Dort steht sein Pferd. Warum kommt er nicht zu Winnetou, um mit ihm die Pfeife des Friedens zu rauchen?"

Mark erhob sich und trat herbei. Ich sah es ihm an, daß er sich bewußt war, jetzt dem Mann zu begegnen, der als der größte, tapferste und gerechteste Krieger aller Savannen bekannt war.

„Mein roter Bruder hat recht gesprochen. Ich töte nur die Bösen, den Guten aber gehört meine Hilfe", bestätigte er.

Ich winkte auch Bernard herbei.

„Der Häuptling der Apatschen möge sein Auge auch über diesen Krieger leuchten lassen. Er war ein reicher Mann. Die weißen Mörder aber haben ihm seinen Vater getötet und seine Diamanten und Dollars geraubt. Der Mörder ist hier am Rio Pecos. Er wird von seiner Hand sterben!"

„Winnetou ist sein Bruder. Er wird ihm helfen, den Mörder seines Vaters zu ergreifen. Howgh!"

Dieses Wort galt bei Winnetou stets als eine Beteuerung, die ihm heilig war. Ich hatte also für Bernard eine Hilfe gewonnen, wie wir uns keine bessere wünschen konnten. Der Apatsche hatte jetzt seine Pfeife gestopft und steckte sie in Brand. Nachdem er den Rauch zuerst empor zum Himmel und dann nieder zur Erde geblasen hatte, stieß er ihn in die vier Himmelsrichtungen aus und reichte dann mir das Kalumet. Ich tat ebenso und gab die Pfeife an Mark weiter. Nachdem auch Marshal die Förmlichkeit beendet hatte, ging das Kalumet in die Hände Winnetous zurück. Dann erkundigte sich Mark bei dem Apatschen:

„Mein roter Bruder hat viele Krieger in der Nähe?"

„Uff!"

Das war bei Winnetou stets ein Ausruf des Erstaunens.

Mark kannte die Gewohnheiten des Apatschen noch nicht, und da er nur den einen Laut zur Antwort bekam, glaubte er, falsch verstanden worden zu sein. Daher wiederholte er seine Erkundigung.

„Ich fragte, ob mein roter Bruder seine Krieger in der Nähe hat?"

„Uff! Mein weißer Bruder mag mir sagen, wie viele Bären vorhanden sein müssen, um tausend Ameisen zu zertreten!"

„Nur einer."

„Und wie viele Krokodile, um hundert Kröten zu verschlingen?"

„Nur eins."

„Und wie viele Häuptlinge der Apatschen, um diese Komantschen unschädlich zu machen? Wenn Winnetou das

Kriegsbeil ausgräbt, nimmt er nicht seine Männer mit, sondern er geht allein. Er kennt keinen einzelnen Stamm, dessen Häuptling er ist, sondern er ist der oberste Häuptling aller Apatschen. Er mag die Hand ausstrecken hier oder dort, so eilen tausend Krieger herbei, um seine Befehle zu vollziehen. Er hat viele Zungen, die ihm erzählen, was die Krieger der Komantschen tun, und er ist stark genug, um seine Feinde mühelos abzuwehren."

Dann wandte er sich zu mir.

„Der Mann soll mit der Faust sprechen. Doch mein Bruder Scharlih erzähle mir, was er mit diesen Männern will, die bei ihm sind!"

Ich gab ihm einen kurzen, aber genauen Bericht [...]. Er hörte aufmerksam zu und blickte dann eine Weile zu Boden. Den letzten Rauch aus seiner Pfeife blasend, erhob er sich und hängte das Kalumet wieder um den Hals.

„Meine weißen Brüder mögen mir folgen!"

Der Apatsche nahm sein Pferd, führte es hinaus und schwang sich auf. Ich hielt mich ihm zur Seite, und in scharfer Gangart setzten wir unseren Weg fort. [...]

Als wir die Spuren der Komantschen erreichten, erkannten wir, daß sich der Trupp recht sicher gefühlt haben mußte, [...]

Winnetou hängte seine Büchse an den Sattelknopf, stieg ab, zog das Messer und verschwand zwischen den Bäumen, ohne ein Wort zu verlieren.

Hartmut Lutz

Deutsche Indianerbilder

Das Indianerbild der meisten Deutschen ist weitgehend geprägt von Coopers Lederstrumpfgeschichten – meist in gekürzten Populärfassungen –, von Karl Mays Winnetou-

Büchern und seit den 30er Jahren auch von Fritz Steubens Tecumseh-Bänden.

Die Liebe vieler Deutscher für die Werke Karl Mays ist ein Phänomen, welches seitens der Literaturwissenschaft bisher erst unzureichend erklärt worden ist, und auch Arno Schmidt, dessen satirisch-blödelndes Buch *Sitara und der Weg dorthin* die literarisch wohl am besten gelungene Auseinandersetzung mit Mays Opus darstellt, kann letztlich die Frage nach dessen Popularität nicht beantworten. Über die literarische Minderwertigkeit der Winnetou-Bücher sind sich die Philologen einig; daß er ein verkitschtes, gefährlich unpolitisches Weltbild vermittelt, das faschistoider Schwärmerei Tür und Tor öffnet, ist ebenfalls bekannt, und dennoch halten Verehrung und Bewunderung seitens seines Lesepublikums an, und seine Helden feiern in immer neuen Freilichtbühneninszenierungen und Verfilmungen Auferstehung, obgleich ein kurzer Vergleich des fiktionalen Apachenhäuptlings Winnetou mit seinen realen Zeitgenossen, dem Apachen-Kriegssachem Geronimo, schlagartig zeigt, wie realitätsverkehrend Mays Darstellungen sind.

Die Idyllisierung der Realität, das Verschweigen politischer und sozialer Zusammenhänge, die Polarisierung von Gut und Böse sowie die Deklassierung ethnisch Andersartiger zu folkloristischen Statisten haben Mays Werke mit vielen heute noch vertriebenen Kinderbüchern gemeinsam, deren rassistische, imperialistische Darstellung rassischer Minderheiten oder Völker aus Ländern der Dritten Welt erst in letzter Zeit seitens der Literatur- und Gesellschaftswissenschaftler verstärkt beachtet und kritisiert wird. Fritz Steubens Tecumseh-Bände werden derzeit in gekürzter und überarbeiteter Fassung neu aufgelegt. Dabei sind leider die rassistischen Passagen, in denen Tecumseh als blutdürstiger roter Rächer auftaucht (*Roter Sturm,* 63; *Berglöwe,* 70) ebensowenig gestrichen wie Verherrlichungen blonder Blauäugigkeit (*Fliegender Pfeil,* 67), starker Führernaturen oder sadomasochistischer Kasteiungsorgien, bar jeder Religiosität

(*Schneller Fuß und Pfeilmädchen*, S. 92 ff.). Bei aller histori-schen Genauigkeit in der Darstellung der Kriege bleibt der Held eine übermenschliche, psychologisch unglaubwürdige Gestalt, dessen treu ergebene Elitetruppe (*Großer Häuptling*, 128) ethnologisch ebenso unecht wirkt wie die preußischen Exerzitien, die er mit ihnen anstellt (*Sohn des Manitu*, 53). Den Eindruck [...], Steuben erzähle von „Erziehung zum Indianertum und meine Erziehung zum Faschismus", kann auch die Neubearbeitung nicht tilgen.

Ward Churchill
Der Filmindianer

Uns allen geläufig ist, wie der Film den nordamerikanischen Indianer darstellt: im Galopp auf dem Pferd, sein Kopf-schmuck im Winde wehend. So oft haben wir das Tipi und die Büffeljagd, den Angriff auf Siedlertrecks, den aus dem Hin-terhalt ausgeführten Überfall auf die Postkutsche gesehen, daß diese Bilder sich so fest in unser [...] Bewußtsein einge-brannt haben, bis sie mit der Vorstellung vom Indianer iden-tisch wurden (jedenfalls bei Nicht-Indianern und leider auch bei vielen Indianern selbst).

Das Grundproblem liegt nicht in den technischen Mängeln der hier geschilderten Szenen, obgleich sie oft zahlreich sind. Es ist vielmehr die ins Auge springende Tatsache, daß die geschilderte historische Epoche nur einen Zeitraum von kaum mehr als 50 Jahren umspannt. Auf diese Weise ist der Indianer im Bewußtsein der Öffentlichkeit eingegrenzt wor-den, und zwar nicht nur hinsichtlich der porträtierten Völker (der Plains-Stämme), sondern auch hinsichtlich des Zeit-raums, da es ihn überhaupt gab (ungefähr von 1825 bis 1880).

Die vom Film vermittelte Grundvorstellung des Indianers ist die eines ziemlich uniformen Volkes (bezüglich Kleidung,

Sitten und Handeln), dessen Blütezeit mit der Ankunft des Weißen Mannes auf seinem Lande begann und das dann – zusammen mit dem Büffel – auf geheimnisvolle Weise wieder verschwand. Seine Geschichte hat weder ein Vorher noch ein Nachher. Dies ist der Inhalt von [Bergers] *Der letzte Held,* um nur ein bekanntes Beispiel zu nennen.

Natürlich hat der kommerzielle Film [...] den Umfang des gerade umrissenen Stereotyps ein wenig erweitert [mit Streifen über Irokesen, Apachen, Seminolen und Cherokesen; ...] Doch verlegen solche Abweichungen vom Plains-Stereotyp – das im Bewußtsein der Weißen nahezu die Dimension eines echten Archetyps angenommen hat – den Zeitraum indianischer Existenz um nur höchstens 75 Jahre zurück. Diese 125 Jahre, auf die sich die Schilderung historischen indianischen Lebens von möglicherweise 15 000 bis 100 000 Jahren konzentriert, bedeuten kaum mehr, als sich auf eine Zeitspanne von nur 50 Jahren zu beschränken. Und es sollte nicht unerwähnt bleiben, daß – von der Kostümierung abgesehen – alle im Film erscheinenden geographischen und ethnischen Gruppen auf genau die gleiche Art und Weise dargestellt werden [...].

Das eigentliche Problem solch historischer Eingrenzung [...] besteht darin, daß das indianische Amerika allein bestimmt wird durch das Zusammentreffen mit den Weißen, sei es in Kriegen oder durch den Untergang der Indianer. Der kommerzielle Film kennt keinerlei autonome, von Weißen unbeeinflußte indianische Vergangenheit. Noch kennt er die Vielzahl indianischer Kulturen, die mit der von 1750 bis 1880 reichenden Periode kriegerischer Auseinandersetzungen zwischen Indianern und Weißen so gut wie nichts zu tun hatten. Es gibt kein Azteken- oder Inka-Gegenstück zu *Kleopatra* [...] oder *Ben Hur.* So ist es auch nicht verwunderlich, daß die Öffentlichkeit den Indianer als eine mythische und für gewöhnlich feindselige Erscheinung betrachtet, deren Erdendasein nur von kurzer Dauer war.

Autoren- und Quellenverzeichnis

(Alle genannten Werke, soweit nicht ausdrücklich anders vermerkt,
sind im Verlag C. H. Beck erschienen.)

PETER MARTYR VON ANGHIERA, 1457–1526, italienischer Historiograph in spanischen Diensten, 1520 zum Chronisten für Amerika bestellt.
Werke: Acht Dekaden über die Neue Welt. Übers., eingeführt u. mit Anmerkungen versehen v. Hans Klingelhöfer. 2 Bde. Wissenschaftliche Buchgesellschaft, Darmstadt 1972/1975.
Muteczuma und Cortés 66
Aus: Acht Dekaden über die Neue Welt, Bd.2, S. 32–35.

JAIME DE ANGULO, amerikanischer Ethnologe und Dichter, der 40 Jahre unter den kalifornischen Pit-River-Indianern lebte.
Coyotes zwei Gesichter 273
Aus: © Indians in Overalls. In: The Hudson Review, 3:3 (Autumn 1950), S. 369–372. (Übersetzt von Hans-Martin Braun)

WERNER ARENS, geb. 1934, lehrt Anglistik an der Universität Regensburg.
Werke (als Herausgeber zusammen mit Hans-Martin Braun): Der Gesang des Schwarzen Bären. Lieder und Gedichte der Indianer. 1992.
Indianische Gegenwart: USA 158
Aus: Der Gesang des Schwarzen Bären, S. 23–26.
Der Büffel 168
Aus: Der Gesang des Schwarzen Bären, S. 330.
Traum und Traumlieder als Wege zum Übernatürlichen 251
Aus: Der Gesang des Schwarzen Bären, S. 347 f., 129–131.
Mythos, Magie und Ritus in der Dichtung der nordamerikanischen Indianer 262
Aus: Der Gesang des Schwarzen Bären, S. 14–16.

ANTONIO DE AYANZ, gest. 1596, spanischer Jesuitenpater, der als Augenzeuge die unmenschlichen Lebens- und Arbeitsbedingungen der Indios bei der Ausbeutung der Silbervorkommen in Potosí geschildert hat.

Werke: Breve relación de los agravios que reciven los indios, 1596.
Die Silberminen von Potosí; oder Die Gnade, für Zwangsarbeit zahlen zu dürfen 102
Aus: Wirtschaft und Handel der Kolonialreiche, S. 432–437. (Übersetzt von Lieselotte Engl, Theo Engl und Walter Demm) (Nachweis: siehe Eberhard Schmitt)

Claude-François Baudez ist Prähistoriker, Mitarbeiter am Centre National de la Recherche Scientifique, Paris.
Werke: (mit Pierre Becquelin) Die Maya (Universum der Kunst, Band 31). 1985.
Die Kunst der Maya 212
Aus: Die Maya, S. 3f.

Pierre Becquelin ist Historiker und Prähistoriker, Forschungsleiter und Koordinator der archäologischen Forschungen am Centre National de la Recherche Scientifique, Paris.
Werke: (zusammen mit Claude-François Baudez) Die Maya (Universum der Kunst, Band 31). 1985.
Die Kunst der Maya 212
Aus: Die Maya, S. 3f.

Ruth Benedict, 1887–1948, amerikanische Anthropologin, deren Bücher große theoretische Bedeutung für Anthropologie und Ethnologie gewannen.
Werke: Urformen der Kultur (1934), Rowohlts deutsche Enzyklopädie, 7, Verlag Rowohlt, Hamburg 1955.
Besitz und seine feierliche Verteilung: Das Potlatsch der Kwakiutl 182
Aus: Urformen der Kultur, S. 142–152.

Urs Bitterli, geb. 1935, ist Professor für Neue Geschichte an der Universität Zürich.
Werke: Die Entstehung und Eroberung der Welt. Dokumente und Berichte, 2 Bde. 1980/81. Alte Welt – Neue Welt. Formen des europäisch-überseeischen Kulturkontakts vom 15. Jahrhundert bis zum 18. Jahrhundert. 1986; Die „Wilden" und die „Zivilisierten". Grundzüge einer Geistes- und Kulturgeschichte der europäisch-überseeischen Begegnung. 1991; Die Entdeckung Amerikas. Von Kolumbus bis Alexander von Humboldt. 1991.

HANS-MARTIN BRAUN, geb. 1939, Dr. phil., lehrt Anglistik an der Universität Paderborn.
Werke (als Herausgeber zusammen mit Werner Arens): Der Gesang des Schwarzen Bären. Lieder und Gedichte der Indianer. 1992.

Aus: Die großen Entdeckungen, S. 337–342. (Nachweis: siehe Eberhard Schmitt) lotte Engl, Theo Engl und Walter Demm) (Nachweis: siehe Eberhard Schmitt)

BRIAN M. FAGAN ist seit 1967 Professor für Anthropologie an der University of California in Santa Barbara.
Werke: Die ersten Indianer. Das Abenteuer der Besiedlung Amerikas. ²1992; Aufbruch aus dem Paradies. Ursprung und frühe Geschichte der Menschen. 1991.

FERDINAND II. DER KATHOLISCHE, 1452–1516, König von Aragón, seit 1469 verh. mit Isabella von Kastilien.

PAULA RICHARDSON FLEMING ist zweite Direktorin der National Anthropological Archives der Smithsonian Institution in Washington.
Werke (zusammen mit Judith Luskey): Die nordamerikanischen Indianer in frühen Photographien. 2. Aufl. 1992.

Aus: Die nordamerikanischen Indianer in frühen Photographien, S. 142 f.

ALICE C. FLETCHER, 1838–1923, amerikanische Anthropologin; erforschte besonders die Musik der Indianer.
Wakonda und das Verhältnis von Mensch und Tier bei den Omaha 253
Aus: © (zusammen mit Francis La Flesche) The Omaha Tribe. Twentyseventh Annual Report of the Bureau of American Ethnology, 1905–1906, Government Printing Office, Washington, D. C., 1911, S. 597–601. (Übersetzt von Hans-Martin Braun)

EGON FRIEDELL, 1878–1938, Kabarettist, Schauspieler, Kritiker und Übersetzer, vor allem aber als Schriftsteller und Essayist berühmt.
Werke: Die Kulturgeschichte Ägyptens und des alten Orients. 1980; Kulturgeschichte der Neuzeit. 147.–154. Tsd. 1989; Kulturgeschichte Griechenlands. 37.–42. Tsd. 1984; Das Friedell-Lesebuch. Hrsg. von Heribert Illig. 1988 (BsR 347).
Quetzalcoatl und die Ankunft der Europäer 70
Aus: Kulturgeschichte der Neuzeit, S. 256–258.
Der Reichtum der altmexikanischen Kultur 222
Aus: Kulturgeschichte der Neuzeit, S. 252–255.
Die mystische Erfahrung der „Primitiven" und die „prälogische" Struktur des Lebens 266
Aus: Kulturgeschichte der Neuzeit, S. 236–239.

SAM D. GILL, geb. 1943, amerikanischer Religionswissenschaftler mit dem Schwerpunkt „Indianische Religionen".
Die Suche der Zuni nach dem Mittelpunkt der Welt 242
Aus: © Native American Religions: An Introduction, Wadsworth Publishing Company, Belmont, CA 1982, S. 16–20. (Übersetzt von Hans-Martin Braun)

MICHAEL HARBSMEIER, Anthropologe am Institut für Anthropologie der Universität Kopenhagen.
Werke: „Wilde Völkerkunde – deutsche Entdeckungsreisen der Frühen Neuzeit", in: Hermann Bausinger, Klaus Beyerer, Gottfried Korff (Hg.): Reisekultur. Von der Pilgerfahrt zum modernen Tourismus. 1991.

Lieselotte Engl und Theo Engl) (Nachweis: siehe Eberhard Schmitt)

CLAUDE LE BEAU, von seinem Vater nach Französisch-Kanada verbannt, unternahm der Franzose 1731 eine Reise von Quebec nach Neuengland, die ihn durch unerschlossene indianische Gebiete führte.
Werke: Seltsame und neue Reise zu den Wilden von Nordamerika. 1738.

ROGER LEWIN, amerikanischer Wissenschaftler.

JEAN LIEDLOFF, in New York geboren, lebt gegenwärtig als Publizistin und Psychotherapeutin in London. Sie hat mehrere Jahre bei den Yequana-Indianern im venezolanischen Urwald gelebt.
Werke: Auf der Suche nach dem verlorenen Glück. 1980.

KLEMENS LUDWIG war von 1977 bis 1989 Mitarbeiter der Gesellschaft für bedrohte Völker und ist jetzt freiberuflicher Journalist.
Werke: Tibet. 1989; Baltikum. 3. Aufl. 1992; Der neue Tourismus (zusammen mit Michael Has und Martina Neuer). 2. Aufl. 1990; Bedrohte Völker. Ein Lexikon nationaler und religiöser Minderheiten. 2. Aufl. 1990. Augenzeugen lügen nicht. Journalistenberichte: Anspruch und Wirklichkeit. 1992.

JUDITH LUSKEY, Anthropologin und Archivarin an den zur Smithsonian Institution gehörigen Eliot Elisoforn Archiven.
Werke (zusammen mit Paula Richardson Fleming): Die nordamerikanischen Indianer in frühen Photographien. 2. Aufl. 1992.

HARTMUT LUTZ, geb. 1945, lehrt Amerikanistik an der Universität Osnabrück.

KARL MAY, 1842–1912, deutscher Schriftsteller.
Werke: Durch die Wüste. 1892; Winnetou (3 Bde.). 1893ff.; Der Schatz im Silbersee. 1894; Ardistan und Dschinnistan. 1909, u. a.

Winnetou, Häuptling der Apatschen 335
Aus: © Karl May: Winnetou III, Karl May's Gesammelte Werke,
Bd. 9, Karl-May-Verlag Bamberg, S. 146–150.

MAYA, mittelamerikanische Indianer, die fast das ganze Gebiet von
Südmexiko, Guatemala und Nord-Belize bewohnten. Vor der spanischen Eroberung Mexikos und Mittelamerikas besaßen die Maya
eine der am höchsten entwickelten Kulturen der westlichen Hemi-
sphäre. Nominell sind sie heute fast alle katholisch, aber ihr Christentum ist stark von alten heidnischen Vorstellungen und Praktiken
überformt.
Sie kamen aus dem Osten. 278
Aus: Der Gesang des Schwarzen Bären, S. 149–151. (Nachweis:
siehe Werner Arens, Hans-Martin Braun)

N. SCOTT MOMADAY, Kiowa/Cherokee, geb. 1934, lehrt Literatur-
wissenschaft an der Universität von Arizona. Er gehört zu den
bedeutendsten indianischen Autoren der Gegenwart.
Werke: House Made of Dawn. 1968; The Gourd Dancer. 1976; In
the Presence of the Sun: A Gathering of Shields. 1991.
Der Freudengesang des Tsoai-talee. 240
Aus: Der Gesang des Schwarzen Bären, S. 113. (Nachweis: siehe
Werner Arens, Hans-Martin Braun)

MICHEL DE MONTAIGNE, 1533–1592, französischer Schriftsteller
und Philosoph.
Werke: Essais. 1580.
Sind etwa wir die Barbaren? 329
Aus: Urs Bitterli (Hg.): Die Entdeckung und Eroberung der Welt:
Dokumente und Berichte. Erster Band: Amerika, Afrika. 1980,
S. 135–139.

NAHUA / AZTEKEN, Stamm, der zur Sprachfamilie der Nahua gehörte
und im Norden des heutigen Mexiko lebte.
Im Jahr 12-Haus künden acht unheilvolle Vorzeichen Niedergang
an 43
Aus: Die mittelalterlichen Ursprünge der europäischen Expansion,
S. 357–359. (Übersetzt von Richard Nebel) (Nachweis: siehe Eberhard Schmitt)

MARY NELSON, indianische Dichterin.

ELEONORE VON OERTZEN, arbeitet nach mehreren Studienaufent-
halten in Lateinamerika als wissenschaftliche Mitarbeiterin am Institut für Soziologie in Hannover.
Werke: Peru. 1988.

SIMON J. ORTIZ, Acoma-Pueblo, geb. 1941, ist einer der bedeutend-
sten indianischen Schriftsteller der USA.
Werke: Going for the Rain. 1976; A Good Journey. 1984; Earth
Power Coming. 1988; u. a.

THOMAS PAMPUCH, geb. 1948, studierte Geschichte und Politik. Er
beschäftigt sich seit Jahren in Veröffentlichungen und auf Studien-
reisen mit südamerikanischen Themen.

Werke: Bolivien (mit Augustín Echalar A.). 2. Aufl. 1993.
Die Welt des „El Campo" im Wandel 143
Aus: Bolivien, S. 120–122.
Die ökologische Zerstörung Boliviens 146
Aus: Bolivien, S. 147–151.

Lucas Fernández de Piedrahita, 1624–?, Sohn eines Spaniers
und einer Inkaprinzessin aus Peru, Chronist.
Werke: Historia general de las conquistas del nuevo reino de Gra-
nada. 1676.
Tötungs-, Sexual- und Eigentumsdelikte bei den Muisca 211
Aus: Die mittelalterlichen Ursprünge der europäischen Expansion,
S. 366 f. (Übersetzt von Hans-Joachim König) (Nachweis: siehe
Eberhard Schmitt)

Ignacio Bernal y García Pimentel war 1949 bis 1979 Inhaber des
Lehrstuhls für Archäologie an der Nationaluniversität Mexiko, vor-
her Direktor am Instituto Nacional de Antropología und am Museo
Nacional de Antropología in Mexiko.
Werke (zusammen mit Mireille Simoni-Abbat): Mexiko. Von den
frühen Kulturen bis zu den Azteken. 1987.
Die frühen Altamerikaner 26
Aus: Einführung in: Die Maya, S. VII f. (Nachweis: siehe Claude-
François Baudez, Pierre Becquelin)
Der Stein als Material und Werkzeug der Kunst 219
Aus: Mexiko, S. 41.

Antonio Pires, Beauftragter der Gesellschaft Jesu für Brasilien.
Die Bekehrung der Kannibalen Brasiliens 281
Aus: Der Aufbau der Kolonialreiche, S. 462 f. (Übersetzt von Mat-
thias Meyn) (Nachweis: siehe Eberhard Schmitt)

William Prescott, 1796–1859, amerikanischer Historiker.
Werke: The Works. Hg. v. W. H. Munro. London 1905–06; Die
Eroberung Perus (1847). 1986.
*„Kein Mensch konnte reich, keiner arm sein": Das Volk unter den
Inka.* 203
Aus: Die Eroberung Perus, S. 35 f.

Red Jacket, ca. 1752–1830, eig. Sa-Go-Yi-Wat-Ha (Er-hält-sie-wach), Häuptling der Seneca; bezeichnete sich selbst nicht als Krieger, sondern als Redner.

„Wir wollen eure Religion nicht zerstören"
Aus: © W. C. Vanderwerth: Indian Oratory: Famous Speeches by Noted Indian Chieftains, University of Oklahoma Press, Norman, OK, 1971, S. 44–47. (Übersetzt von Hans-Martin Braun)

Wolfgang Reinhard, geb. 1937, Professor für Neuere und Neueste Geschichte in Augsburg. Zahlreiche Veröffentlichungen zur Geschichte der Gegenreformation und der europäischen Expansion.
Die Kulturen Mittelamerikas
Aus: © Geschichte der europäischen Expansion. Bd. 2: Die Neue Welt, Verlag W. Kohlhammer, Stuttgart 1985.

Palacios Rubios, spanischer Kronjurist und Verfasser des „Requerimiento".
„Den Folgsamen S. M. Gnade, den Aufsässigen Gewalt und
Sklaverei"
Aus: Der Aufbau der Kolonialreiche, S. 472–474. (Übersetzt von Lieselotte Engl und Theo Engl) (Nachweis: siehe Eberhard Schmitt)

Udo Sautter, geb. 1934, Professor für Neuere Geschichte an der University of Windsor (Ontario), Kanada.
Werke: u. a. Geschichte der Vereinigten Staaten von Amerika. 4. Aufl. 1991; Geschichte Kanadas. 2. Aufl. 1992.
Missionierung und Expansion in Neufrankreich
Aus: Geschichte Kanadas, S. 46 f.

Eberhard Schmitt, geb. 1939, ist Inhaber des Lehrstuhls für Neuere Geschichte unter besonderer Berücksichtigung der Geschichte der europäischen Expansion sowie Leiter eines entsprechenden Forschungszentrums an der Universität Bamberg. Wichtigste Werke: Repräsentation und Revolution. 1969; Einführung in die Geschichte der Französischen Revolution. [1]1976, [2]1980; Dokumente zur Geschichte der europäischen Expansion (Hg.):
Bd. 1: Die mittelalterlichen Ursprünge der europäischen Expansion. 1986; Bd. 2: Die großen Entdeckungen. 1984; Bd. 3: Der Aufbau